Reiseführer Natur
Nepal

BLV

Ulrich Gruber

Reiseführer Natur
NEPAL
Sikkim und Bhutan

Die Deutsche Bibliothek – CIP-Einheitsaufnahme

Reiseführer Natur Nepal, Sikkim und Bhutan /
Ulrich Gruber. [Red. Mitarb.: Einhard Bezzel ;
Josef H. Reichholf]. –
München ; Wien ; Zürich : BLV, 1995
ISBN 3-405-14583-X
NE: Gruber, Ulrich; Bezzel, Einhard [Red.]; Nepal,
Sikkim und Bhutan; Reiseführer Natur Nepal

Die Zusammenstellung der praktischen Reiseinformationen und die Beschreibung der Touren in diesem Führer erfolgten mit größtmöglicher Sorgfalt und mit Rücksicht auf die Natur. Bitte verhalten auch Sie sich entsprechend und beachten Sie im Interesse Ihrer eigenen Sicherheit die Hinweise des Autors, z. B. zu gefährlichen Wegstrecken. Ob eine Route gefährlich ist, hängt neben den Wetterverhältnissen auch von der persönlichen Konstitution des Wanderers ab. Befragen Sie im Zweifelsfall vor einer Reise ihren Hausarzt. Bitte haben Sie Verständnis dafür, daß sich nach Erscheinen des Buches Wegführungen, Anschriften oder Telefonnummern ändern können. Korrekturhinweise werden Autor und Verlag gerne aufgreifen:

BLV Verlagsgesellschaft mbH, Postfach 40 03 20, 80703 München

BLV Verlagsgesellschaft mbH
München Wien Zürich
80797 München

Umschlaggestaltung: Julius Negele, München
Karten: Viertaler + Braun, Grafik + DTP, München
Redaktionelle Mitarbeit: Dr. Einhard Bezzel,
Prof. Dr. Josef H. Reichholf
Lektorat: Dr. Friedrich Kögel
Layout: Volker Fehrenbach, München
Herstellung: Hermann Maxant
Satz: Grafisches Büro V. Fehrenbach, München
Reproduktionen: Repro GmbH, Landshut
Druck: Appl, Wemding
Bindung: Bückers GmbH, Anzing

Printed in Germany · ISBN 3-405-14583-X

Inhalt

Einführung

Zur Benutzung des Buches 8

Kleine Landeskunde 9

Lage und Größe 9

Entstehung 10

Naturräumliche Gliederung 11

Klima 12

Pflanzen und Tiere 14

Vegetation 14

Tierwelt 16

Mensch und Geschichte 18

Natur und Umweltschutz 21

Essays

Naturkundliche Forschung im Himalaya 20

Fische 32

Tiere in der religiösen Kunst 42

Der Schneeleopard 58

Pfeifhasen, ein Lebensbild 68

Der Yeti 95

Haustiere 113

Heilpflanzen 125

Hauptreiseziele

Nepal

1 Royal-Bardia-Nationalpark 23
2 Royal-Chitwan-Nationalpark 28
3 Kathmandu-Tal 37
4 Rara-Nationalpark und Kanjiroba 47
5 Dolpo mit Shey-Phoksumdo-Nationalpark 53
6 Mustang 61
7 Rund um die Annapurna 66
8 Rund um den Manaslu 75
9 Langtang-Nationalpark, Gosainkund, Helambu 81
10 Solu 88
11 Khumbu (Sagarmatha-Nationalpark) 94
12 Makalu-Nationalpark 101
13 Am Kangchendzönga 107

Sikkim

14 Kangchendzönga-Nationalpark 114

Bhutan

15 Chomolhari-Lunana-Gebiet 122

Nebenreiseziele

Nepal

N 1 Königliches Shuklaphanta-Wildreservat 130
N 2 Kosi-Tappu-Wildreservat 131
N 3 Khaptad-Nationalpark 132
N 4 Humla-Karnali 132
N 5 Dhorpatan-Wildreservat 133
N 6 Ganesh Himal 135
N 7 Rolwaling 136

Bhutan

N 8 Manas-Wildschutzgebiet 137
N 9 Bumthang (Zentral-Butan) 140

Reiseplanung

Vor der Reise 141
Reisen im Land 143
Unterwegs in den Trekking- und Schutzgebieten 145
Wichtige Adressen 147
Verzeichnis häufiger nepalischer, tibetischer und indischer Namen 148

Anhang

Landkarten 149
Literatur 149
Wörterbuch 151
Register 155

Zum Geleit

Reiseführer Natur — eine Chance für den sanften Tourismus?

Dem Massentourismus ist sehr viel Natur zum Opfer gefallen. Der Versuch, der Unwirtlichkeit der Städte und der Industriegesellschaft für die kostbarsten Wochen des Jahres in eine »intakte Natur« zu entfliehen, mißlang gründlich. Denn der Ruhe, Entspannung und Naturgenuß suchende Mensch wurde im Touristikboom schnell wieder in die Massen einbezogen und beinahe zu einer »Ware« degradiert. Der zähe Brei des Massentourismus wälzte sich, da er fortlaufend seine eigenen Existenzgrundlagen zerstört, immer weiter hinaus bis in die letzten Winkel der Erde. Mit größter Sorge betrachteten Naturschützer in aller Welt diese Entwicklung und versuchten – vergeblich – sich dagegenzustemmen. Sie waren und sind machtlos gegen die Flut, die über sie und die wenigen geschützten Gebiete hereinbrach. Die Naturschützer hatten so gut wie keine Chancen, die Natur vor dem Massenansturm zu bewahren.

So wurde denn der Tourismus in Bausch und Bogen als nicht natur- und umweltverträglich verdammt und gebrandmarkt. Nicht ganz zu Recht, wie man bei objektiver Betrachtung der Sachlage zugeben muß. Denn nicht wenige der wichtigen, ja unersetzlichen Naturreservate der Welt konnten gerade wegen des Tourismus gesichert werden, der Staaten wie Tansania mit der weltberühmten Serengeti und Ecuador mit seinen Galápagos-Inseln mehr harte Währung einbrachte, als eine Umwidmung der geschützten Flächen zu anderen Formen der Nutzung. Durch geschickte und gezielte Lenkung des Besucherstromes ist es möglich, die Schäden gering zu halten, aber großen Nutzen einzubringen. Viele Beispiele gibt es hierfür. In Amerika, in Afrika und in Südostasien gelingt es offenbar weitaus besser, Naturreservate zu erhalten als hierzulande in Mitteleuropa, wo Naturschutzgebiete fast automatisch zu Sperrgebieten für Naturfreunde gemacht werden (während andere Nutzungsformen, insbesondere Jagd und Fischerei, in der Regel uneingeschränkt weiterlaufen dürfen).

Es fehlt an Information und an Personal, das die Schutzgebiete überwacht, Besucher betreut und für die Erhaltung der Natur wie für die Einhaltung der Schutzbestimmungen sorgt. Vielfach können gerade da, wo die Schutzgebiete mit strengem »Betreten verboten« ausgewiesen sind, die Schutzziele nicht eingehalten werden. Es fehlen die »Verbündeten«; sie sind als Naturfreunde ausgeschlossen und damit keine starken Partner. Eine grundsätzliche Änderung, eine Wende zum Besseren ist derzeit nicht in Sicht. So bleibt der Naturfreund auf sich allein gestellt, Natur zu erleben, ohne sie zu zerstören.

Die neue Serie »Reiseführer Natur« folgt diesem Leitgedanken. Sie will den engagierten Naturfreunden die Möglichkeit aufzeigen, sich schöne Landschaften mit einem reichhaltigen oder einzigartigen Tier- und Pflanzenleben auf eine »umweltverträgliche« Art und Weise zu erschließen. Ein Tourismus dieser Art, der auf Information aufbaut und dessen Ziel die Sicherung der Naturschönheiten ist, wird vielleicht die überfällige Wende bringen. Unberührte Natur, naturnahe Landschaften und freilebende Tiere und Pflanzen haben ihren besonderen Wert. Aber er wird nicht zum Nulltarif auf Dauer zu erhalten sein.

Dr. Einhard Bezzel
Prof. Dr. Josef H. Reichholf

Vorwort

Mit der großen Vielfalt ihrer Landschaften gehören die Himalayaländer Nepal, Sikkim und Bhutan zu den beliebtesten Reiseländern Asiens. Das Angebot unterschiedlicher Landschaftstypen reicht von subtropischem Flachland im Terai vor den Bergen über ein von tiefen Flußtälern durchfurchtes Mittelbergland bis zu den eisgepanzerten höchsten Bergen der Erde und zu trockenen Hochtälern tibetischen Charakters im Norden.

Die Übergänge vom Tiefland zum Hochgebirge sind auf engem Raum zusammengedrängt und bedingen einen außerordentlichen Formenreichtum der Tier- und Pflanzenwelt. So kann man in der Terai-Ebene Nashörnern, Hornvögeln oder Pythonschlangen begegnen, wohingegen nur 150 km Luftlinie nach Norden auf den Hochalmen Blauschafe, Schneeleoparden und Königshühner den ihnen zusagenden Lebensraum besetzen. Desgleichen stehen in den subtropischen Terai-Wäldern Sal- und Simalbäume oder Katechu-Akazien, während an den Steilhängen unter der Gletscherregion Edelweiß, Steinbrech und der blaue Scheinmohn blühen.

Als besondere Spielart des Reisens hat sich im Himalaya der Trekking-Tourismus etabliert. Er ist wirtschaftlich von nicht geringer Bedeutung, da Wanderer im allgemeinen viel länger im Lande bleiben als reine Sightseeing-Touristen. Wandernde Besucher werden zudem intensiv mit der Natur ihrer Umgebung konfrontiert, denn sie bewegen sich tagtäglich in oft faszinierenden Naturräumen. Aus derartiger Erfahrung wächst das Bedürfnis nach Informationen über die Natur. Ich konnte dies auf vielen Touren, die ich als Reiseleiter in den Himalayaländern führte, immer wieder beobachten. Mit dem vorliegenden Buch soll nun dieses Bedürfnis befriedigt und eine Lücke geschlossen werden.

Die Natur der Länder im Himalaya ist gefährdet, nicht zuletzt durch die Übernutzung natürlicher Ressourcen, besonders des Waldes, durch die einheimische Bevölkerung. Die betroffenen Regierungen waren und sind sich der Gefahr, die aus der Abholzung mit Erosionsschäden und Überschwemmungen erwächst, durchaus bewußt, und sie versuchen, ihr mit Aufforstungen und der Ausweisung von Schutzgebieten zu begegnen. Darüber hinaus ist Aufklärung notwendig, denn es gilt, die Natur nicht länger als Gegner, sondern als unerläßliche Basis für die eigenen Lebensgrundlagen anzusehen. Ein bewußter und rücksichtsvoller Trekking-Tourismus, der schonend mit der natürlichen Umwelt in den Gastgeberländern umgeht, kann hierzu einen wesentlichen Beitrag leisten. Die Voraussetzungen bei den Menschen Nepals, Sikkims und Bhutans erscheinen günstig, denn sie sind der belebten Natur, die für sie voller Götter, Geister und Dämonen steckt, noch sehr nahe. Sie müssen sich nur mit den Wasser- und Quellengöttern, den Baum- und Felsengeistern oder den Paßdämonen zum Wohle ihrer natürlichen Umgebung verbünden, und sie müssen lernen, auf Verschwendung bei der Nutzung ihres Reichtums an Natur zu verzichten.

All den Menschen, den Freunden im Himalaya, meiner Familie und den Freunden in der europäischen Heimat, die in vielen Jahren durch ihre Unterstützung und ihren Zuspruch dazu beigetragen haben, daß ich dieses Buch schreiben konnte, sei an dieser Stelle herzlich gedankt. Widmen aber möchte ich das Werk Joseph Dubach, meinem schweizer Freund der ersten Tage im Nepal-Himalaya, der kürzlich auf tragische Weise in Ecuador ums Leben kam.

Dr. Ulrich Gruber

Einführung

Zur Benutzung des Buches

Aufgabe dieses Reiseführers ist es, die Naturräume der Himalayaländer Nepal, Sikkim und Bhutan mit ihren Landschaften, Pflanzen und Tieren vorzustellen. Um die mannigfachen Möglichkeiten der Information wirksam nutzen zu können, wird dem Leser empfohlen, sich zunächst mit der Gliederung vertraut zu machen.

In der Einführung am Anfang werden allgemeine Informationen über den Aufbau und die Gliederung der Himalayaregion vermittelt. Die Themen umfassen Angaben zur Geographie, zur Entstehung und Geologie, zum Klima, zur Vegetation und zur Tierwelt; außerdem werden in einem kurzen Überblick die Menschen des Himalaya und ihre Geschichte behandelt. Ein weiterer Abschnitt befaßt sich mit Natur- und Umweltschutz in den besprochenen Ländern.

Im Hauptteil des Buches werden dann 15 Haupt- und 9 Nebenreiseziele mit ihren Landschaften, Pflanzen und Tieren beschrieben. In der hinteren Umschlagkarte sind sie eingetragen und numeriert.

Die Hauptreiseziele sind stets gleich gegliedert. Sie beginnen mit einigen wichtigen Stichworten, die das jeweilige Zielgebiet charakterisieren. Dann folgt die ausführliche Beschreibung, die zunächst den Landschaftstyp, die Lage, Größe, Geologie, Geschichte und Besiedlung zum Inhalt haben. Danach kommt die **Pflanzen- und Tierwelt** zur Sprache, mit ihren Vegetationsgesellschaften und Tiergruppen, die je nach Höhenlage eine unterschiedliche Artenzusammensetzung aufweisen. Einzelne, charakteristische Arten werden genannt, aber die große Fülle an Pflanzen- und Tierarten in den wechselnden Himalayaregionen kann selbstverständlich nicht vollständig, sondern nur anhand bestimmter Beispiele wiedergegeben werden. Wird auf eine Art verwiesen, die an anderer Stelle abgebildet ist, so erfolgt dieser Querverweis durch »S. ...«, Textverweise durch »s.S. ...«. Kurze Essays, die durch blaue Unterlegung gekennzeichnet sind, vermitteln Hintergrundinformationen zu bestimmten Themen.

Nach Möglichkeit werden im Text deutsche **Namen** gebraucht; sie existieren vor allem für Säugetiere und Vögel. Bei den Vögeln wurde dafür das Werk »Wolters, die Vogelarten der Erde« (1975–1982), bei den Säugern »Grzimeks Tier-Enzyklopädie« (1988) benutzt. Dort wo es, insbesondere bei vielen Pflanzen, keinen deutschen Artnamen gibt, wird die wissenschaftliche Bezeichnung für die Art, Gattung oder Familie verwendet.

Bei jedem Hauptreiseziel folgt auf die Abhandlung der Pflanzen und Tiere das Unterkapitel **»Im Gebiet unterwegs«** mit einer Übersichtskarte. Die Zahlen im Kreis dienen hier als Querverweise zwischen Karte und Text und sollen eine rasche Orientierung ermöglichen. Bei dem größten Teil der Hauptreiseziele handelt es sich um Trekkinggebiete, in denen in erster Linie Wanderrouten mit ihren charakteristischen Orten und Streckenführungen skizziert werden.

Die **»Praktischen Tips«** runden schließlich ein jedes Hauptziel ab. Sie enthalten kurzgefaßte Details über Anreise, Klima und Reisezeit, Unterkunft und Hinweise auf Besonderheiten wie kulturelle Sehenswürdigkeiten, Einrichtungen der Entwicklungshilfe, Wissenswertes im Zusammenhang mit den Nationalparks oder besondere Adressen.

Eine Reihe von Nebenreisezielen ergänzt die behandelten Hauptziele. Auch hier sind, neben Nationalparks in der subtropischen Ebene des Terai, vor allem Trekking-

gebiete im Hochgebirge aufgeführt. Im übrigen sind diese Nebenziele meist abgelegener, schlechter erschlossen und schwerer zugänglich als die Hauptgebiete, aber genauso interessant.
Das Kapitel »Reiseplanung« am Ende des Buches gibt einmal Hinweise zur Reisevorbereitung, zum anderen praktische Tips für das Reisen in den Himalayaländern selber. Ein gesonderter Abschnitt beschäftigt sich mit den Genehmigungen, der Fortbewegung, Unterkunft, Ausrüstung und Versorgung beim Trekking und in den Schutzgebieten. Weitere Passagen sind wichtigen Adressen, den gebräuchlichsten Landkarten und einer ausgewählten Literaturübersicht gewidmet.
Schließlich werden in einem **Wörterbuch** die deutschen, englischen und lateinischen Pflanzen- und Tiernamen einander zugeordnet. Wo keine Populärnamen in Deutsch oder Englisch verfügbar waren, wurden lediglich lateinische verwendet.
Das **Register** ist in die beiden Abschnitte Tiere und Pflanzen sowie Orts- und Sachregister unterteilt.

Erklärung der Symbole in den Karten
Die in den Übersichtskarten benutzten Symbole und Abkürzungen werden in der untenstehenden Übersicht erläutert. Sonderzeichen, die nur in einem einzigen Gebiet vorkommen, werden in der jeweiligen Karte erklärt. Im Vergleich zu den gebräuchlichen Landkarten können sich Abweichungen bei Höhenangaben und Routenführungen ergeben, die durch Ungenauigkeiten in dem im Handel verfügbaren Kartenmaterial bedingt sind.

Kleine Landeskunde

Lage und Größe

Das kleine Himalayakönigreich Nepal liegt als langgestreckter Grenzstaat zwischen den mächtigen Festlandblöcken Indien im Süden und Tibet/China im Norden. Im Westen grenzt es an den indischen Himalaya-Distrikt Kumaon und im Osten an das heute zu Indien gehörende, ehemalige Fürstentum Sikkim. Mit seiner Lage zwischen dem 29. und 30. Breitengrad im Westen, sowie dem 27. und 28. Breitengrad im Osten steht es ein wenig schief am nördlichen Rand der indischen Tiefebene und am südlichen Rand des tibetischen Hochlandes.
Die Fläche Nepals umfaßt 147 181 km^2 und ist damit etwa so groß wie Österreich und die Schweiz zusammengenommen. Die Längenausdehnung des Landes beträgt in West-Ost-Richtung rund 800 km;

Verwendete Kartensymbole

═	*Straße, mit Auto befahrbar (ganz oder teilweise geteert)*
—	*Piste*
······	*Wanderweg*
— - —	*Staatsgrenze*
—	*Fluß*
■	*See*
■	*Nationalpark*
■	*Land*
■	*Stadt*
●	*Ortschaft, Almsiedlung*
△	*Berggipfel*
≍	*Paß*
ʌ	*wichtiger Zeltplatz (z.B. Everest Basecamp)*
✈	*Flugplatz, Landepiste*
★	*besondere Sehenswürdigkeit (z.B. Tempel, Kloster)*
③	*Besuchsplätze (mit Querverweis im Text)*

die Breite variiert von etwa 220 km im Westen bis 170 km im Osten. Das Relief des Landes ist sehr stark gegliedert; es reicht von rund 100–150 m Meereshöhe im zur Gangesebene gehörenden Terai-Gebiet bis weit über 8000 m auf den höchsten Himalayagipfeln an der Nordgrenze des Landes.

Bei 18,5 Mio. Einwohnern besitzt Nepal eine durchschnittliche Bevölkerungsdichte von 90 Personen pro km^2, sie ist jedoch unterschiedlich im Land verteilt. Terai und mittleres Bergland sind am dichtesten besiedelt; die Dichte kann in den Städten des Kathmandu-Tals sogar auf 1300 und mehr Einwohner pro km^2 hochschnellen.

Sikkim ist ein kleines ehemaliges Fürstentum, eingeklemmt zwischen die größeren Nachbarn Nepal im Westen und Bhutan im Osten. Heute gehört es als eigener Bundesstaat zur Indischen Union. Es besitzt eine Fläche von 7300 km^2 und hat rund 350 000 Einwohner. Die Höhenlagen reichen von etwa 90 m im Süden auf mehr als 8000 m im Norden.

Bhutan ist ein kleines Königreich im östlichen Himalaya. Seine Nachbarn sind Tibet/China im Norden und Indien mit den Bundesstaaten Sikkim, West-Bengalen, Assam und Arunachal Pradesh im Westen, Süden und Osten. Es umfaßt eine Fläche von etwa 46 500 km^2; seine Einwohnerzahl beträgt 1,5 Mio., davon sind zwei Drittel tibetstämmige Gruppen. Der Mahayana-Buddhismus Zentralasiens ist Staatsreligion. Die Himalayagipfel sind hier nicht mehr ganz so hoch wie in den westlichen Nachbarländern, ragen aber immer noch über 7000 m auf.

Entstehung

Der Himalaya ist ein junges Hochgebirge, das im Tertiär vor rund 10–20 Mio. Jahren entstand. Vorher dehnte sich in Zentralasien das riesige, relativ flache Thetysmeer aus. Im Mesozoikum – im Erdmittelalter (vor 65–225 Mio. Jahren) – war eine mächtige Scholle des Urkontinents Gondwanaland, der heutige Subkontinent Indien, von Süden nach Norden gedriftet und vor 50–60 Mio. Jahren zwar unendlich langsam, aber mit gewaltigem Druck gegen die zentralasiatische Landmasse geprallt.

Große Schollenstücke schoben sich unter den tibetischen Kontinentteil und verdickten die Erdkruste an dieser Stelle erheblich. Das Thetysmeer floß ab; an seiner Stelle türmten sich im Verlauf von Jahrmillionen hohe Gebirgsketten auf.

Mit riesigen Faltungen und Überkippungen wuchsen die Gipfel bis auf Höhen von 7000 und mehr als 8000 m empor. Dieser Hebungsvorgang ist immer noch nicht ab-

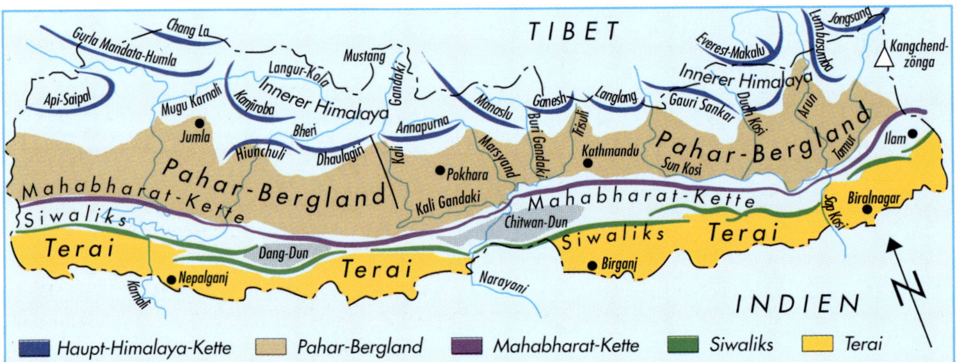

Die Gliederung Nepals in Naturräume (nach Toni Hagen)

Oberes Jargeng-Kola-Tal (4500 m) im Aufstieg zum Torong-Paß (5416 m).

geschlossen. Alljährlich wächst der Himalaya weiter in die Höhe. Allerdings wirken dem Emporwachsen starke Erosionskräfte entgegen. Sie ließen tief eingeschnittene Flußtäler zwischen den Eisriesen entstehen, deren schäumende Fluten durchwegs nach Süden zur indischen Ebene fließen. Wachsen und Erosion halten sich gegenwärtig in etwa die Waage. Aber die ungebärdigen Kräfte im Erdinneren werden immer wieder sichtbar. Sie lösen von Zeit zu Zeit heftige Erdbeben aus, die den Himalaya Nepals oft in die Schlagzeilen der Katastrophenmeldungen bringen. Erdrutsche, Schlammströme und Eislawinen sind mit solchen Beben verbunden; ihre Auswirkungen sind für Mensch und Natur verheerend. Es ist dokumentiert, daß im Kathmandu-Tal die Erde in den Jahren 1255, 1260, 1408, 1681, 1810 und 1833 heftig bebte. Dreiminütige Erdstöße zerstörten am 15. Januar 1934 einen erheblichen Teil der Stadt Kathmandu und kosteten viele tausend Menschenleben. Kleinere Beben sind irgendwo im nepalischen Bergland beinahe jedes Jahr zu verzeichnen.

Naturräumliche Gliederung

Die Oberflächengestalt des nepalischen Himalaya umfaßt stockwerkartig von Süden nach Norden immer größere Höhenregionen. Die Höhenstufen beginnen mit der flachen <u>Terai-Zone</u> vor den Bergen, die noch zur nordindischen Gangesebene gehört und ursprünglich mit einem dichten Waldgürtel bedeckt war. Starker Zuzug von Siedlern aus dem Bergland hat, nach der erfolgreichen Bekämpfung der Malaria-Mücke, zum Abholzen der Bäume geführt und aus dem Waldland eine Agrarebene mit ausgedehnten Reis-, Baumwoll- und Jutefeldern entstehen lassen. Die erste Hügelkette der <u>Siwalik-Berge</u> erhebt sich dann ziemlich unvermittelt aus der flachen Ebene. Sie ist nicht viel höher als 1000 m und wird von dichtem Laubwald bedeckt. Im Westen und Osten Nepals bilden diese Berge eine einzige Kette; in der Mittelzone dagegen sind zwischen einem nördlichen und einem südlichen Kamm kleine Beckenebenen enstanden, die sogenannten Duns. Die bekann-

testen Duns sind die Ebene von Dang in der Nähe des westlichen Rapti-Flusses und der Chitwan-Nationalpark.
Hinter den Siwaliks oder **Churia-Bergen** erstrecken sich dann die bis 3000 m aufsteigenden **Mahabharat-Ketten**. Sie sind dicht besiedelt und tragen oft nur schüttere Baumbestände.
Als nächstes gelangt man nordwärts in die **Pahar-Region**, ein ausgedehntes Mittelbergland, dessen Gipfelhöhen zwischen 2500 und etwas mehr als 4000 m liegen. Die Bergrücken sind hier abgerundet, die Täler tief eingeschnitten, die Hänge oft mit Tausenden von Terrassenfeldern übersät. Es ist dies das Hauptsiedlungsgebiet der vielfältigen Bergvölker Nepals. Wald wächst hier selten und ist lediglich auf die tiefen Talgründe und obersten Höhen beschränkt.
Als letztes und höchstes Stockwerk erhebt sich im Norden der **Hochhimalaya** mit den eis- und schneebedeckten Zentralmassiven. Diese Region ist wieder stärker bewaldet. Oberhalb 4000 m bis zur Grenze des ewigen Schnees in rund 5500 m liegen ausgedehnte Hochalmen und Weiden, über denen die Himalayagipfel mit einer Gipfelflur zwischen 6000 und mehr als 8000 m Bergsteiger aus aller Welt anlocken. Die Himalaya-Hauptkette verläuft im Westen noch innerhalb der nepalischen Staatsgrenze; vom Ganesh-Massiv an nach Osten bildet sie dann die Grenze zum nördlichen Nachbarn Tibet.
Die **Flüsse** fließen meist von Norden nach Süden und modellieren so aus den Pahar-Bergen nordsüdwärts verlaufende Mittelgebirgsketten heraus. Allerdings entspringen die großen Ströme des Arun, Tamba Kosi, Buri Gandaki, Marsyandi, Kali Gandaki oder Karnali nördlich des Himalaya-Hauptkamms und brechen dann mit tiefen Schluchten nach Süden durch. So stellen die Zentralketten zwar eine Klimagrenze dar, aber keine Wasserscheide. Diese liegt viel weiter nördlich im Transhimalaya Tibets.
Als für die Landschaft Nepals charakteristische Gewässer sollte man schließlich noch Nepals **Seen** erwähnen. Neben den größeren Gewässern wie dem Rara-See, dem Phoksumdo-See, dem Pewa Tal, dem Begnas Tal und dem Rupakot Tal ziehen sich wie eine Perlenkette zahlreiche kleine Moränen- und Gletscherseen direkt am Fuß der Eisberge entlang. Sie werden meist als heilig verehrt. Manchmal können sie allerdings für die tiefer liegenden Täler gefährlich werden, wenn etwa durch heftige Monsunregen, Erdrutsche oder Eislawinen eine Flutwelle von diesen »Wasserschüsseln« ausgeht.
Die naturräumliche Gliederung von Sikkim und Bhutan gleicht derjenigen Nepals. **Sikkim** wird im wesentlichen von den beiden tiefeingeschnittenen Flußsystemen der Tista und des Rongit sowie dem gewaltigen Eismassiv des dritthöchsten Berges der Erde, des Kangchendzönga (8586 m; S.115), bestimmt. In **Bhutan** stehen die höchsten Berge mit dem Chomolhari, dem Gankar Pünsu und dem Kula Kangri im Nordwesten des Landes; die Himalaya-Hauptketten werden dann nach Osten immer niedriger. Der Verlauf der Flüsse ist konsequent von Norden nach Süden gerichtet. Wie in Nepal und Sikkim liegen viele kleine Bergseen am Rande der Gletscher.

Klima

Die hohe Gebirgsbarriere trennt den Himalaya in zwei unterschiedliche Klimazonen: eine breite, feuchte Zone südlich und eine schmale, unzusammenhängende Trockenzone nördlich des Hauptkamms. Man unterscheidet zwei Schwerpunkt-Jahreszeiten: den regenreichen Sommer (Monsunzeit) und den überwiegend trockenen, kühlen Winter. Dazwischen liegen im Frühjahr und Herbst Übergangszeiten mit wechselnder, oft recht feuchter Witterung.
Schon in der Vormonsunzeit, in den Monaten April und Mai, wird es bisweilen

feucht. Nach strahlendem Sonnenschein am Vormittag ziehen um die Mittagszeit dunkle Wolken auf, die sich am Nachmittag bis zum Abend mit Blitz, Donner und heftigem Regen entladen. Dies ist die Zeit der Rhododendronblüte, aber auch verheerender Waldbrände in den Bergwäldern. Im Terai und in den Tälern von Kathmandu und Pokhara ist jetzt die heißeste Zeit im Jahr angebrochen.
Der beherrschende Klimaabschnitt ist indessen die sommerliche Monsunzeit mit starken Regenfällen und stets hoher Luftfeuchtigkeit. In den ersten Junitagen bricht der Monsun los, mit beinahe täglichen, schweren Regenfällen und einer Luftfeuchtigkeit zwischen 80 und 100%. Die Südhänge der Annapurna beispielsweise erhalten zwischen 5000 und 6000 mm Niederschläge im Jahr und am Kangchendzönga-Massiv, in Darjeeling oder südlich des Chomolhari in Bhutan sind es mindestens ebensoviel. In den Bergwäldern des Langtang-Tals, der unteren Goainkund-Region oder des südlichen Kanchendzönga-Massivs hängen oft tagelang dichte Nebel zwischen den Stämmen; die Moose und Flechten an den Zweigen sind vollgesogen mit Nässe. Wie in einer Explosion erwacht in dieser Zeit die Vegetation aus der Trockenruhe; es blüht und grünt vom Talboden bis an die Schneegrenze. Unentwegt branden nun täglich die regenschweren Wolken von Süden gegen das Hochgebirge. Nur selten unterbricht ein kurzes Zwischenhoch die in rascher Folge heranziehenden Monsuntiefs und gibt den Blick auf die frisch verschneiten Gipfel frei.
Die fruchtbare, aber auch belastende Regenzeit dauert bis Ende August. Dann werden die Regenfälle schwächer und die Sonnentage nehmen zu. Aber noch weit in den September, ja bis in die erste Oktoberhälfte hinein kann es heftig regnen. Die Luftfeuchtigkeit ist weiterhin relativ hoch, und das Land bleibt bis in den späten Herbst grün.
In der zweiten Oktoberhälfte beginnt dann die Zeit mit klarem Himmel und guter Fernsicht. Herbst und Winter sind die Saison für Touristen. In den Wintermonaten wird das Land trocken, die Hänge färben sich eintönig braun. Zwar gibt es auch in der kalten Jahreszeit etwas Niederschlag, vor allem als Schnee, Schneefälle reichen aber meist nur bis etwa 2800 m hinab. Verursacht werden diese winterlichen Niederschläge durch den sogenannten Wintermonsun. In den Hochlagen herrscht jetzt eisige Kälte, die oft durch einen kalten Wind verstärkt wird.
In das Schema von nassem, warmem Sommer und trockenem, kaltem Winter können indes Störungen eine bisweilen irritierende Abwechslung bringen. Im Herbst – viel seltener im Frühjahr – nähern sich gelegentlich von Süden her Zyklone, die sich in den Himalayatälern mit langanhaltenden Regengüssen entladen und ganze Landschaften unter Wasser setzen. Dies kann unter Umständen zum Zusammenbruch des gesamten Straßen- und Flugverkehrs in Nepal, Sikkim oder Bhutan führen.
Die hier geschilderten Klimaverhältnisse gelten generell für den mittleren und östlichen Himalaya bis nach Sikkim und Bhutan. Sie werden allerdings durch die lokale geomorphologische Situation gelegentlich etwas abgeändert. So finden die Monsunwolken nur schwer ihren Weg in die nördlichen Trockentäler, und wenn sie dorthin gelangen, fällt lediglich feiner Sprühregen. Wegen des täglich durch das Kali-Gandaki-Tal aufwärts tobenden, thermischen Windes, der in der Regel von vormittags 10 Uhr bis abends 18 oder 19 Uhr anhält, bleibt es hier über der Talsohle meist trocken, während an den oberen Berghängen rechts und links regennasse Monsunwolken hängen.
Eine Klimadifferenzierung ist auch in Ost-West-Richtung zu beobachten, da der Himalaya sich über eine erhebliche Distanz von Südosten nach Nordwesten er-

Vegetationszonierung im Nepal-Himalaya

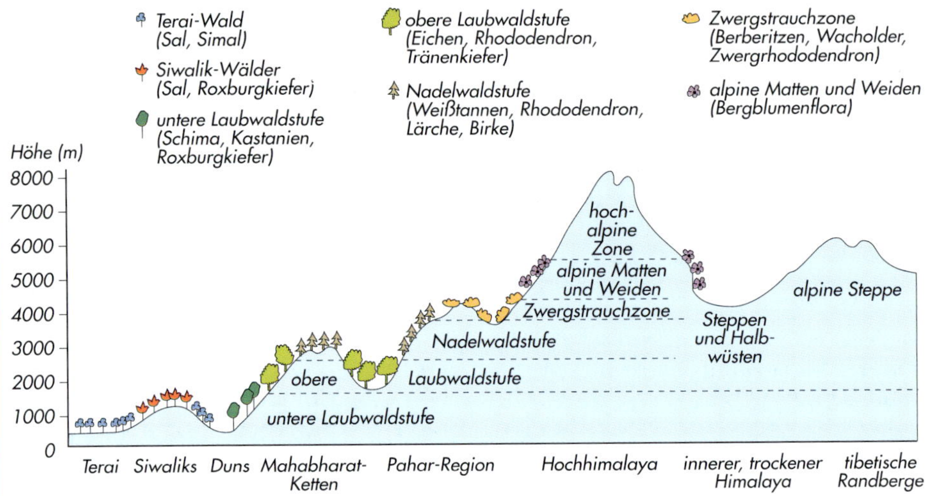

streckt. So fallen die schwersten und am längsten andauernden Regenfälle in den östlichen und mittleren Gebietsteilen, von den bhutanesischen Bergen über die Kangchendzönga-Region bis zu den Massiven von Annapurna und Dhaulagiri. Je weiter man dann nach Westen kommt, um so stärker gehen die Niederschlagsmengen zurück, und es wird auch in der Nachmonsunzeit früher trocken.

Pflanzen und Tiere

Vegetation

Der von Süden nach Norden in verschiedene Stockwerke gegliederte Aufbau der Himalayaregion spiegelt sich auch in der Vegetation wider. Besonders augenfällig wird dies bei der Bewaldung der unterschiedlichen Höhenzonen. In der nepalischen Terai-Ebene sind die **Urwälder**, die noch am Anfang unseres Jahrhunderts das bergige Land wie ein Schutzwall gegen Indien abschirmten, inzwischen verschwunden. Nur Reste des Waldes künden noch von den einst stattlichen Forsten. Charakterbäume des Terai sind Sal (S.23) und Simal, die auch in den Laubwäldern der Siwaliks vorherrschen.

In den Mahabharat-Bergen und den tieferen Lagen des Pahar-Berglandes kommen dann Roxburgkiefern (S.47) als Leitbäume dazu, die in Höhenlagen von 1800 bis über 3500 m durch die langnadeligen Tränenkiefern (S.49) abgelöst werden. Auffällig sind in diesem Bereich an markanten Punkten entlang der Fußpfade die heiligen Feigenbäume des indischen Subkontinents, der Banyanbaum (S.45) und der Pipalbaum. Sie spenden Schatten auf die unter ihnen errichteten, »Tshautara« genannten Rastmauern.

Als nächstes Stockwerk folgen die mittleren Pahar-Berge. Da hier die Hänge und Hügelkuppen am dichtesten besiedelt werden, tritt zusammenhängender Wald oft stark zurück. Trotzdem läßt sich eine klare Höhenzonierung der ursprünglichen Waldbedeckung erkennen. Die **Laubwaldstufe**, die bis gegen 3000 m reicht, wird bis 2200 m durch Kastanien (S.78) im unteren

und bis etwa 2900 m durch Eichen im oberen Bereich charakterisiert. Die großen Laubbäume sind, vor allem in der Nähe der Siedlungen, oft für Viehfutter geschnaitelt (S.108). Dadurch geht die Regenwasser auffangende Funktion derartiger Baumbestände verloren und der Erosion wird Vorschub geleistet.
Zwischen 2700 und 3000 m führt ein Übergangsbereich von der Laubwald- zur **Nadelwaldstufe**, der durch mächtige Hemlocktannen (S.71) gekennzeichnet wird. Oberhalb 3000 m ist dann im eigentlichen **»Weißtannen-Rhododendron-Wald«** (S.70/71) die Himalaya-Weißtanne (S.71) der Charakterbaum, zusammen mit Baumrhododendren. Weitere kennzeichnende Baumarten sind Fichten im Westen und Lärchen in den nördlichen Bereichen des Hochhimalaya von der Annapurna-Berggruppe über das Kangchendzönga-Massiv und Sikkim bis Bhutan. Im Unterwuchs dieser Wälder bildet dünnstengeliger Bergbambus (S.105) einen oftmals undurchdringlichen Dschungel.
Die Baumgrenze variiert von 3600 m im Westen bis 4000 m im Osten. Ihr folgt eine **Strauchzone**, die nach oben hin von einer **Zwergstrauchheide** abgelöst wird. Berberitzen, Wacholder und Zwergrhododendren kennzeichnen diesen Höhenbereich. Von 4500 m an dehnen sich hochalpine **Matten** und **Weiden**, die schließlich in das Reich sturmfester Kräuter, Gräser und Flechten bis an die untere **Sommerschneegrenze** in 5500–6000 m übergehen.
Der Pflanzenfreund kann mehrere charakteristische Blühperioden im Himalaya erleben. Allerdings muß er dann vorwiegend im regennassen Monsun unterwegs sein. Das erste Erlebnis ist die **Rhododendronblüte.** Sie beginnt in den tieferen Lagen mit blutroten Blütenbüscheln im März/April und steigt bis Ende Mai schrittweise in die Höhe. Ein weiteres Blumenerlebnis stellt vom Frühjahr über den Sommer bis zum Frühherbst die **Orchideenblüte** dar. Dann hängen gelbe, weiße und violette Blütenrispen aus den zahllosen Bulben an den Baumstämmen herab, und am Wegrand stehen viele Arten von Bodenorchideen.
Die dritte eindrucksvolle Blumenpracht eröffnet sich dem Naturfreund im Monsun an und über der Baumgrenze, wenn sich die Wiesen und Geröllhänge dort in natürliche Hochgebirgsgärten verwandeln. Neben Primeln, Schwertlilien, Edelweiß, Läusekräutern, Anemonen, Steinbrech und Fingerkräutern faszinieren vor allem die blauen und gelben Scheinmohnarten der Gattung *Meconopsis.* Ein letztes Blütenerlebnis hält der Herbstmonat Oktober mit den blauen Blütenflecken niedriger, kurzstengeliger Enziane bereit. Sie blühen ebenfalls in den höheren Regionen vom

Die Ingwerwurz *Roscoea purpurea* ist keine Orchidee, sondern ein Ingwergewächs.

Der bis zu 6 m hohe *Rhododendron barbatum* steht sowohl im Laub- als auch im Nadelwald.

Kleine, gelblichweiße Blüten und großflächige Blätter kennzeichnen die Waldrebe *Clematis connata*.

Weißtannen-Rhododendron-Wald bis weit über die Baumgrenze.
Die Trockentäler des inneren Himalaya schließlich nehmen hinsichtlich der Vegetation wiederum eine Sonderstellung ein. Die Pflanzendecke ist hier infolge geringerer Niederschläge spärlich und beschränkt sich in erster Linie auf niedrige, dornige Sträucher sowie trockenadaptierte Krautpflanzen wie Mannsschild- und Steinbrecharten oder dickstengeliger Berglauch.

Tierwelt

Die Tierwelt des Himalaya variiert ebenfalls über die unterschiedlichen Höhenzonen, wenn auch in geringerem Maße als die Vegetation. Sie gehört im wesentlichen zur orientalischen, nach Indien orientierten Faunenregion. Allerdings existieren in den an Tibet grenzenden Hochlagen auch zentralasiatische, paläarktische Faunenelemente, die sich den dort herrschenden rauheren Lebensbedingungen angepaßt haben.
Der Artenreichtum ist im Himalaya, entsprechend den je nach Höhenlage unterschiedlichen Klimabedingungen, relativ groß. Vielfach haben sich endemische Formen entwickelt, wie beispielsweise bei den Froschlurchen, den Reptilien und vor allem bei den Insekten. Gerade bei den wirbellosen Tieren, zu denen die Insekten gehören, hat die Erforschung jedoch erst begonnen, und es bietet sich in den Himalayatälern noch ein weites Forschungsfeld für die wissenschaftliche Zoologie.

Säugetiere

Große Säugetiere kann man am ehesten in den Nationalparks des Terai beobachten. Im ganzen übrigen Bergland finden Begegnungen mit freilebenden Säugetieren eher zufällig statt. Am häufigsten trifft man auf Affen wie Himalaya-Languren (S.109) oder Rhesusaffen (S.41). Unter den Raubtieren kommt der Goldschakal nur in den tieferen Regionen vor; Wölfe und Himalayafüchse dagegen steigen im Gebirge weit hinauf und überschreiten sogar die Baumgrenze. Die meisten Bären, Wiesel, Marder, Schleichkatzen und Echten Katzen leben in bewaldeten Regionen. Allerdings dehnen Braunbären und vor allem Schneeleoparden ihre Reviere bis an den Rand der Gletscherregion aus.
Indischer Elefant und Panzernashorn bleiben auf das Terai beschränkt, ebenso Antilopen, Gazellen, Wasserbüffel und die meisten Hirscharten. Die Berglandbewohner Muntjakhirsch (S.102), Goral (S.112) und Moschushirsch (S.121) hingegen steigen weit hinauf, letzterer bis über die Baumgrenze. Die baumlosen Höhen sind auch die Heimat großer Hörnerträger wie Himalaya-Tahr (S.93), Blauschaf (S.53), Argali und in Bhutan der Takin (S.124); außerdem graben hier in manchen Hochgebirgsgegenden Himalaya-Murmeltiere ihre unterirdischen Baue. Erstaunlich ist, daß Stachelschwein und Schuppentier (S.29) vom Terai und den Siwaliks bis ins Pahar-Bergland vordringen.
Das Heer der kleinen Säugetiere schließlich – Spitzmäuse, Fledermäuse, Hörnchen, Wald- und Wühlmäuse, Ratten und Pfeifhasen – ist mit unterschiedlich angepaßten Arten in allen Lebensräumen zu Hause, von der Terai-Tieflandzone bis zu den höchsten Geröllhängen unterhalb der Gletscher.

Vögel

Mehr als 800 Vogelarten sind aus dem Himalaya Nepals, Sikkims und Bhutans bekannt geworden. Sie besetzen alle Lebensräume vom Terai über das besiedelte und bewaldete Bergland bis zu den Hochgebirgsregionen. Manche Gruppen wie Störche, Reiher, Kraniche, viele Watvögel, eine Reihe von Möwen und Enten, Sittiche, viele Eisvögel, die eigenartigen Hornvögel, die meisten Bartvögel, der Beo oder die Schamadrossel beschränken ihren Aufenthalt auf das Tiefland, die niedrigen Siwaliks und die subtropischen Talböden an den Unterläufen der Flüsse. Die weitaus größte Zahl der Vögel – seien es Greifvögel, Hühnervögel, Kuckucke, Tauben, Eulen, Spechte, Schwalben, Drongos, Rabenvögel, Häherlinge oder die vielen Arten kleiner Singvögel – bewegt sich jedoch in einem weiten vertikalen Bereich des Berglandes. Die Wälder spielen dabei für die Brut, die Aufzucht der Jungen, die Nahrungssuche und als Zufluchtsorte die wichtigste Rolle.

Die meisten Vogelarten im Himalaya sind Waldbewohner. Von der Baumgrenze in die hochalpine Region nimmt die Artenvielfalt ab, doch beobachtet man hier gerade besonders eindrucksvolle Gruppen wie die Fasane, die fluggewandten Rabenvögel, Adler und Geier, viele Finkenvögel und eine eine Reihe von bemerkenswerten Einzelarten wie die Schneetaube, den auch weiter unten vorkommenden Weißkopfschmätzer, den Rosenpieper oder die himmelblaue Grandala (S.122).

Viele im Himalaya festgestellte Arten sind Zugvögel; die auffälligsten unter ihnen, Jungfernkraniche, Streifengänse (S.35) oder Rostgänse, können gelegentlich während Trekkingtouren im Oktober oder März als große Zugformationen am Himmel beobachtet werden. Besonders geeignete Gegenden für die Vogelbeobachtung sind die Nationalparks im Terai, das Kathmandu-Tal und die hochgelegenen Trekkinggebiete des Langtang, des Khumbu, des Makalu-Nationalparks und des Samitrey-Pokhri-Gebiets am Kangchendzönga in Sikkim.

Von exponiertem Ansitz aus lauert der Graufischer am Flußufer auf Fischbeute.

Amphibien und Reptilien

Die Schwanzlurche sind nur mit einer einzigen Molchart, dem Birma-Krokodilmolch, im östlichen Himalaya von Ostnepal über Sikkim bis Bhutan vertreten. Die Froschlurche hingegen besiedeln die Himalayaländer mit einer ganzen Reihe von Gattungen und Arten, darunter einige Endemiten. Zu diesen gehören die Himalayakröte (S.92), die Krötenfrösche *Scutiger nepalensis* und *S. sikimensis,* der Himalaya-Kaskadenfrosch und mehrere Arten der Gattung *Rana.* Lurche leben vor allem im Tiefland und in den unteren bis mittleren Bergregionen. Die Krötenfrösche allerdings kommen noch in Höhen über 4000 m vor.

Die Reptilien sind mit Schildkröten, Krokodilen, Geckos, Agamen, Skinken, Waranen und Schlangen im und am Himalaya vertreten. Insgesamt sind es mehr als 120 Arten. Die Schildkröten, Krokodile – Sumpfkrokodil und Gangesgavial (S.33) – und Warane sind ausschließlich auf die Terai-Ebenen beschränkt. Aus den anderen Reptiliengruppen dringt noch eine ganze Reihe von Arten tief in das Gebirge vor, so etwa die Buntagame (S.41), die Felsenagame (S.70), die Waldagamen der Gat-

Die Indische Zibetkatze ist ein scheuer, nächtlicher Bewohner des Terai und der unteren Berglagen.

Ein Maina oder Hirtenstar auf dem Blütenstand eines Palash-Baums.

An den Flußläufen des Terai und der Siwalik-Berge kann man gelegentlich den Rotlappenkiebitz beobachten.

tung *Japalura,* die Skinkellas und viele Schlangen. Für den Himalaya endemisch sind neben den Waldagamen und den Skinkellas einige Schlangenarten wie die Asiatische Bergnatter, die Hodgsonnatter (S.80) und die giftige Himalaya-Grubenotter (S.51). Die Theobald-Krötenkopfagame (S.65) lebt noch in Höhen über 4000 m.

Insekten, Wirbellose

Die Zahl der Insekten ist vor allem in der feuchtwarmen Sommerzeit ungeheuerlich. Zikaden veranstalten in der Laubwaldstufe ein ohrenbetäubend sirrendes Getöse. Große grüne Gottesanbeterinnen lauern im Buschwerk auf Beute. Libellen mit braunen oder blauen Hinterleibern schießen ruckartig über Bäche, Tümpel und bewässerte Reisfelder. Einfarbige, bunte und bisweilen bizarr gestaltete Käfer, etwa Laufkäfer oder Mondhornkäfer (S.110), krabbeln am Boden umher. Unzählige Schmetterlinge wie die großen, auf den Hinterflügeln rot, blau oder grün gefleckten Schwalbenschwanzfalter der Gattungen *Papilio* und *Atrophaneura* (S.118), zahllose Bläulinge, der schwarz-gelbe Vogelflügler *Troides helena,* das Fliegende Blatt, rotleibige Bärenspinner oder in den Hochregionen Apollofalter der Gattung *Parnassius* gaukeln durch die Luft. In Tallagen des Pahar-Berglandes stößt man im Geäst von Bäumen und Büschen auf die kugeligen Papiernester von Baum-Ameisen. Hier sind auch viele Gebüsche oft regelrecht eingesponnen von den Netzen gelbgebänderter Radnetzspinnen, beispielsweise der Gattung *Nephila.* Schließlich seien die Millionen und Abermillionen von Landblutegeln (S.83) erwähnt, die im Monsun das Wandern in den Waldgegenden außerordentlich erschweren.

Mensch und Geschichte

Die Menschen der Himalayaländer besiedeln ihre zerklüftete Heimat mit vielen großen und kleinen Volksgruppen. Dieses Völkermosaik ist in Nepal mit seinen rund 18,5 Mio. Einwohnern besonders eindrucksvoll. Die wichtigsten Gruppen sind hier: die Brahmanen, Chetris und Thakuris als indoarische Gruppe in den unteren Tallagen; die Tharus, Danuwars, Dhangars und Satars im Terai; die Newars als Kulturträger in den Städten; die tibeto-burmanischen Tamangs, Gurungs, Magars, Thakali, Thamis, Jirel, Rais und Limbus im mittleren Bergland; die Sherpas, Manangpas, Lopas, Dolpopas, Mugupas und Humlapas als tibetstämmige Hochgebirgsbewohner im Norden des Landes.

Die Religion durchdringt bei diesen Menschen das tägliche Leben bis in den letzten Winkel. Etwa 80–90% der Nepalis sind Hindus, 5–8% Buddhisten. Überall im Land existieren überdies animistische Religionsvorstellungen, die göttliche Kräfte in Bäumen, Quellen, Felsen und auf Berggipfeln verehren.

Ähnlich wie in Nepal liegen die Verhältnisse in Sikkim, jedoch mit einer einflußreicheren Oberschicht tibetischer Abstammung, zu der sich die Lepchas – ursprünglich Sammler und Jäger – als Urbevölkerung und ein hoher Anteil von Bürgern nepalischer Herkunft gesellen. In Bhutan überwiegt die tibetisch-buddhistische Bevölkerung ganz entschieden, wenngleich in jüngster Zeit verstärkt zugewanderte nepalische Einwanderer für das Land große politische Probleme mitgebracht haben.

Der größte Teil der Himalaya-Bevölkerung bestreitet seinen Lebensunterhalt mit der Landwirtschaft. Ein Bergbauer ist hier Ackerbauer, Viehzüchter und Händler zugleich. Daneben gibt es jedoch auch eigenständige Handwerker, vor allem in den Städten, wo sich sogar das traditionelle Kunsthandwerk mit Bronzeguß, Holzschnitzerei, Töpferei, Steinmetzkunst, Rollbildmalerei, Gold- und Silberschmiedekunst bis heute erhalten hat.

Die Geschichte Nepals war zunächst überwiegend auf das Kathmandu-Tal beschränkt und reicht bis weit vor den Beginn unserer Zeitrechnung zurück. Gautama Buddha, der Stifter des Buddhismus, wurde um 560 v.Chr. in Lumbini im heutigen nepalischen Terai geboren. Von 200–750 n.Chr. herrschte die Licchavi-Dynastie mit einer kulturellen Hochblüte des Landes und bis etwa 1200 das Herrschergeschlecht der Thakuris. Danach be-

Das subtropische Kathmandu-Tal mit dem Langtang Himal im Hintergrund verstädtert in beängstigendem Maße.

Naturkundliche Forschung im Himalaya

Die naturkundliche Forschung im Himalaya Nepals, Sikkims und Bhutans ist an ihrem Anfang im 19. Jh. mit den Namen B.H. Hodgson, J.D. Hooker und W. Griffith verbunden. Hodgson hat sich, als britischer Resident in Kathmandu, in den Jahren 1822 – 1842 vor allem der Säugetier- und Vogelfauna Nepals gewidmet; Hooker bereiste 1848/49 als Botaniker das Fürstentum Sikkim sowie den östlichsten Teil Nepals; Griffith begann mit seiner Reise 1838 die pflanzengeographische Erforschung von Bhutan.

Eine umfassende und systematische Erforschung des höchsten Gebirges der Erde entwickelte sich allerdings erst seit den 50er Jahren unseres Jahrhunderts. Auslöser war die Befreiung Nepals von der Herrschaft der Ranas 1951.

Die naturkundliche Forschung ist in den Jahren, die dem Umsturz in Nepal folgten, mit dem Namen des schweizer Geologen Toni Hagen verbunden, der das Land jahrelang kreuz und quer durchstreifte und die erste detaillierte Geologie des nepalischen Himalayas veröffentlichte. Von 1960–1965 war dann das große deutsche Forschungsunternehmen Nepal Himalaya, das von Prof. Dr. W. Hellmich aus München geleitet und von der Fritz Thyssen Stiftung finanziert wurde, in Ostnepal tätig. Ziel dieser fachübergreifenden, wissenschaftlichen Unternehmung war es, mit wechselnden Wissenschaftlerteams auf den Gebieten der Botanik, Zoologie, Meteorologie, Vegetations- und Glazialgeographie, Geologie und Ethnologie ein möglichst genaues Bild der naturkundlichen und ethnologischen Grundbedingungen Ostnepals zu ermitteln. Die Ergebnisse wurden in einem ausgezeichneten Kartenwerk – den nach ihrem Bearbeiter genannten »Schneider-Karten« – und in der Schriftenreihe Khumbu Himal veröffentlicht.

Weitere Forschungsaktivitäten sind mit den Namen der französischen Ethnologen und Pflanzengeographen C. Jest und J.F. Dobremez, der japanischen Botaniker H. Hara und S. Nakao oder des holländischen Zoologen B. Kiauta verbunden. Der amerikanische Zoologe Georg B. Schaller, begleitet vom Schriftsteller Peter Matthiesen, fertigte im Dolpo-Gebiet eine Studie über Blauschafe an. Der deutsche Zoologe J. Martens lieferte in den 70er Jahren Beiträge zur Zoogeographie und Ökologie von Spinnen, Vögeln und kleinen Säugetieren im nepalischen Bergland. Der Franzose A. Dubois erforschte in der gleichen Zeit die Frösche Nepals. Ein Forscherteam aus der Zoologischen Staatssammlung in München beschäftigte sich 1973 mit Schmetterlingen, Amphibien, Reptilien und kleinen Säugetieren im Kali-Gandaki-Tal. Eine amerikanisch-nepalische Forschergruppe erforschte das Leben des Schneeleoparden in Westnepal. Ein deutsch-nepalisches Projekt unter der Leitung des deutschen Wissenschaftlers H.H. Schleich untersucht seit einigen Jahren die fossile und gegenwärtige Herpetofauna des nepalischen Himalayas. Die Forschungsergebnisse britischer Botaniker fanden ihren gedruckten Niederschlag in den ausführlichen wissenschaftlichen Werken von O. Polunin und A. Stainton. Schließlich seien die gewichtigen Untersuchungen und Veröffentlichungen über Vögel genannt, die von S. Ali aus Indien, G. Diesselhorst aus Deutschland, R. L. Fleming sr. und jr. aus den USA sowie C. und T. Inskipp aus England geleistet wurden.

gann die Zeit der mittelalterlichen Malla-Dynastie, in der das heutige kulturelle Bild der Städte und Dörfer im Tal von Kathmandu geprägt wurde.
Die Eroberung des Tals im Jahr 1768 durch Pritvi Narayan Shah und die durch ihn vollzogene Einigung Nepals in den heutigen Grenzen führte in die moderne Geschichte des Landes. Mitte des 18. Jahrhunderts übernahm das Fürstengeschlecht der Ranas die Macht. Es wurde von den Nachfahren Pritvi Narayans abgelöst, die heute noch mit König Birendra Bir Bikram Shah den König stellen. Seit 1990 wird Nepal mit einem demokratisch gewählten Parlament regiert, der König zog sich auf die konstitutionelle Monarchie zurück. Im Jahr 1994 gewannen erstmals die Kommunisten die Parlamentswahlen.
Die datierte Geschichte **Sikkims** beginnt erst im 17. Jh. mit der aus Tibet stammenden Namgyel-Dynastie, die den Buddhismus im Lande einführte. Vorher regierten Lepcha-Fürsten. Der berühmte buddhistische Heilige Padmasambhava soll um das Jahr 800 n.Chr. auf einer Missionsreise die Gegend besucht haben. Die Hauptstadt der Namgyel-Könige war zunächst Yoksam; erst im 18.Jh. wurde sie unter den Briten nach Gangtok verlegt. Im 18. und 19. Jh. war das kleine Fürstentum immer wieder in blutige Kriege mit dem westlichen Nachbarn Nepal verwickelt. Im späten 19. Jh. wurde es dann von den Engländern als britisches Protektorat annektiert. Das Namgyel-Geschlecht regierte – mehr oder weniger unabhängig – bis 1975, als der letzte Namgyel-König abdankte und Sikkim ein neuer Bundesstaat der Indischen Union wurde.
Auch die Geschichte **Bhutans** geht auf den buddhistischen Missionar Padmasambhava im 8./9. Jh. zurück. Die ältesten architektonischen Zeugen bhutanesischer Geschichte sind allerdings das Djampa-Kloster in Bumthang und der Kyichu-Tempel im Paro-Tal, die bereits im 7. Jh. erbaut wurden. Der erste große Regent des Landes war Shabdung Nawang Namgyel (1594–1651), budhistischer Geistlicher und weltlicher Herrscher in einer Person. Er einte Bhutan in seinen heutigen Grenzen. Im 18. und 19. Jh. gab es kriegerische Auseinandersetzungen mit den Engländern. Seit 1907 herrscht die Königsdynastie der aus Tongsa in Zentralbhutan stammenden Wangchuks. 1972 wurde der junge, heutige König Jigme Singye Wangchuk mit 17 Jahren inthronisiert. Er versucht, Bhutan über einen behutsamen demokratischen Weg in die moderne Zeit zu führen, ohne dabei die kulturelle Eigenständigkeit seiner Untertanen und die Unversehrtheit der bhutanesischen Natur zu verlieren.

Natur- und Umweltschutz

Viele Wildtiere – beispielsweise Languraffen, Elefanten, Schildkröten oder Kobras – gelten bei den Hindus der Himalayaländer als heilig; der Buddhismus lehrt Ehrfurcht vor jedwedem Leben, sei es Tier oder Pflanze. Dies allein genügt allerdings nicht, um die durch Klima und Relief äußerst sensibel angelegte Himalaya-Natur in der modernen Zeit zu bewahren. Bedroht ist vor allem die große Biodiversität, die auf allzu heftige Eingriffe sehr empfindlich reagiert.
Das Hauptproblem stellt die Überbevölkerung dar. In Nepal und Bhutan beträgt der jährliche Geburtenzuwachs mehr als 2%. Beim Zugriff auf unverbrauchte Landschaft werden Wälder abgeholzt oder abgebrannt und Felder in für den Ackerbau ungeeignete Steilhänge vorgetrieben. Riesige Erosionsschäden und Entwaldung der Berghänge sind die Folge. Großprojekte für Straßenbau und Staudämme tun ein übriges zur Landschaftszerstörung.
Auch der Tourismus belastet die Umwelt durch Holzverbrauch und das Abfallproblem. Besonders die Strauchregion über der Baumgrenze wird beeinträchtigt, wenn Trekking-Träger Büsche ausreißen

und im Herdfeuer verbrennen. Hinzu kommt umfangreiche Wilderei auf Großwild wie Nashorn, Tiger, Leopard oder Moschushirsch, die durch kommerzielle Interessen aus dem Ausland angestiftet wird. Ähnlich wie in Nepal, wenngleich in geringerem Umfang, liegen die Probleme in Sikkim und Bhutan.

Man hat indessen in den betroffenen Bergländern erkannt, daß die Biodiversität im Himalaya wichtige Ressourcen birgt und deshalb intensiven, wirksamen Schutzes bedarf. Sichtbares Zeichen für derartige Schutzbemühungen ist die stattliche Anzahl von Nationalparks und Wildreservaten. In Nepal sind es 9 Nationalparks und 4 Wildschutzgebiete mit einer Fläche von insgesamt 14 600 km^2; das sind fast 10% der Landesfläche. Eine Reihe von Schutzgebieten gibt es auch in Sikkim und Bhutan. Da es nicht möglich war, die einheimische Bevölkerung vollständig aus diesen Schutzzonen auszusiedeln (Ausnahmen: Rara, Chitwan, Bardia), hat man versucht, mit Programmen zur landwirtschaftlichen Entwicklung, zur Bildung und zur Schaffung ökologischen Bewußtseins eine für alle Teile zuträgliche Koexistenz zwischen Mensch und Natur zu erreichen. Vorbildlich sind in diesem Zusammenhang die Aktivitäten des Annapurna Conservation Area Projects (ACAP).

Die Regierungen der Himalayastaaten haben außerdem Naturschutzgesetze erlassen, die den Einfluß auf Tier- und Pflanzenwelt regeln und die durch die internationale Artenschutzgesetzgebung (z.B. Washingtoner Artenschutzübereinkommen) gestützt werden. So duldet man in Nepal zwar in beschränktem Rahmen einen kontrollierten Jagdtourismus als Devisenbringer, aber darüber hinaus ist Jagd auf Großwild – auch für die einheimische Bevölkerung – verboten.

Schließlich hat die nepalische Regierung, vielfach im Verein mit ausländischer Entwicklungshilfe, umfangreiche Aufforstungsprogramme in die Wege geleitet, um drohenden Erosionsschäden vorzubeugen. In manchen Gegenden, wie beispielsweise Marpha im Kali-Gandaki-Tal, gibt es zudem schon seit alters her lokale, restriktive Regelungen der Waldnutzung für die Dorfbewohner. Auch in Sikkim und vor allem in Bhutan wird großer Wert auf schonende Forstwirtschaft und die Erhaltung der Wälder gelegt. Trekkinggruppen und Einzelwanderer werden angehalten, andere Energiequellen als Holz, beispielsweise Kerosin, zum Kochen zu verwenden und Abfall zu vermeiden oder doch zu minimieren.

Naturschutz ist für die einheimische Bergbevölkerung, die ihren Lebensunterhalt mühsam der sie umgebenden Natur abringen muß, nur schwer verständlich. Hier bedarf es materieller Mittel zur Unterstützung und erheblicher Anstrengungen zur Aufklärung. Um diese Aktivitäten und die Bewahrung der Himalaya-Biodiversität voranzutreiben, haben sich gerade in Nepal einige Naturschutzorganisationen etabliert, deren wichtigste hier genannt seien:

- Natural History Society of Nepal (NAHSON), Natural History Museum, Manzu Shree Bazar, Swayambunath, Kathmandu, Tel. 271899;
- Nepal Nature Conservation Society, Kathmandu Guesthouse, Thamel, Kathmandu;
- National Parks and Wildlife Conservation Department, Babar Mahal, Kathmandu, Tel. 2209112, 220850;
- King Mahendra Trust for Nature Conservation, Barbar Mahal, Kathmandu, Tel. 223229, 220109 (ausländische Komitees in USA, England, Japan, Deutschland).

  Adresse des deutschen Komitees:
  King Mahendra Stiftung für Naturschutz in Nepal, Deutsches Komitee e.V.,
  c/o Prof. Dr. G. Nogge,
  Zoo Köln, Riehler Str. 173,
  50735 Köln,
  Tel. 0221-7785111.

1 Royal-Bardia-Nationalpark

Besonders ursprünglicher und wenig besuchter Nationalpark; Tiger, mehrere Hirscharten, Nilgai- und Hirschziegenantilope. Panzernashörner und die letzten wilden Indischen Elefanten; im Karnali Ganges-Delphin; sehr reichhaltige Vogelwelt; Gangesgavial, Gelbwaran und Tigerpython; auffällige Termitenbauten.

Von Kennern wird der im westlichen nepalischen Terai gelegene Royal-Bardia-Nationalpark wegen seiner Ursprünglichkeit und Unberührtheit noch über den sehr ähnlichen Chitwan-Nationalpark gestellt. Er ist einsamer, schwerer zugänglich und wird deshalb auch relativ wenig besucht. Seine Fläche umfaßt 968 km^2. Von etwa 150 m in der Ebene reicht er im Norden bis auf den fast 1300 m hohen Kamm der Siwalik-Berge. Im Westen wird er durch den Geruwa-Fluß, einen Seitenarm des Karnali-Stroms, begrenzt und im Osten durch die von Nepalganj nordwärts nach Birendranagar führende Straße. Im südlichen Flachland schlängelt sich die Parkgrenze mehrfach um den Mahendra-Highway, bis sie mit einer bewaldeten Geländeschlinge wieder an den Geruwa-Fluß gelangt. Die große Straße, die im Terai vor den Bergen quer durch ganz Nepal verläuft, durchschneidet den westlichen Parkteil, ohne sich indessen nachteilig auf das Schutzgebiet auszuwirken.

Der mächtige **Karnali-Fluß** bricht, nachdem er sich in zwei riesigen Flußschlingen

Salbäume beherrschen die Wälder entlang der Flüsse Karnali und Geruwa.

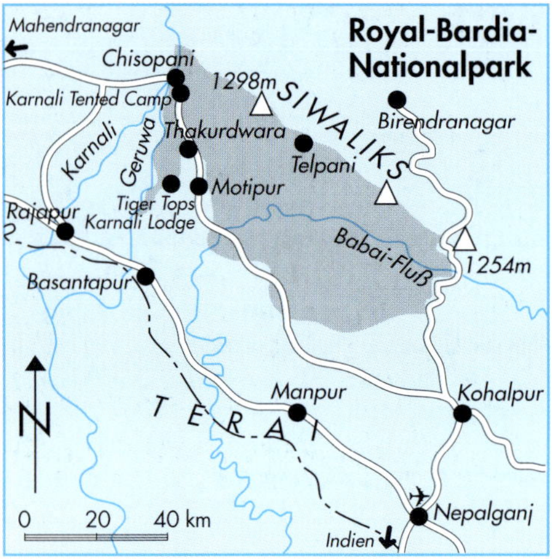

durch die Mahabharat-Berge gewunden hat, in einer eindrucksvollen Felsschlucht bei Chisopani durch die Siwaliks und fließt mit zwei verzweigten Hauptarmen – dem eigentlichen Karnali und dem Geruwa – hinaus in die Ebene. Ein zweiter Wasserlauf, der **Babai-Fluß**, durchströmt den Park von Ost nach West und nimmt dabei mehrere Seitenbäche auf, die vielfach nur während der Regenzeit Wasser führen. Von den Siwaliks zieht sich ein immer flacher werdendes Hügelland, der sogenannte Bhabar-Bereich, nach Süden und läuft schließlich in der Ebene aus.

Der Bardia-Park geht auf ein königliches Jagd- und Wildreservat zurück. Im Jahr 1976 wurde der Nationalpark mit zunächst 348 km^2 eröffnet und im Jahr 1985 auf die heutige Größe erweitert.

Die Bevölkerung in der Umgebung des Bardia-Nationalparks gehört überwiegend der Volksgruppe der Tharus an. Dieses Volk besitzt eine eigenständige Kultur und bewohnt große, mit Gras und Stroh gedeckte Lehmhäuser. Die Tharus haben eine gewisse Resistenz gegen die Malaria entwickelt und konnten daher vor der Bekämpfung der Malariamücke als einzige Menschengruppe die Fiebersümpfe der Terai-Niederungen besiedeln.

Pflanzen und Tiere

Das Gebiet des Bardia-Nationalparks besteht teils aus Wald und teils aus Grasland. Der Wald ist wegen der alljährlichen Feuer licht und begehbar. Das vorherrschende Gehölz ist der Salbaum; daneben stehen hohe Mathi- und Simal-Bäume, letztere mit charakteristischen Brettwurzeln und leuchtend roten Blüten im Frühjahr. Auf dem Kamm der Siwaliks wachsen ausgedehnte Bestände der Roxburgkiefer (S.47). Die Flußläufe von Karnali und Geruwa werden von Sand-und Kiesbänken begleitet und schließen viele sandige, mit Wald bestandene Inseln ein. Dieser flußbegleitende Wald besteht vor allem aus Sissoo-Bäumen und Katechu-Akazien, einzelnen Simal-Stämmen und den akazienähnlichen Gehölzen *Albicia procera* oder *A. lucida.* Oft winden sich Schlingpflanzen wie *Spatholobus*-Arten oder Würgerfeigen um Äste und Stämme.

Die weiten und offenen Gebiete außerhalb des Waldes sind Grasland und werden als »Phantas« bezeichnet. Diese Flächen sind vor allem mit meterhohen sogenannten »Elefantengräsern« der Gattungen *Themeda, Phragmites* oder *Typha* bewachsen; daneben bedecken niedrigere, bis 2 m hohe Gräser der Gattungen *Imperata* oder *Bothriocloa* weite Bereiche. Wie im Chitwan dürfen die Bewohner der umliegenden Dörfer im Dezember und Januar im Nationalpark Gras zum Decken ihrer Dächer schneiden. Danach setzen die Bauern Feuer, das die Grasflächen und einen großen Teil des Unterwuchses im Wald zu Asche verbrennt. Gräser und Krautpflanzen schlagen jedoch nach dem Brand rasch wieder aus.

Am häufigsten trifft man, vor allem entlang der Flüsse, auf Himalaya-Languren (S.109) und Rhesusaffen (S.41). Sehr oft lassen sich auch die vielen Hirscharten des Parks, der Barasingha-, der Sambar- (S.31) und der Axishirsch, oder Wildschweine beobachten. Nilgai-Antilopen, Hirschziegenantilo-

pen (S.27) und Stachelschweine gehören ebenfalls zum ständigen Beobachtungsprogramm.
Tiger und Leoparden, vom sicheren Rücken des Safari-Elefanten aus aufgespürt, lassen sich schon viel seltener blicken. Ausgesprochenes Glück gehört allerdings dazu, einem Lippenbären oder einem der wenigen wildlebenden Indischen Elefanten zu begegnen, die heute noch Zuflucht im Bardia-Nationalpark finden. Neuerdings hat man auch einige aus Chitwan stammende Panzernashörner (S.31) ausgesetzt, die in einigen Jahren das Besuchsprogramm des Parks aufwerten werden.
Von den kleineren Säugetieren treibt sich gelegentlich der Indische Fischotter an abgelegenen Flußufern herum. Der Indische Mungo (S.35), die große Indien-Zibetkatze (S.18) und die scheue Bengalkatze schleichen auf der Beutejagd durch die Wälder und den Grasdschungel; an sumpfigen Orten geht die Fischkatze auf Nahrungspirsch.
Ein im Wasser lebendes Säugetier, das sich nur selten sehen läßt, ist der vom Aussterben bedrohte Ganges-Delphin.
Der Vogelreichtum ist im Bardia-Nationalpark ebenso groß wie im Chitwan und den anderen Schutzgebieten des Terai. Da stehen an offenen, sumpfigen Stellen die weit verbreiteten und auffälligen Seidenreiher und Paddyreiher (S.33), der Schwarzstorch und die im Sommer meist paarweise anzutreffenden Saruskraniche (S.30). Purpurhühner, Weißbrust-Kielrallen, die Schwarzbauch-Seeschwalbe und Watvögel wie der Bachkiebitz oder der Flußregenpfeifer lassen sich immer in Wassernähe beobachten. Unübersehbar und unüberhörbar flattern Sittiche wie der Große Alexandersittich oder der Rosenbrustsittich durch die Baumkronen. Die überall anzutreffenden Braunlieste und Graufischer (S.17) lauern am Ufer auf kleine Fische, und der Smaragdspint (S.36) glitzert wie ein grüngoldener, fliegender Edelstein in der Sonne.

Der Königsdrongo wirft sich von exponierter Warte aus in die Luft, um Insekten zu fangen.

Im Wald überrascht die Menge der Spechtarten; Braunhalsspecht, Orangespecht und Goldschulterspecht seien hier genannt. Eigenartige Hornvögel wie der Keilschwanztoko oder der Orienthornvogel turnen im Geäst. An Singvögeln fallen der Rußbülbül (S.44), die Dschungelprinie, der Dschungeldroßling oder die bunten Purpur- und Scharlachnektarvögel mit ihren langen, spitzig gebogenen Schnäbeln besonders auf. An exponierten Plätzen im freien Gelände halten die wie große Schwalben wirkenden Drongos, etwa der Königsdrongo, der Haarbuschdrongo oder der Flaggendrongo, nach Insekten Ausschau. Gelegentlich kann man der Gelbfußtaube, dem Wellenbrust-Fischuhu oder dem Hindusegler begegnen.
Groß ist auch die Zahl der Greifvögel, von denen man die Brahminenweihe (S.130), die Schlangenweihe oder den Haubenadler erwähnen sollte. Schwarzmilane, Schmutzgeier und vor allem Bengalengeier sorgen für die Beseitigung von Aas. Bemerkenswert sind auch das Bindenlaufhühnchen, der Wachtelfrankolin, das Bankivahuhn und der wilde Pfau, die in der Grassteppe oder im Unterholz der Wälder leben.

Die Indische Gelbkopflandschildkröte wird gelegentlich als heiliges Tier in Hindutempeln gehalten.

Der Tigerfrosch ist der weitaus größte Frosch im nepalischen Terai.

So wie die gesamte Terai-Region ist auch der Bardia-Nationalpark ein Überwinterungsgebiet für zahlreiche Wintergäste. Neben Rostgänsen sind dies beispielsweise Spießenten, Gänsesäger, der Krabbentriel oder das Mohren-Schwarzkehlchen.
Die Amphibien- und Reptilienfauna entspricht der Nordindiens. Den plumpen Gestalten der Schwarznarbenkröte und der Tieflandkröte begegnet man häufig. Flache, warme Gewässer werden vom Braunfleckenfrosch, dem Reisfeldfrosch und dem großen Tigerfrosch besetzt. Zu ihnen gesellt sich an sumpfigen Stellen noch der Kurzkopf-Grabfrosch. Relativ zahlreich sind Wasserschildkröten-Arten mit der Bengalischen Dachschildkröte, der Kurzkopf-Weichschildkröte, der Ganges-Weichschildkröte oder der Indischen Klappen-Weichschildkröte vertreten. Daneben gibt es die Indische Gelbkopflandschildkröte als einzige auf dem trockenen Land lebende Art.
Im Flußlauf des Geruwa und des Karnali leben vereinzelte Gangesgaviale (S.33) und Sumpfkrokodile. Der große Gelbwaran (S.33) ist im Gras- und Buschland unterwegs. Die Welt der Schlangen wird durch den riesigen Tigerpython, die Asiatische Rattennatter, den zu den Giftnattern gehörenden Gebänderten Krait, die Brillenkobra und die hochgiftige Kettenviper charakterisiert.
Neben Vogelflügler-Schmetterlingen der Gattung *Troides* und Schwalbenschwanz-Verwandten der Gattung *Papilio* sind die hohen Lehmburgen der Termiten auffällige Zeichen der reichhaltigen Insektenfauna des Gebiets. Termiten stellen die bevorzugte Nahrung für die eigenartigen Schuppentiere (S.29) dar.

Im Gebiet unterwegs

Um Tiger, Nashörner und die großen Huftiere aufzuspüren, unternimmt man am besten Exkursionen mit Reitelefanten, die von den wenigen Hotels und Zelt-Camps im Park vermietet werden. Es ist aber auch ohne weiteres möglich, Ausflüge zu Fuß durchzuführen, um beispielsweise die artenreiche Vogelwelt zu studieren. Allerdings sollte man sich in jedem Fall von einheimischen Führern begleiten lassen und nicht allein weit herumstreifen. Die

Prächtig leuchtet das Gefieder des Braunliest am Ufer der Terai- und Siwalik-Flüsse.

Die Böcke der Hirschziegenantilope sind besonders auffällig gemustert.

geeignetste Gegend, um Wild zu beobachten, liegt zwischen Chisopani an der Karnali-Schlucht und dem Babai-Fluß. Die Bergkette der Siwaliks kann außerdem von der Straße Nepalganj–Birendranagar im Osten erreicht werden. Bootsausflüge zur Beobachtung von Krokodilen und der Wasservogelwelt werden ebenfalls von den Hotel- und Camp-Anlagen aus angeboten. Die Bewegung im freien Gelände außerhalb der Camps und Hotelbereiche ist jedoch aus Sicherheitsgründen von Sonnenuntergang bis Sonnenaufgang verboten.
Der Haupteingang zum Bardia-Nationalpark befindet sich bei der Ortschaft Motipur. Das Parkgelände kann jedoch auch von Chisopani aus betreten werden. Die Nationalpark-Verwaltung hat ihren Sitz in Thakurdwara.

Praktische Tips

Anreise
Von Kathmandu aus mit Flugzeug oder mit Bus auf dem Mahendra Highway bis Nepalganj. Dann über den Highway weiter westwärts nach Motipur und Thakurdwara oder über Rajapur nach Chisopani. Straße nach Birendranagar mit Geländewagen befahrbar.

Klima/Reisezeit
Subtropisches Monsunklima mit extrem feuchtem, regenreichem Sommer und relativ kühlem, trockenem Winter. In der Vormonsunzeit heftige Gewitter.
Beste Besuchszeit des Parks November bis Mai. Nächte im Dezember und Januar oft empfindlich kalt. Der Park bleibt von Mitte Mai bis Ende September geschlossen.

Unterkunft
Gute und einfache Hotels in Nepalganj. Tiger Tops Karnali Lodge im Westen des Parks und Karnali Tented Camp im Nordwesten bei Chisopani. Karnali Safari Lodge in der Nähe von Thakurdwara. Freies Zelten im Park ist nicht erlaubt.

Adressen
- Hotel Batika, Nepalganj (betreibt die Karnali Safari Lodge).
- Tiger Mountains, P.O. Box 242, Durbar Marg, Kathmandu, Tel. 00977-1-414075.

2 Royal-Chitwan-Nationalpark

Ältester Nationalpark Nepals; Salwälder und Elefantengras-Dschungel; subtropische Tierwelt mit Panzernashorn, Tiger und Gangesgavial; zahlreiche und interessante Vogelarten.

Der Royal-Chitwan-Nationalpark, ältester nepalischer Nationalpark, liegt in einer »Dun« genannten Senke zwischen den im Süden sich abrupt aus der Terai-Ebene erhebenden Churia-Bergen (Siwaliks) und den nördlich davon verlaufenden Mahabharat-Ketten. Seine Fläche umfaßt mehr als 960 km^2. Die Höhenlagen des Parks variieren zwischen 120 m auf dem Talboden und um 800 m auf den Hügelrücken.
3 Flüsse sind für den Charakter der Landschaft bestimmend: im Norden der **Rapti,** an dem zugleich die Nordgrenze des Parks verläuft; im Süden der **Reu,** der teilweise die Südgrenze des Schutzgebiets bildet; im Westen der südwärts fließende **Narayani-Strom,** der mit seinen vielen bewaldeten Inseln an beiden Uferseiten Parkgelände einschließt. In der Trockenzeit führen die Flüsse nur wenig Wasser, aber im regenreichen Monsun können sie gewaltige Überschwemmungen verursachen und große Teile der flachen Gebiete in einen See verwandeln.
Ein kleiner permanenter See, der **Devi Tal** ①, liegt in der Südwestecke des Parks unweit des östlichen Narayani-Ufers. Die Ostgrenze des Chitwan-Nationalparks verläuft über die Churia-Berge etwa von der Gegend der Ortschaft Shikaribas bis zum Rapti-Fluß. Ein ganz besonderer Reiz des Chitwan-Gebietes liegt in der relativen Nähe des Hochgebirges, das mit seinen Schnee- und Eisgipfeln an klaren Tagen deutlich im Norden zu sehen ist.
Der Royal-Chitwan-Nationalpark ist heute praktisch unbesiedelt. Da man indessen der im Umkreis des Nationalparks leben-

In den Wäldern des Chitwan-Nationalparks kann man dem auffallenden Doppelhornvogel begegnen.

den Bevölkerung entgegenkommen möchte, erlaubt man einmal im Jahr die traditionelle Ernte von Elefantengras zum Dachdecken. Sie wird 2 Wochen lang im Winter durchgeführt, und an ihrem Ende legen die Erntearbeiter Feuer, das sich bis in die Hügel hinein ausbreitet. Dieses alljährliche Abbrennen des Grases wird schon seit Jahrhunderten praktiziert, so daß die Pflanzen- und Tierwelt Zeit hatte, sich darauf einzustellen.

Pflanzen und Tiere

In den Wäldern des Chitwan bildet der Salbaum (S.23) sowohl in der Ebene als auch im Hügelland ganze Waldbestände. Einer seiner Begleiter ist der mächtige Simal-Baum. Beide Laubhölzer dienen bevorzugt der Verarbeitung im Hausbau, in der Holzschnitzkunst und beim Herstellen von Einbaumbooten. Im Frühjahr wetteifern die leuchtend roten Blüten des noch kahlen Simal mit den orangeroten Schnabelblüten des Palash-Baums, der wegen seiner Blütenpracht auch »Flamme des Waldes« genannt wird. Weiterhin stehen große Mathi-Bäume im Salwald. Über die Hügel, die stärker drainiert sind als die Ebene, ziehen sich ausgedehnte Bestände von Roxburgkiefern (S.47). Andere Gehölze im Chitwan-Wald sind der Kusumbaum, der großblättrige und relativ niedrige Rosenapfelbaum oder der ebenfalls nur mittelhoch wachsende Sandan-Baum.
Wo der Wald etwas dichter steht, überziehen Schlingpflanzen und Aufsitzerpflanzen die Stämme. Besonders große Winder, die gelegentlich ihre Wirtsbäume völlig erdrücken, sind die Arten *Spatholobus parviflorus* und die immergrüne Bhorla oder Kamelfußliane. Daneben treten auch Würgerfeigen der Gattung *Ficus* auf. Unter den Aufsitzern findet sich eine Reihe von epiphytischen Orchideen.
Sehr charakteristisch für die Landschaft des Chitwan sind die großen, von meterhohen »Elefantengräsern« bedeckten Flächen. Die Gräser erreichen oft eine Höhe von mehr als 6 m. Die am höchsten wachsenden sind *Themeda villosa, Phragmites karka, Typha elephantina* und verschiedene Arten der Gattung *Saccharum.* Die alljährlich geernteten und dem Hausbau dienenden Grasarten wie *Imperata cylindricauda* oder *Bothriocloa intermedia*

◁ Panzernashorn mit eintägigem Kalb.

Das zahnlose Schuppentier lebt von Ameisen und ▷ Termiten, die es mit seiner langen Zunge aufleckt.

Vom Elefantenrücken aus läßt sich die Tierwelt des Nationalparks besonders gut beobachten.

Saruskraniche stehen im Sommer meist paarweise auf Wiesen und am Rand der Reisfelder.

Der Klaffschnabel zieht seine Jungen in Nistkolonien auf hohen Bäumen des Terai groß:

Panzernashörner gehören im Chitwan-Nationalpark zum regelmäßigen Beobachtungsprogramm.

Der Palash-Baum wird wegen seiner leuchtenden Blüten »Flamme des Waldes« genannt.

Sambarhirsche finden in den Wäldern des Terai sichere Zuflucht.

Fische

In den zahlreichen fließenden und stehenden Gewässern der Himalayaländer lebt eine große Vielfalt an Fischarten, die man jedoch nur selten zu Gesicht bekommt. Lediglich auf den Märkten der größeren Siedlungen und Städte oder gelegentlich in Flußnähe kann man Fische antreffen, die zum Verkauf und Verzehr angeboten werden. Dabei gehören allein zur Fischfauna Nepals mehr als 120 Arten in rund 60 Gattungen, 26 Familien und 11 Ordnungen.
Im Wissen um die Verbreitung der Himalayafische klaffen erhebliche Lücken. Am besten kennt man die Arten, die in Fluß-Unterläufen, Seen oder Teichen des Terai, der Siwalik- und Mahabharat-Zone sowie an manchen Stellen des unteren Pahar-Berglandes bis in Höhenlagen von 1000–1500 m leben. Aus den Bereichen zwischen 1500 und 2000 m werden die Informationen schon spärlicher. Der größte Teil der Oberläufe von Flüssen und Bächen im Hochgebirge harrt noch intensiver Erforschung.
Besonders artenreich ist im Himalaya die Familie der Karpfenfische mit Gattungen wie den Kärpflingen, den Querstreifen-Bärblingen, den Danio-Bärblingen, den Fransenlippern oder den Schlitzkarpfen. Aus dieser Familie stammen auch viele Speisefische, die gelegentlich in Kathmandu verkauft werden.
Einige interessante Fischarten, die in den Himalayflüssen weit verbreitet sind, werden in der Ordnung der Welsartigen zusammengefaßt. Sie leben zumeist am Boden der Gewässer und tragen Barteln am Kopf. Zu ihnen gehören die Echten Welse mit dem bis 1,5m lang werdenden Jagdwels, der als mächtiger Raubfisch in den breiten Strömen des Terai den Schwärmen kleinerer Fische nachstellt. Dann sind da die Stachelwelse, deren Rückenflosse auf dem ersten Strahl einen harten, spitzen Stachel trägt und schließlich die Haftwelse, die sich mit einem Haftorgan an Kehle und Brust auf Steinen in schnell fließenden Gewässern festsaugen können. So übersteht beispielsweise der Dreistreifen-Haftwels an geschützten Stellen unter großen Felsbrocken auch die Wasserwucht der Monsunfluten im Kali Gandaki oder im Sun Kosi.
Eigenartige Fische sind die Kiemensackwelse und die Kiemenschlauchwelse. Beide Gruppen besitzen ein zusätzliches Luftatmungsorgan, die ersteren als nach oben gerichtete Aussackung des Kiemenraumes, die letzteren als von der Kiemenhöhle nach hinten laufende lange Schläuche. Auch der Indische Sumpfaal kann zusätzlich Luft atmen und überdauert Trockenperioden, indem er sich im Bodenschlamm vergräbt.
Weitere interessante Fische sind der zur Familie der echten Aale gehörende Bengalen-Aal, der oft elegant aus dem Wasser springende Hornhecht *Xenentodon cancila* oder die Schlangenkopffische, robuste und fast unersättliche Raubfische, deren großer Kopf an einen Schlangenkopf erinnert.
Merkwürdige Fischgestalten in den Gewässern des Himalaya sind auch der langgestreckte Stachelaal, vor dessen weicher Rückenflosse eine Reihe gleichgroßer, umlegbarer Stacheln steht, und der runde Kugelfisch, der seinen keulenförmigen Körper zur Abschreckung aufblähen und mit seinen wie zu einem Papageienschnabel verschmolzenen Zähnen kleinere Schnecken und Muscheln knacken kann.

sind allerdings erheblich kürzer und wachsen nur bis etwa 2 m empor. Die meisten Gräser im Chitwan-Gebiet blühen zwischen August und November.

Die Tierwelt des Chitwan-Nationalparks gehört, mit Ausnahme der im Terai und in Nordindien überwinternden Zugvögel aus Zentralasien, zur Faunenregion der nordindischen Orientalis. Das für den touristischen Besucher attraktivste große Säugetier ist das Panzernashorn. Vor der Einrichtung des Nationalparks war der Bestand der Nashörner auf knapp 100, derjenige der Tiger auf etwa 20 Tiere zusammengeschmolzen. Heute schätzt man die Population der Nashörner auf rund 400, diejenige der Tiger auf 80 Individuen; dazu kommen wieder mehr als 200 Leoparden. Leider werden alle drei Arten immer noch gewildert, das Nashorn wegen seines Hornes, die beiden Großkatzen wegen ihres Fells. Nashörner – vielleicht sogar eine Mutter mit ihrem Jungen – gehören zum Standardprogramm der Parkbesichtigungen.

Der Gaur, ein riesiges Wildrind, lebt vorzugsweise in den Churia-Bergen und kommt nur im Frühjahr nach den Bränden zum Äsen in die Ebene herunter. Der Sambarhirsch, der Axishirsch, der Schweinshirsch und die eigenartige Vierhornantilope sind indessen überall im Park anzutreffen, außerdem Lippenbären, Wildschweine und Schuppentiere. In den Baumkronen kann man tagsüber Himalaya-Languren (S.109) herumturnen sehen.

Nachts klingt das Heulen der Goldschakale aus dem Dschungel, der zudem einer Reihe kleiner Raubtiere wie der Bengalkatze, dem Palmenroller, der Indischen Zwerg-Zibetkatze oder dem Bengalfuchs Unterschlupf und Lebensraum bietet. Die Dschungelkatze dagegen ist eine Bewohnerin des Graslandes, und die Streifenhyäne lebt nur im Süden des Gebiets.

Wenn die Dämmerung hereinbricht, gehen der Indische Mungo und der Honigdachs auf Beutejagd. Zur späten Stunde

Der Gelbwaran ist eine große, scheue Echse, die knapp 1 m lang werden kann.

Der Paddyreiher gehört zu den häufigeren Reiherarten der Terai-Ebenen.

Ein intensives Aufzuchtprogramm hat den Bestand des Gangesgavials im Chitwan-Nationalpark gesichert.

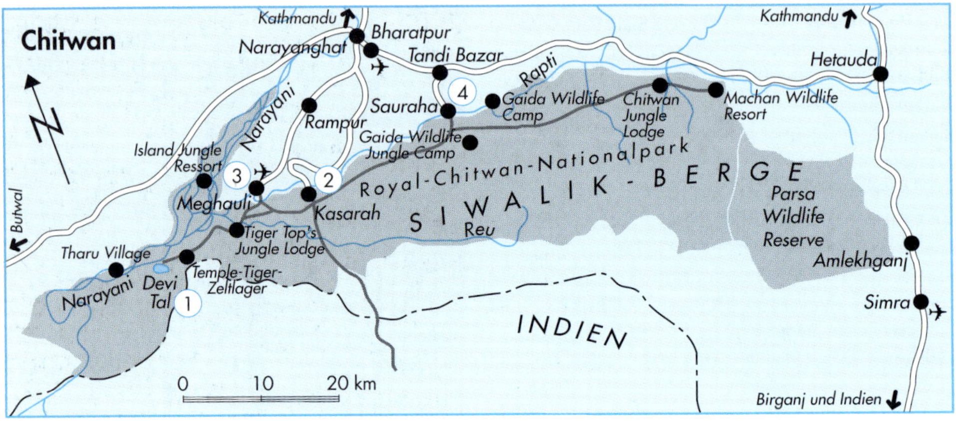

beginnen überdies die kleinen Säugetiere – Streifenhörnchen, Spitzhörnchen, Flughörnchen, Bandikotratten und Moschusspitzmäuse – ihr aktives, heimliches Leben. Fledermäuse huschen durch die Nachtluft, meist auf der Jagd nach Insekten; lediglich die Riesenflughunde (S.45) verschmähen Fleischnahrung und halten sich lieber an süße Früchte.

Der Chitwan-Nationalpark ist ein Paradies für Vogelbeobachter. Mehr als 400 Arten wurden nachgewiesen. Saruskraniche, verschiedene Reiherarten wie Purpurreiher oder Seidenreiher, Kormorane, der Klaffschnabel, der wilde Pfau, der Graukopf-Seeadler oder der Doppelhornvogel gehören zu den auffälligsten Vogelgestalten. Eisvögel, Spinte und Sittiche imponieren durch die leuchtenden Farben ihres Gefieders. An den Gewässern tummeln sich Watvögel wie der Bachkiebitz oder der Flußregenpfeifer, während die Hinduseeschwalbe mit unstetem Flug über dem Fluß nach Fischen späht.

Im Wald rufen Kuckucke wie der Wechselkuckuck oder der Koromandelkuckuck, singt die Schamadrossel und hämmern der Sultanspecht oder der Rostspecht. Der Fahlbauch-Paradiesschnäpper, der Rotohrbülbül, Bartvögel, der Zwergmennigvogel und die unscheinbare Streifenbrusttimalie schlüpfen durchs Geäst.

In der trockenen Jahreszeit von November bis März finden sich auf offenen Flächen und an den Gewässern Wintergäste aus Zentralasien ein: Jungfernkraniche, Rostgänse und Streifengänse. Am Himmel kreisen Schmutzgeier, Bengalengeier und Schwarzmilane. In der Dämmerung streichen der Dschungelkauz und der Wellenbrust-Fischuhu auf Beutefang über das Land. Unter den Amphibien begegnet man am ehesten den großen, an Erdkröten erinnernden Schwarznarbenkröten, den zahlreichen Reisfeld- und Braunfleckenfröschen, den ebenfalls sehr großgewachsenen Tigerfröschen (S.26) oder den etwas plump wirkenden Kurzkopf-Grabfröschen. Das Sumpfkrokodil und der Gangesgavial leben im Bereich der Flüsse Rapti und Narayani. Man bekommt die großen Panzerechsen allerdings nur schwer zu Gesicht und sieht allenfalls ihre hoch am Kopf gelegenen Augen über die Wasserfläche ragen. Die Bestände des Gavials waren dramatisch zurückgegangen, bis man mit der Errichtung der Krokodil-Aufzuchtstation bei Kasarah die Rettung dieser schönen Großechse einleitete. Heute ist die Population von weniger als 50 Individuen Mitte der siebziger Jahre wieder auf rund 70–80 Tiere angewachsen; man entläßt alljährlich nachgezogene Junge in die natürlichen Lebensräume.

Vielleicht bekommt man gelegentlich eine Bengalische Dachschildkröte oder eine Ganges-Weichschildkröte zu Gesicht, seltener dagegen die ausschließlich an Land lebende Indische Gelbkopflandschildkröte (S.26). Unter den Echsen kommen der Bengalenwaran, der Gelbwaran und die kleinere Buntagame (S.41) vor. Auch zahlreiche Schlangen leben im Park, obwohl man sie in der dichten Vegetation nur selten entdeckt. Den großen Tigerpythons, sowie den giftigen Königskobras, Gebänderten Kraits, Brillenkobras und Kettenvipern geht man gern aus dem Weg. Kleinere Arten jedoch, wie Strahlen-, Fischer-, Asiatische Ratten- oder Halsband-Vielzahnnattern, erfreuen den Beobachter durch ihre oft hübsche Zeichnung und ihre eleganten, geschmeidigen Bewegungen.

Die in Zentralasien brütende Streifengans gehört zu den alljährlichen Wintergästen im Terai.

Im Gebiet unterwegs

Ausflüge in das Schutzgebiet kann man zu Fuß oder auf Elefantenrücken unternehmen. Es ist indessen nicht erlaubt, den Park ohne Führer zu betreten. In der Regel haben die Lodges und Camps im Chitwan eigenes Führerpersonal, das sie den Gästen zur Verfügung stellen. Sicherlich ist ein Elefantenritt durch den Gras- und Urwalddschungel das interessanteste Abenteuer. Insbesondere die Nashörner lassen sich am besten und vor allem am sichersten vom Elefantenrücken aus beobachten. Das gleiche gilt für Tiger, Leoparden und Bären. Elefantensafaris mit Mahout werden von allen zuständigen Reiseagenturen angeboten. Schmetterlinge, andere Insekten und Vögel lassen sich am ungestörtesten während einer Fußtour entdecken. Ausgesprochen spannend ist ein Trip mit dem Einbaumkanu, um Wasservögel, Gaviale und vielleicht sogar Sumpfkrokodile aufzuspüren. Vom Wasser aus verhalten sich die Tiere weniger scheu, als wenn man sich ihnen an Land nähert.
Es gibt zwei wichtige Aufzuchtstationen für bedrohte Tierarten im Chitwan-Gebiet, und beide liegen am Rapti-Fluß. Das eine ist eine Elefanten-Aufzuchtstation etwas westlich Sauraha ④, das andere die berühmte Gavial-Brutstation bei Kasarah ② am Haupteingang zum Nationalpark. Die jungen Gaviale werden mit 3 Jahren und einer durchschnittlichen Gesamtlänge von 1,5 m im Rapti, Narayani und an anderen Unterläufen der großen nepalischen Flüsse ausgesetzt. Ein Besuch dieser beiden Aufzuchtstationen ist nach vorheriger Anmeldung möglich. Es gibt ein kleines, sehenswertes Museum in Kasarah (Entstehung der Chitwan-Landschaft, Tier- und Pflanzenwelt, Probleme des Parks).

Als Schlangenvertilger hat sich der Indische Mungo einen Namen gemacht.

Ein auffallender Papageienvogel in den Baumkronen des Terai-Waldes ist der Halsbandsittich.

Praktische Tips

Anreise
Mit dem Flugzeug von Kathmandu nach Meghauli ③ oder nach Bharatpur (etwa 1/2 Stunde); dann Fahrt mit Bus oder Taxi zum Park. Mit Bus oder Auto von Kathmandu oder Pokhara auf dem Mahendra Highway über Mugling nach Tandi Bazar; von hier zu Fuß, mit Ochsenkarren oder Jeep nach Sauraha zum Parkeingang.

Mit seinem grüngelben Gefieder wirkt der Smaragdspint wie ein fliegender Edelstein.

Klima/Reisezeit
Relativ kühle Trockenperiode von Oktober bis Februar. März bis Mai sehr heiß mit heftigen Gewittern. Sommermonsun mit starken Niederschlägen und hoher Luftfeuchtigkeit von Juni bis September. Temperaturen im Winter tagsüber 15–28 °C, nachts 5–6 °C; Tagestemperaturen im Sommer 25–43 °C. Im Winter in den frühen Morgenstunden oft dichter Nebel. Beste Reisezeit Oktober bis Anfang März des folgenden Jahres. Von Ende Mai bis Anfang September sind die meisten Unterkünfte im Park geschlossen.

Unterkunft
Große Anzahl von guten, preiswerten Gasthäusern und Camps in Sauraha ④. Unterkünfte im Park selbst (gehobene Kategorie): Machan Wildlife Resort an der östlichen Parkgrenze, Chitwan Jungle Lodge im Osten, Gaida Wildlife Camp in einer Flußschleife nördlich des Rapti, Gaida Wildlife Jungle Camp südlich des Rapti, Tiger Top's Jungle Lodge im Westen des Parks (Baumhotel und Zeltcamp), Temple-Tiger-Zeltlager im Westen, Island Jungle Resort auf großer Insel im Narayani-Fluß. Am Nordufer des Narayani an der Parkgrenze das Tharu Village mit originellen Tharu-Langhäusern.

Adressen
- International Trust for Nature Conservation (ITNC), c/o Tiger Tops Pvt. Ltd., P.O. Box 242, Durbar Marg, Kathmandu, Tel. 00977-1-212706.
- Royal Chitwan National Park Headoffice, Kasarah, Chitwan.

3 Kathmandu-Tal

Nur wenige ursprüngliche Naturreservate im dicht besiedelten Landeszentrum. Reste von *Schima-Castanopsis*-Wald und Eichen-Rhododendron-Bestand am Talrand; Riesenflughunde in den hohen Bäumen, Rhesusaffen an den Tempeln; zahlreiche subtropische Vogelarten.

Das Kathmandu-Tal ist eigentlich kein ausgesprochenes Reiseziel für Naturreisende. Da aber fast jeder fremde Besucher Nepals einige Zeit, zumindest bei An- und Abreise, in diesem Tal verbringt, ist es doch angebracht, seine naturräumliche Ausstattung hier vorzustellen.

Beim Kathmandu-Tal handelt es sich um ein in geologischer Vorzeit ausgelaufenes Seebecken. Eine genaue Datierung ist noch nicht möglich. Die Legende erzählt indessen, daß der Bodhisattva Manjushri mit seinem Schwert eine Kerbe in das Ufer des Sees geschlagen und so die Schlucht von Chobar geschaffen habe, durch die das Seewasser abfließen konnte.
Heute durchfließt der als heilig angesehene, von Norden kommende **Bagmati-Fluß** diese Klamm. Seine wichtigsten Nebenflüsse sind die ebenfalls an den nördlichen Randbergen entspringenden Vishnumati, Dobi Kola und Manohara, der von Osten heranströmende Hanumante und der von den südlichen Randbergen herabfließende Nakhu-Kola-Bach. Die Ausdehnung der

Von Nagarkot aus genießt man einen prächtigen Blick auf die Eisberge des Langtang Himal.

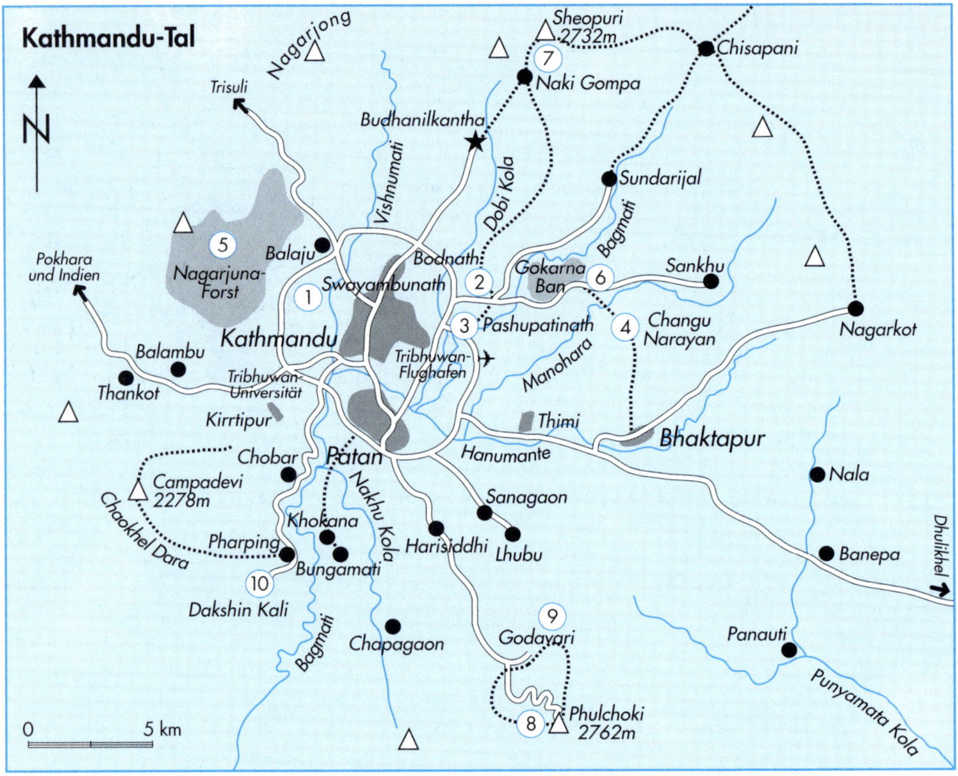

zum Bagmati hin abfallenden Talmulde beträgt in West-Ost-Richtung etwa 25 km und von Norden nach Süden rund 20 km. Der Talboden liegt bei 1320 m Meereshöhe (1250–1400 m); die Gipfelkette um das Tal ragt über mehr als 2000 m auf, mit dem **Sheopuri** (2732 m) ⑦ im Norden und dem **Phulchoki** (2762 m) ⑧ im Süden. Der Boden des Kathmandu-Tals besteht aus pleistozänen See- und Flußablagerungen, die außerordentlich fruchtbar sind und in Verbindung mit dem milden Klima 2–3 Ernten pro Jahr erlauben. Bemerkenswert sind mächtige Tonschichten, beste Grundlage für eine florierende Töpferei-Industrie in Thimi, Bhaktapur und Kathmandu selber. An manchen Stellen findet man subfossile Torfablagerungen, die als Brennmaterial ausgebeutet werden.
Die südlichen Randketten, mit dem Phulchoki als höchstem Gipfel, bestehen überwiegend aus Sandstein und gelegentlich aus Kalk in Form von Marmor, der ohne Rücksicht auf Landschaft und Vegetation abgebaut wird. Die vorherrschenden Gesteine des Randgebirges im Norden sind Granite und Gneise, die Turmaline, Berylle und Granate enthalten. Erdbeben bedeuten eine immanente Bedrohung für die Siedlungen des Tals. Das letzte große Beben ereignete sich im Jahr 1934, aber weitere kleinere hat es seither immer wieder gegeben.
Das Kathmandu-Tal ist das wirtschaftliche, kulturelle und politische Zentrum des Landes. Dementsprechend prekär ist hier die Siedlungsdynamik mit der ganzen ihr verbundenen Problematik. Unkontrolliertes

und ungeplantes Bauen führte bereits zum Zusammenwachsen der Ortschaften Kathmandu, Patan und Bodnath. Dadurch ging und geht wertvolles Ackerland zur Eigenversorgung der Bevölkerung verloren. Ungehemmter, technisch unzulänglicher Verkehr und bedenkenlos erzeugter Müll führen zu kaum lösbaren Smog- und Abfallproblemen. Wasser- und Elektrizitätsversorgung sind völlig unbefriedigend. Der Währungsverfall galoppiert, die Preise laufen den Einkommen davon. Die Schere zwischen arm und reich klafft immer weiter auseinander. Der Zuzug vom Land in die Stadt nimmt bedenkliche Ausmaße an. Kathmandu entwickelt sich zu einem asiatischen Großstadtmoloch.
Daß eine Reise in das Kathmandu-Tal dennoch lohnend ist, liegt an dem verschwenderischen Reichtum von Kultur- und Naturgütern, mit dem dieser Landstrich einst gesegnet wurde, und an seinen überwiegend liebenswürdigen, charmanten Bewohnern. Überdies sind Ansätze zur Problembewältigung zu erkennen, insbesondere in der alten Königsstadt Bhaktapur, wo mit deutscher Hilfe erfolgreiche Stadtsanierungsprogramme durchgeführt wurden.
Heute geben sich alle Völker Nepals im Kathmandu-Tal ein Stelldichein. Den führenden Bevölkerungsteil als Wirtschafts- und Kulturträger stellt allerdings – neben den wirtschaftlich und politisch einflußreichen Brahmanen und Chetris – die Volksgruppe der Newars. Sie waren ursprünglich Stadtbauern, die vor den Stadttoren ihre Äcker bearbeiteten und in der Stadt wohnten. Viele blieben dies bis heute. Darüber hinaus sind sie jedoch fähige Kunsthandwerker, Baumeister und Kaufleute. Ihrer Kunstfertigkeit ist es zu danken, daß Bronzeguß, Holzschnitzerei und Malerei heute noch, nicht zuletzt wegen der durch den Tourismus angeregten Nachfrage in den Ländern der westlichen Welt, auf einem hohen, künstlerischen Niveau produzieren.

Fünfstreifenhörnchen leben gern im Geäst der riesigen Pipal- und Banyanbäume.

Pflanzen und Tiere

Von der ursprünglichen Vegetation im Kathmandu-Tal ist nicht mehr viel übriggeblieben. Dazu ist die Region viel zu dicht besiedelt. Kleine Reste finden sich indessen noch in den Schutzgebieten des Nagarjuna-Forsts und des Gokarna-Ban sowie im oberen Bereich des Berges Phulchoki.

Die Dayaldrossel sieht mit ihrem schwarz-weißen Gefieder wie eine Miniaturelster aus.

Der **Nagarjuna-Forst** ⑤ zieht sich hinter Swayambunath am westlichen Begrenzungshang des Tals empor und wird von einer Mauer umgeben. Er umfaßt einen Eichen-Rhododendron-Wald, der durch Bestände der Kastanienarten *Castanopsis indica* (S.78) und *C. tribuloides* sowie der gelblich-weiß blühenden *Schima wallichii* ergänzt wird. Im Unterwuchs des Waldes wachsen Büsche und niedrige Bäume wie Stechpalmen, Mahonien (S.90), der Seidelbast *Daphne papyracea, Lindera pulcherrima* oder die zur Blütezeit mit Trauben aus weißen Glöckchenblüten geschmückte *Lyonia ovalifolia.* An Wildtieren finden Muntjakhirsche (S.102), Zibetkatzen, Gelbkehlmarder, gelegentlich ein Leopard, Kalijhühner und Blaubartvögel in diesem Waldgebiet ihre Zuflucht.

Der in Südamerika heimische Palisanderbaum überzieht sich im Frühjahr mit Kaskaden von blaßblauen Blüten.

Gokarna-Ban ⑥, an der Straße von Bodnath nach Sankhu gelegen und ebenfalls von einer Mauer umgeben, ist ein königliches Forstschutzgebiet, das Ende letzten Jahrhunderts als Wildschutzgebiet eingerichtet wurde. König Mahendra hat es in den 60er Jahren der Öffentlichkeit zugänglich gemacht. Die Zusammensetzung der Baumbestände ähnelt derjenigen des Nagarjuna-Forsts und wird als *Schima-Castanopsis*-Wald bezeichnet, erweitert durch Eichen, Rhododendren oder den großen Laubbaum *Michelia kisopa.* Axishirsche,

◁ Über den Campadevi-Hügel führt ein Wanderweg vom Hotel Haatiban nach Dakshin Kali.

Rhesusaffen leben in großen Herden an vielen Tempeln ▷ des Kathmandu-Tals. Sie ernähren sich dort vor allem von den Opfergaben der Gläubigen.

Schweinshirsche und Rhesusaffen sind dort regelmäßig zu beobachten. Neuerdings hat man ein kopfstarkes Rudel der Indischen Gazelle eingesetzt. Auf einer großen Wiese vor dem Dschungel stehen regelmäßig zahlreiche Kuhreiher.
Der südlich gelegene **Phulchoki** ⑧ gilt als schönster Aussichtsberg des Tals mit großartigem Blick auf die Eisberge im Norden. Im oberen Bereich stehen Reste eines noch bis in die 70er Jahre hinein intakten Eichen-Rhododendron-Waldes, der durch Abholzung und Schnaiteln der Laubäste zur Viehfuttergewinnung stark degradiert wurde. Hier kann man immer noch eine reichhaltige Orchideenflora vorfinden, mit Arten wie *Pleione hookeriana, P. humilis, Dendrobium densiflorum (S.85), Gastrochilus calceolaris, Vanda cristata* oder *Rhynchostylis retusa.* Am Fuß des Phulchoki bei **Godavari** ⑨ liegt der sehenswerte Botanische Garten, in dem eine Fülle weiterer Orchideenarten gepflegt wird.
Ursprünglicher Wald ist ansonsten im Kathmandu-Tal kaum mehr anzutreffen. Lediglich Bestandsreste der Roxburgkiefer (S.47) stehen noch an manchen nach Süden exponierten Stellen, etwa am Fuß der südwestlichen Randberge nördlich von Bodnath oder an der westlichen Zufahrt zur Stadt Bhaktapur.
Die das Tal umgebenden Bergrücken sind, soweit sie nicht besiedelt wurden, mit einem sekundären Buschwald bestanden, der Arten wie *Melastoma normale, Pieris formosa, Osbeckia nepalensis, Colquhounia coccinea* oder *Edgeworthia gardneri* enthält. In den ländlich gebliebenen Talgegenden gibt es noch riesige Bäume des *Ficus religiosa* und *F. bengalensis,* die als Pipal und Banyan bezeichnet werden.

Der Schachwürger ist ein häufiger Vogel im Kathmandu-Tal.

Das Männchen der Buntagame imponiert mit rotem Kopf und schwarzem Kehlsack.

Tiere in der religiösen Kunst

Tiere besitzen in der religiösen Kunst des Himalaya eine große Bedeutung. Steinerne Elefanten- und Löwenstatuen halten Wache vor vielen Pagodentempeln im Kathmandu-Tal. Die 3 Hauptgottheiten des Hinduismus benutzen Reittiere für ihren Flug durch die Weiten des Kosmos: Brahma eine Gans oder einen Schwan, Shiva den Nandi-Bullen und Vishnu den Göttervogel Garuda. Aber auch untergeordnete Götter zeigen sich immer wieder mit ihren in Stein gehauenen oder in Bronze gegossenen Symboltieren, so Ganesh – der dickbäuchige, elefantenköpfige Sohn Shivas – auf der Ratte und sein Bruder Kumar auf dem Pfau. Als besonders heilig gilt Hanuman, der Affengott, dessen Vorlage in den Himalaya-Languren zu suchen ist. Er spielt im altindischen Ramayana-Epos als Befreier der schönen Prinzessin Sita eine herausragende Rolle. Ebenso wie den großen Hindugöttern sind im Buddhismus Zentralasiens den wichtigen Dhyani-Buddhas Tiere zugeordnet: ein Elefant dem Akshobya, ein Pferd dem Ratnasambhava, ein Pfau dem Amitabha, ein Garuda dem Amoghasiddhi und ein Löwe dem Vairocana. Fische gelten als Glückssymbole. Das Windpferd Lungtak ist auf Gebetsfähnchen, die an Stupas oder auf hohen Pässen flattern, wiedergegeben.
Viele buddhistische Mythen und Legenden haben Tiere zum Inhalt. So erzählt eine Geschichte von dem Streit zwischen einem Elefanten, einem Affen, einem Hasen und einem Vogel darüber, wer von ihnen der älteste sei, und sie messen ihr Alter am Wuchs des heiligen Bodhi-Baumes. Einen besonderen Platz nimmt die Schildkröte ein. Sie trägt auf ihrem Panzer die Erde und wird deshalb oft als Sockel von Inschriftsäulen verwendet. Auf dem Hof des Mul Chowk, eines Palastflügels in Patan, stehen 2 Bronzefiguren, die heilige Flüsse symbolisieren: Ganga auf dem Makara und Yamuna auf der Schildkröte.

Die Kobra symbolisiert Macht und Schutz für einen mittelalterlichen Mallakönig.

Der Pfau ist das Reittier Kumars, des Sohnes von Shiva und Bruders von Ganesh.

Hohe Büschel von mehr als armdickem Bambus sind typisch für das Landschaftsbild des subtropischen Tals. Er wird als Baumaterial vor allem für den Gerüstbau angepflanzt. Gepflanzt sind auch Bestände der Nepalischen Erle.
An Blütenpflanzen fallen Begonien, etwa die Art *Begonia picta* (S.83), und Ingwerwurzgewächse, beispielsweise *Roscoea purpurea* (S.15), auf. Beiden Pflanzen kann man in der Monsunzeit am Hang nach Nagarkot begegnen. In den Teichen des Armeegeländes an der Straße nach Swayambunath wachsen und blühen Lotosblumen.
Zahlreich sind die Pflanzen, die ihren Weg aus anderen Teilen der Erde nach Nepal gefunden haben. Zu den bekanntesten gehören der Weihnachtsstern aus Zentralamerika, die Feigenopuntie *Opuntia monacantha* aus Südamerika, die gern an Feldumgrenzungen gesetzt wird, der aus Madagaskar stammende Christusdorn, der mit seinen stachligen Zweigen Grundstücke und Mauern schützt, die im tropischen Südamerika beheimatete Seidenpflanze *Asclepias curassavica* oder der oft als Hecke gepflanzte, mit weißen Trompetenblüten blühende Stechapfelstrauch.
Der Palisanderbaum oder Jacaranda, ursprünglich aus Brasilien kommend, ist mit seinen blauen Blütenrispen und den gefiederten Blättern eine Zierde mancher Hotelgärten. Die *Bougainvillea glabra* aus Südamerika schmückt mit ihren Blütenkaskaden viele Mauern und Hausecken.
Außer in den beschriebenen Schutzgebieten existieren heute nur recht wenige wildlebende Säugetierarten im Tal von Kathmandu. Gelegentlich verirrt sich ein Goldschakal oder ein Leopard in die Randbergketten. Fünfstreifenhörnchen suchen Unterschlupf im Astgewirr der Pipal- und Banyanbäume. Die Moschusspitzmaus macht sich in der Dämmerung und nachts mit zwitschernden Rufen in den Gärten bemerkbar.
Charakteristisch für das Kathmandu-Tal sind schließlich die Riesenflughunde, die tagsüber an den Ästen hoher Bäume hängend und in ihre Flughäute eingewickelt schlafen, in der Abenddämmerung aber mit lautlosem »Flügelschlag« und in Gruppen nach Süden ziehen, um Obstplantagen zu plündern. Außerordentlich zahlreich sind die Herden von Rhesusaffen, die in den Tempeln von Pashupatinath, Swayambunath oder Vajrayogini die Opfergaben der Gläubigen vertilgen.

Die Glöckchenblüten von *Pieris formosa* sieht man im Buschwald am Rand des Kathmandu-Tals.

Perlhalstauben suchen auf abgeernteten Feldern im Kathmandu-Tal nach Nahrung.

Durch die Chobar-Schlucht fließt der heilige Bagmati-Fluß nach Süden aus dem Kathmandu-Tal.

Vögel bevölkern das Kathmandu-Tal in reicher Artenzahl. Da sind die überaus häufigen Kuhreiher, dazu Purpurreiher und Nachtreiher. Am Himmel kreisen Bengalengeier und Schwarzmilane. Glanzkrähen und Dickschnabelkrähen treiben sich vor allem in der Nähe der Abfallhaufen herum. Der Maina oder Hirtenstar (S.18) weckt die Schläfer schon am frühen Morgen mit seinem Geschrei. Schachwürger und Dayaldrosseln sitzen auf den Telefon- und Stromleitungsdrähten. Der Trauerdrongo wirft sich von exponiertem Ausguck in die Luft, um Insektenbeute zu erhaschen. Der Himalayasittich flattert kreischend durch das Geäst der Parkbäume. Wiedehopf und Graubrust-Baumelster suchen in den Gärten nach Nahrung. Viele Singvögel wie Rußbülbül, Rotwangensäbler, Blaukehlschnäpper oder der Purpurnektarvogel huschen durch das Geäst von Büschen und Bäumen. Gruppen von Perlhalstauben lassen sich auf abgeernteten Feldern nieder.
Amphibien sind mit einigen Arten im Tal vertreten. In den Gärten gehen nachts Schwarznarben- und Tieflandkröten auf Beutejagd. In Teichen und Tümpeln laichen der große Tigerfrosch (S.26), der durch einen hellen Längsstreifen auf dem Rücken gekennzeichnete Reisfeldfrosch und der Braunfleckenfrosch.
Echsen sind mit der Buntagame in den Gärten und dem Indischen Faltengecko in manchen Häusern vertreten. Schlangen sind als fluchtbereite Tiere zwar selten zu sehen, kommen aber mit Arten wie der Asiatischen Streifennatter, der Asiatischen Rattennatter, der Fischernatter, der Himalaya-Trugnatter (S.105) oder den beiden Giftschlangen Weißlippen-Lanzenotter und Berg-Lanzenotter im Talbereich vor.

Der Rußbülbül läßt in den Büschen der Gärten einen besonders melodischen Gesang hören.

Wie große Früchte hängen die Riesenflughunde tagsüber in hohen Parkbäumen von Kathmandu, Patan und Bhaktapur.

Im Gebiet unterwegs

Fast alle Bereiche des Kathmandu-Tals sind für Exkursionen mit dem Auto zu erreichen. Das gilt sowohl für den Nagarjuna-Forst, als auch für den Gokarna-Ban, den Aufstieg zum Sheopuri, die Gegend von Nagarkot oder den Phulchoki.
In den Ausflugsgebieten selbst empfiehlt sich dann eine Fußwanderung. Sie kann im **Nagarjuna-Forst** ⑤ zum Jamacok-Stupa führen, einem beliebten Pilgerziel nahe dem Gipfel. Im **Gokarna-Ban-Gebiet** ⑥ kann man zu Fuß spazierengehen oder gegen eine angemessene Gebühr einen Ritt auf einem der dort stationierten Elefanten unternehmen.
Zum **Sheopuri** ⑦ steigt man am besten von **Budhanilkantha** mit seiner in einem Tempelteich liegenden, uralten Vishnu-Steinfigur aus auf und legt beim malerisch gelegenen Nonnenkloster Naki Gompa kurz unter dem Gipfelrücken eine Rast ein. Der Weiterweg führt dann über den Sheopuri ein Stück in östlicher Richtung und schließlich südwärts absteigend nach **Sundarijal,** das eine Straßenverbindung nach Bodnath und Kathmandu besitzt. Für diesen Ausflug benötigt man einen ganzen Tag.
Ein anderer, steiler Aufstieg mit weiten Ausblicken nach Süden über das Tal leitet in etwa 2 1/2 Stunden direkt von **Bodnath** ② hinauf nach Naki Gompa und zum darüber liegenden Bergrücken. Ein sehr schönes Zweitagetrekking verbindet den Anstieg zum Sheopuri mit einer Höhenwanderung um das nordöstliche Kathmandu-Tal nach **Nagarkot,** wobei in einer Lodge bei Chisapani (2200 m) übernachtet wird.
Auf den **Phulchoki** ⑧ führt eine ungeteerte Autostraße. Empfehlenswert ist dann der Abstieg zu Fuß zurück nach **Godavari** ⑨,

Der heilige Pipalbaum steht als Schattenspender an vielen Rastplätzen entlang der traditionellen Handelswege.

entweder direkt nach Norden oder über eine etwas weiter westlich gelegene Bergschulter.
Ein Ausflug abseits der begangenen Pfade führt im Westen des Tals vom Hotel Haatiban in 2–3 Stunden über den Campadewi-Gipfel (2278 m) und den Bergrücken Chaokhel Dara nach **Pharping** mit einem Höhlenheiligtum des Gottes Goraknath und weiter nach **Dakshin Kali** ⑩. Hier werden jeden Dienstag und Samstag der Göttin Kali Tieropfer dargebracht.
Eine Reihe abwechslungsreicher Spaziergänge und Wanderungen kann man auch am Kathmandu-Talboden selbst unternehmen. Da ist einmal der Aufstieg zum Stupa von **Swayambunath** ①, bei dem man das Sozialverhalten der zahllosen Rhesusaffen aus nächster Nähe studieren kann. Dann lohnt sich ein Spaziergang vom Hinduheiligtum **Pashupatinath** ③ durch den östlich anschließenden heiligen Hain hinunter zum Bagmati-Fluß und weiter zum großen Stupa von **Bodnath** ②. Ein ebenso interessanter Fußmarsch beginnt in der Nähe des Gokarna Ban ⑥ beim Dorf **Taligaon**, quert den flachen Manohara-Fluß und steigt steil zum berühmten Vishnu-Tempel **Changu Narayan** ④ auf. Nach der Besichtigung der uralten Steinfiguren kann man dann ebenfalls zu Fuß in 1 1/2 Stunden nach **Bhaktapur** weiterlaufen.
Schließlich sollte man es nicht versäumen, von der Ringstraße bei Patan aus südwärts zu den abgelegenen Newar-Dörfern **Khokana** und **Bungamati** mit ihren sehenswerten Tempeln und ihrer ländlichen Umgebung zu laufen. Aber auch im Osten und Südosten des Kathmandu-Tals, bis hinüber zu den bereits außerhalb des Talbereichs liegenden Ortschaften Banepa, Nala und Panauti, bieten sich Ausflugsziele an.

Praktische Tips

Anreise
Mit dem Flugzeug zum internationalen Tribhuwan-Flughafen. Mit Bus oder PKW auf dem Tribhuwan Highway vom Grenzort Birganj im Süden an der indischen Grenze in das Kathmandu-Tal. Eine weitere Straßenmöglichkeit von Bhairawa im Terai über Pokhara oder Narayanghat nach Mugling und über den Prithvi Highway von Westen nach Kathmandu.

Klima/Reisezeit
Monsunklima. Feburar/März angenehm warm; April/Mai heiß, dunstig und schwül, Gewitter; Juni bis Ende August Sommermonsun mit hohen Niederschlägen, meist abends und nachts; September Ende des Monsuns, Oktober warmes und klares Herbstwetter; November bis Januar kühl, oft kalt (nachts selten um den Gefrierpunkt), klare Fernsicht.
Reisen in das Kathmandu-Tal sind das ganze Jahr über möglich. Beste Reisezeit Februar/März und September bis November. Höhepunkt des Pflanzen- und Tierlebens im Sommer von Juni bis September.

Unterkunft
Reichhaltiges Angebot von Hotels, Pensionen und Lodges aller Kategorien im ganzen Kathmandu-Tal. Gute Hotels und Lodges auch in Nagarkot am östlichen Talrand. Unterkunftsmöglichkeit am Gokarna-Ban und in Chisapani östlich des Sheopuri.

Adressen
- ➪ Natural History Museum, Swayambu, Kathmandu, Tel. 271899.
- ➪ Royal Botanical Garden und National Herbarium & Plant Laboratories, Godavari, Lalitpur, Kathmandu.
- ➪ Tribhuwan-University (Departm. of Zoology, Departm. of Botany), Kirtipur, Kathmandu.
- ➪ Zoological Garden, Patan (Lalitpur), Kathmandu.
- ➪ Nepal Heritage Society, Bhadrakali, Kathmandu, Tel. 211438.
- ➪ Central Immigration Office, Tridevi Marg, Thamel, Kathmandu.

4 Rara-Nationalpark und Kanjiroba

Dichte, noch weitgehend intakte Bergwälder mit Tränenkiefern, Fichten, Weißtannen und Birken; interessante Hochgebirgsflora und -fauna; Rara-Nationalpark mit dem zauberhaften Rara-See; eine der schönsten Wanderregionen Nepals.

Im fernen Westen Nepals, nördlich und östlich von **Jumla**, erstreckt sich ein relativ intaktes Waldbergland. In 3000 m Meereshöhe liegt hier der idyllische **Rara-See**. Er ist mit etwa 10 km^2 das größte stehende Gewässer in Nepal; in Ost-West-Richtung erstreckt er sich über 5 km, in Nord-Süd-Richtung über 3 km; seine Tiefe beträgt 167 m. Er ist in eine Geländemulde wie in eine riesige Schüssel gebettet, hoch über den umliegenden Talböden, zu denen die Hänge an drei Seiten fast 1000 m tief abfallen. Umgeben wird der Rara-See von dem relativ kleinen Rara-Nationalpark, der nur 106 km^2 umfaßt und im Jahr 1976 eröffnet wurde. Im Jahr 1978 hat man dazu die beiden Dörfer Rara und Chabru am Nordufer des Sees umgesiedelt. Heute erinnern nur noch einige Ruinen und verfallene Ackerterrassen an die einstige Besiedlung. Die Landschaft um den See, die einen skandinavischen Eindruck macht, wird für ihre melancholische Schönheit gerühmt.
Das Bergland, das sich südlich und östlich an den Rara-Nationalpark anschließt, wird vom mehr als 6800 m hohen **Kanjiroba-Massiv** überragt, dem der nur 5500 m hohe **Sisne Himal** westlich vorgelagert ist. Tief eingeschnittene Flüsse, die teils von den Kanjiroba- und Sisne-Bergen, teils vom Grenzkamm nach Tibet herunterkommen, zerfurchen das Berggebiet. Der in einer engen Talrinne fließende **Mugu-Karnali,** der nördlich des Rara-Sees nach Westen zieht und sich mit dem von Norden kommenden Humla-Karnali vereint, bildet nach der Vereinigung den mächtigen Karnali-Strom. Die Flüsse Nyaur Kola, Chaudabise Kola und Babila Kola führen ebenfalls in westliche Richtung und münden in den Karnali. Daneben gibt es eine Unzahl von kleineren Bächen, die das Relief der Landschaft mit steilen, bewaldeten Bergrücken formen. Im Hochgebirge liegen kleine Bergseen, die meist als heilig gelten.
Die Geologie Westnepals ist noch wenig erforscht. Kristalline Gesteine wie Gneise und Granite herrschen vor. An kahlen Berghängen zeigen sich oft deutliche Erosionsschäden.
Die Häuser in den meisten Dörfern des Rara-Kanjiroba-Gebiets sind Flachdachgebäude, ein Zeichen dafür, daß in dieser Gegend viel weniger Niederschläge fallen

In Lagen unterhalb 2100 m ist die Roxburgkiefer die charakteristische Kiefernart.

als weiter östlich. Der größte Teil der Bevölkerung besteht aus Thakuris, einer Untergruppierung der in ganz Nepal ansässigen hinduistischen Chetris. Unterhalb der Chetri-Bevölkerung siedeln vorwiegend Brahmanen, in den Hochlagen der nördlichen Berge tibetstämmige buddhistische Bothia-Gruppen, die man im Mugu-Gebiet Mugupas nennt. Im Chaudabise-Tal findet sich das höchstgelegene Reisanbaugebiet Nepals.

Pflanzen und Tiere

In der Region zwischen Jumla, dem Rara-See und dem Kanjiroba-Massiv kennzeichnen zwei Kiefernarten die Baumbestände: in tieferen Lagen unterhalb 2100 m die Roxburgkiefer, von etwa 2200 m ab über einen weiten Höhenbereich bis gegen 3800 m hinauf die Tränenkiefer. Diese Kiefer bildet zwischen 2300 und rund 3000 m in trockenen Expositionen von Osten über Süden nach Westen zusammen mit Fichten, Eichen und gelegentlich Ahornbäumen eine eigene Waldstufe. Dabei vermittelt die Fichte hier im Westen den Übergang zur oberen Nadelwaldstufe. Von 3000 m bis zur Baumgrenze in etwa 3800 m durchsteigt man in sonnenexponierten Hanglagen einen ausgeprägten Tränenkiefern-Weißtannen-Rhododendron-Wald, in den sich einzelne Birken mischen. In den feuchteren Nordlagen wächst ab 3200–3300 m ein dichter

Auf den Almwiesen am Sisne Himal kann man den Karmingimpel beobachten.

◁ Die Schönheit des 3000 m hoch gelegenen Rara-Sees hat König Mahendra in einem romantischen Gedicht besungen.

Die Birke *Betula utilis* bildet in Westnepal oft in ausgedehnten Beständen die Baumgrenze. ▷

Weißtannen-Birken-Wald, untermischt mit Rhododendron-Beständen. Allerdings sind Rhododendren in Westnepal seltener als im zentralen und östlichen Teil des Landes. Dafür entwickelt sich die Birke *Betula utilis* oft zu riesigen Baumgestalten und bildet mancherorts ein undurchdringliches Dickicht. Der Unterwuchs des Waldes besteht aus Berberitzen, Rosen und Zwergmispeln.

In den Tallagen steht als auffälliger Baum die Himalaya-Walnuß, die im Herbst Unmengen von Nüssen trägt. In Westnepal begegnet man auch zum erstenmal der Himalayazeder, die weiter östlich im ganzen Land fehlt. Zedern stehen als angepflanzte Bäume allerdings nur in der direkten Umgebung von Dörfern und werden oft als heilige Bäume verehrt.

Der Bergwald, insbesondere über 3000 m, wird immer wieder von Almflächen unterbrochen, auf denen sich Lägerfluren mit dem Knöterich *Bistorta macrophylla*, Storchschnabelgewächsen wie *Geranium wallichianum* oder *G. himalayense* und dickblättrigem *Cremanthodium retusum* breitmachen. In der Krautvegetation trifft man außerdem auf Glockenblumen der Art *Campanula latifolia*, Eisenhut wie *Aconitum laeve* oder *A. heterophyllum*, Rittersporn der Arten *Delphinium vestitum* (S.104), *D. kamaonense* und *D. himalayai* oder Springkraut wie *Impatiens scabrida* und *I. urticifolia*.

Die Baumgrenze, die vielerorts durch Almwirtschaft auf 3600–3700 m herabgedrückt ist, wird von vereinzelten Himalaya-Weißtannen und Tränenkiefern sowie Rhododendronbüschen und verkrüppelten Birken gebildet. Die Strauchvegetation darüber besteht wieder aus Berberitzen, Wacholdern, Rosen und Zwergmispeln.

Auf den Almflächen an der Westseite des Sisne und Kanjiroba Himal kann man bis weit über 4500 m hinauf verschiedene Arten von Edelweiß und Steinbrech, Astern wie *Aster flaccidus* oder *A. stracheyi*, Fingerkräuter der Arten *Potentilla biflora* oder

Ihren Namen erhielt die Tränenkiefer nach den Harztropfen auf ihren langen, schlanken Zapfen.

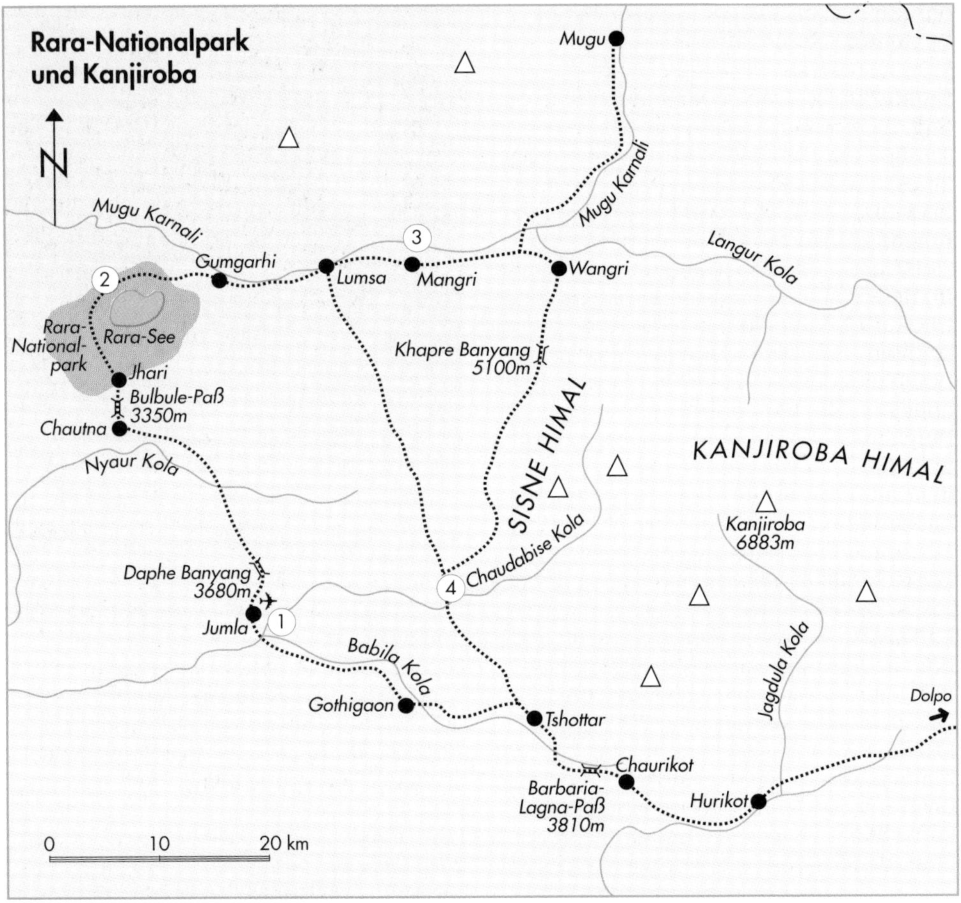

P. coriandrifolia (S.91) und den Himalaya-Rhabarber mit seinen breitflächigen Blättern finden. Im Herbst blüht hier der kurzstenglige Enzian *Gentiana stipitata.*
An größeren Säugetieren sind Gorals (S.112), Muntjakhirsche (S.102), Moschushirsche (S.121), Himalayafüchse, Himalaya-Schwarzbären und Himalaya-Languren in der Rara-Kanjiroba-Region nicht selten.
Beim Aufstieg zu den Hochalmen am Sisne Himal kann man die flinken, schwanzlosen Himalaya-Pfeifhasen (S.68) beobachten, denen neben großen Greifvögeln vor allem Himalayawiesel und Steinmarder nachstellen.
Der Rara-See bietet Zugvögeln mit seiner relativ großen Wasserfläche eine willkommene Raststätte. Zwar kann man hier einzelne Schwarzhalstaucher und Reiherenten fast das ganze Jahr über antreffen, aber zur Zugzeit im Herbst und Frühjahr füllt sich an manchen Tagen der See und seine Umgebung mit Durchzüglern aus Zentral- und Nordasien, z. B.Spießenten, Knäkenten und Kolbenenten, darüber hinaus aber auch Jungfernkranichen, Streifengänsen (S.35), Rostgänsen, Gänsesägern und einer Reihe von Watvogelarten.
In den Wäldern tummelt sich eine beträchtliche Anzahl von Singvogelarten,

darunter Himalaya-Baumläufer, Bergkohlmeise, Rotbrustbraunelle, Streifenkopf-Laubsänger und Häherlinge wie Buntflügelhäherling oder Streifenhäherling. Durchs Dickicht im Unterholz schlüpfen langschwänzige Gelbschnabelkittas; auf den niedrigeren Pässen leuchtet bisweilen das rote und gelbe Gefieder der prächtigen Langschwanz-Mennigvögel. Auf Waldlichtungen oberhalb 3000 m und im Bereich der Baumgrenze kann man Chukarhühnern, dem in allen Farben schillernden Gelbschwanz-Glanzfasan (S.64) und dem scheuen Blutfasan (S.93) begegnen. Im Himmelsblau über den Bergkämmen segelt gelegentlich ein Bartgeier (S.57). Turmfalken stehen rüttelnd in der Luft. Alpenkrähen führen atemberaubende Flugkünste vor. An den Bächen und Flüssen sind Fluß-Wasseramseln und Weißkopfschmätzer mit unstetem Flug unterwegs. Die Almwiesen im Hochgebirge bevölkern Karmingimpel, Schmuckgimpel oder an feuchten Stellen der Zaunkönig. In Höhenlagen unter 3000 m ist eine häufige Echse ständiger Wegbegleiter: die Felsenagame (S.70). Die kleinen, braunen Himalaya-Skinkellas rascheln im Bodenlaub, und höchst selten kreuzt eine der wenigen Giftschlangen, wie die Himalaya-Grubenotter, den Pfad des Wanderers.

Das Verbreitungsgebiet der Himalaya-Grubenotter reicht von Westen her bis an den Kali-Gandaki-Fluß.

Im Gebiet unterwegs

Start- und Zielort für Wanderungen ist der Verwaltungs- und Basarort Jumla. Es empfiehlt sich eine 14tägige Rundwanderung über den Rara-See, ein Stück den Mugu-Karnali aufwärts, am Sisne Himal entlang und im großen Bogen durch das Chaudabise-Tal zurück nach **Jumla** ①. Zunächst geht es nordwärts über den Paß Daphe Banyang (3500 m) in das Flußtal des Nyaur Kola (2600 m) und weiter über das Dorf **Chautna** zum Paß Bulbule Banyang (3350 m). Oberhalb des Bulbule-Passes kann man einen Bergrücken ersteigen (3500 m), von dem aus sich ein großartiger Blick auf den Siebentausender Saipal im Westen und den Rara-See direkt zu Füßen eröffnet. Das letzte Dorf vor dem Rara-Nationalpark ist Jhari, an dessen Rand mächtige, heilige Zedernbäume wachsen. Nur kurz ist dann noch der Weg zum **Rara-See** ②, den man von Jumla in 4 Tagen erreicht. Vom Nordostufer des Sees geht es steil hinunter zum Basardorf **Gumgarhi** (2100 m)

Die Kugelprimel blüht in großen Beständen auf hochgelegenen Wiesen am Sisne- und Kanjiroba-Himalaya.

Den Blüten des Korbblütlers *Cremanthodium reinforme* begegnet man in den Monsunmonaten zwischen 3600 und 4800 m.

und weiter an den Mugu-Karnali-Fluß bis zur Ortschaft Lumsa (1900 m). Nächstes Etappenziel ist dann **Mangri** (2250 m) ③, das erste von tibetstämmigen Mugupas besiedelte Dorf am Karnali. Von hier kann man auf einem anspruchsvollen Weg weiter flußaufwärts zum Dorf Wangri und dann südwärts über den 5100 m hohen Paß Khapre Banyang in das oberste **Chaudabise-Tal** ④ gelangen.
Die bequemere Route allerdings führt zurück zum Dorf Lumsa und von dort in 2 Tagen nach Süden auf ein weites Almgelände zwischen 3900 und 4500 m, dessen Zentrum 4 kleine Bergseen bilden. Es lohnt sich, hier oben Rasttage mit ausgedehnten Bergwanderungen einzulegen. Der Rückweg nach Jumla erfolgt dann in 4 1/2 Tagen mit einigem Auf und Ab über bewaldete Bergrücken zunächst in das fruchtbare **Chaudabise-Tal** ④ und über das Dorf Gothigaon im Babila-Kola-Tal zurück nach Jumla.

Praktische Tips

Anreise
Mit Bus oder Flugzeug von Kathmandu nach Nepalganj. Von hier Kurzflug (1/2 Std.) nach Jumla. Im Gebiet Fortbewegung nur zu Fuß.

Klima/Reisezeit
Mildes Klima im Frühjahr und Herbst. Im Sommer geringerer Monsun und weniger Regen als in Zentral- und Ostnepal. Winter kühl bis kalt; über 3000 m relativ viel Schnee, am Rara-See bis 1 m.
Beste Zeit für Wanderungen März bis Mai und zweite Septemberhälfte bis Anfang November. Im Sommer größter Reichtum an blühenden Pflanzen, im Herbst und Winter klare Fernsicht.

Unterkunft
Bislang nur in Jumla einfache Lodges. Im gesamten übrigen Gebiet Zeltausrüstung, mitgeführte Verpflegung und einheimische Begleitung notwendig. Gepäcktransport durch Träger oder Tragtiere. Organisation der Tour durch eine eingeführte Trekkingagentur in Kathmandu empfehlenswert.

Der Enzian *Gentiana depressa* blüht auf den westnepalischen Almwiesen erst im Herbst.

5 Dolpo mit Shey-Phoksumdo-Nationalpark

Größter Nationalpark Nepals; Vegetation, Tierwelt und Kultur wie im benachbarten Südtibet; Heimat des Blauschafs und des Schneeleoparden; landschaftliche Höhepunkte: fjordartig geformter Phoksumdo-See, Shey Gompa mit mythischem Kristallberg, die Täler von Tarap und Charka.

Das zentrale Dolpo war bis zum Jahr 1991 politisches Sperrgebiet, ein unerreichbares Traumziel für alle im Himalaya wandernden Trekker. Seit Herbst 1991 ist das Gebiet für Touristen wieder offen.

Die Dolpo-Region wird im Westen und Nordwesten vom Kanjiroba Himal, im Norden von den tibetischen Randbergen und im Südosten vom Dhaulagiri-Massiv eingeschlossen. Sie liegt bereits im Regenschatten des Himalaya-Hauptkamms. Ihr Herzstück ist der Shey-Phoksumdo-Nationalpark mit dem Phoksumdo-See und dem Kloster Shey Gompa. Im wesentlichen gliedert sich das Gebiet in die schon länger zugängliche, südlich gelegene Talschaft des **Barbung-Kola-Flusses** und das verzweigte, sehr tibetisch wirkende Tal- und Almensystem nördlich davon bis zur tibetischen Grenze.

Die Flüsse Barbung Kola, Tarap Kola und Suli Gad entwässern nach Süden. Zwischen ihnen und den nach Norden zum Langur-Fluß abfließenden Wasserläufen liegen weiträumige Hochalmen, sanft geneigte Pässe und einzelne, manchmal schroffe Gebirgsmassive. Der rund 3600 m hoch gelegene **Phoksumdo-See** ① ist wie ein norwegischer Fjord geformt, unglaublich nährstoffarm und ohne jegliches Tierleben. Seine Tiefe wird mit 500–600 m angegeben. Entstanden ist er vor langen Zeiten durch einen gewaltigen Bergsturz,

Blauschafe tragen ihren Namen von einem bläulichen Schimmer, der über dem Rückenfell alter Böcke liegt.

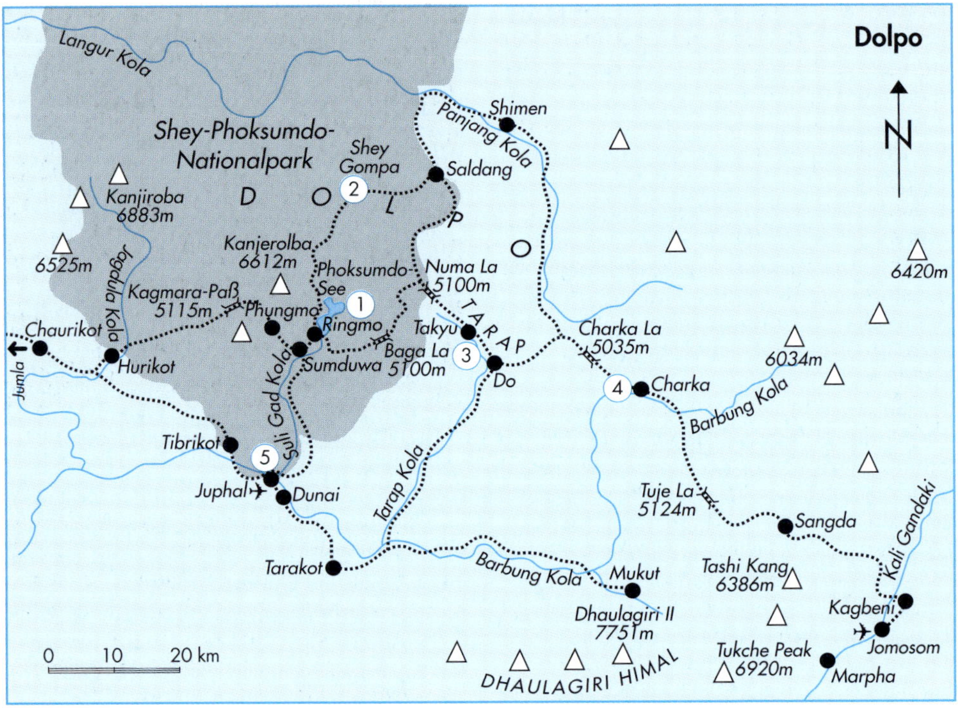

der die Bergbäche hinter dem Stauwall aufstaute. Heute steht das Dorf Ringmo auf diesem hügeligen Stauwall. **Shey Gompa** ② mit dem dahinter aufragenden, heiligen »Kristallberg« wurde durch Peter Matthiessens Buch »Der Schneeleopard« berühmt. In der Umgebung des Klosters darf kein Tier verfolgt oder getötet werden.

Die hohen Bergmassive im Westen, Süden und Südosten bestehen aus kristallinen Gesteinen, vorwiegend Granite oder Gneise. Vom Phoksumdo-See nach Norden und Osten haben indessen Kalkgesteine mit bisweilen dolomitenähnlichen Felsformationen einen großen Anteil am Gebirgsaufbau.

In den südlichen Dörfern des Dolpo wohnen Menschen, die eine Mischung aus Magars und tibetstämmigen Bhotias darstellen. Im nördlichen, inneren Dolpo begegnet man dann ausschließlich rein tibetstämmigen Dolpopas. Sie leben heute noch in einer traditionsbewußten, bäuerlichen Gesellschaftsform, die einst auch im benachbarten Südtibet verbreitet war, dort aber durch die Verwüstungen der chinesischen Kulturrevolution ausgelöscht wurde.

Pflanzen und Tiere

Die Pflanzen- und Tierwelt vollzieht die Unterteilung in südliches (äußeres) und nördliches (inneres) Dolpo nach. Im Süden und in den Tälern, die im Westen des Gebietes vom Kagmara-Paß und dem Kanjelaruwa-Massiv herunterziehen, steht Bergwald mit Tränenkiefern, Wacholderbäumen und Birken. Die Birken bilden an der Waldgrenze eine bizarre, fast undurchdringliche Krummholzzone. Auf Lichtungen im Wald, um die Siedlungen sowie in der Strauchzone an der Baumgrenze wachsen Rosen, Berberitzen, Wacholder-

büsche, Heckenkirschen und Zwergmispeln. Am Rand mancher Dörfer tragen riesige alte Aprikosenbäume im Spätsommer süße Früchte. In den Dörfern am Barbung Kola wie etwa bei Tarakot oder Tibrikot treten Apfel- und Walnußbäume an ihre Stelle.
Unterhalb Ringmo stehen nur noch vereinzelt Kiefern und Wacholderbäume am Hang; Dorngebüsche mit Berberitzen, Erbsensträuchern und Rosen übernehmen das Kommando. Schüttere Bestände von Kiefern, Birken und Wacholdern ziehen sich rund um den Phoksumdo-See, untermischt mit Sanddorn (S.79), Heckenkirschen und Meerträubel (S.64). Am nordwestlichen Seeufer steht der von Peter Matthiessen beschriebene »Silberbirkenwald« mit besonders kräftigen, weißrindigen Stämmen.
Im inneren Dolpo gibt es dann keinen Wald mehr. Bäume stehen nur als angepflanzte Pappeln und Weiden in unmittelbarer Umgebung mancher Siedlungen. Allerdings klettern in schattigen Schluchten manchmal noch Birken bis auf Höhen von 4100 m hinauf. Die Almwiesen beherbergen eine abwechslungsreiche Krautvegetation, zu der Primelarten wie *Primula macrophylla* oder die Kugelprimel (S.51), Fingerkräuter, das Edelweiß *Leontopodium monocephalum,* die Läusekräuter *Pedicularis longiflora* und *P. rhinanthoides,* Astern und Anemonen gehören. Auffällig sind die großen Blattrosetten des Himalaya-Rhabarbers. Der Berglauch *Allium carolinianum* wird von den Hirten gern als wildwachsende Gewürzpflanze dem Essen beigemischt. In der Felsregion gedeihen dann nur noch wetterharte Gewächse wie Seggen und niedrige Gräser oder polsterartige Steinbrech- und Mannsschildarten.
Zur Tierwelt des südlichen Dolpo-Gebiets gehören Goral (S.112), Muntjakhirsch (S.102), Moschushirsch (S.121), Leopard und Steinmarder ebenso wie Chukarhühner, Kuckucke, Timalien, Häherlinge, Meisen oder Baumläufer.

Die gelb blühende *Rosa sericea* kommt über einen weiten Höhenbereich von 2100 bis 4500 m vor.

Wenn man dann aber in den eigentlichen Shey-Phoksumdo-Nationalpark vordringt, betritt man das Reich der Blauschafe und des Schneeleoparden (s.S.58). Daneben kann man manchmal Wölfen oder Braunbären begegnen. Zu ihren Beutetieren gehören die überall an und über der Baumgrenze lebenden Himalaya-Pfeif-

Dem Himalaya-Murmeltier kann man in Nepal nur in den Hochlagen von Mustang, Dolpo und Humla begegnen.

◁ Der fjordartig gestaltete Phoksumdo-See im Dolpo-Gebiet ist von traumhafter Schönheit.

Der Bartgeier ist der mächtigste Greifvogel des hohen ▷ Himalaya.

hasen (s.S.68) und Himalaya-Murmeltiere, die man zwischen Numa La und Tarap, am Charka-Paß oder in den Hochtälern von Charka nach Osten antrifft.
Auch die Vogelwelt in der Region des Shey-Phoksumdo-Nationalparks setzt sich überwiegend aus Hochgebirgsbewohnern zusammen. Adams Schneefink, der Mattenschneegimpel, der Karmingimpel (S.48), der Berghänfling oder die Ohrenlerche mit ihren eigenartigen Federöhrchen an den Schläfen sind typisch für die Landschaft.
An den Bachläufen mißt die Wasseramsel pfeilschnell dahinschießend ihr Revier ab, und der Weißkopfschmätzer hüpft unruhig knicksend von Steinblock zu Steinblock.
Gelbschwanz-Glanzfasane (S.64) und Himalaya-Königshühner lassen im Frühjahr ihren Balzruf weithin über die Täler schallen. Die Lüfte werden, neben den flugakrobatischen rotschnäbligen Alpenkrähen, von Bartgeiern und Steinadlern beherrscht.
Für Amphibien und Reptilien liegt die Dolpo-Region im Durchschnitt zu hoch. Man kann lediglich Krötenfrösche der Gattung *Scutiger* erwarten, die ihren Laich in flachen Bergbächen absetzen. An Schuppenkriechtieren gibt es in Höhenlagen zwischen 3300 und 4000 m kleine, dünne Himalaya-Skinkellas. Eine besonders große Population dieser Glattechsenart lebt im »Silberbirkenwald« am Nordende des Phoksumdo-Sees.
In der Insektenfauna beobachtet man neben unauffällig gefärbten Wüstenschrecken (S.64) vor allem winzige Bläulinge und schöne Apollofalter, die noch über die höchsten Pässe fliegen.

Dornige Erbsensträucher sind kennzeichnende Pflanzen der Trockengebiete wie Dolpo und Mustang.

Der Steinbrech *Saxifraga brunoniana* verankert sich mit ▷ Ausläufern im losen Gesteinsschutt.

Der Schneeleopard

Schneeleoparden kommen in der großen Gebirgskette, die vom Pamir in Afghanistan über Hindukusch und Karakorum in Pakistan, Kaschmir, Ladakh und den ganzen Himalaya bis Assam reicht, im Tienshan-Gebirge, in Zentralasien von Tibet bis zum westlichen chinesischen Stammland, in Rußland und in der Mongolei vor. In dem riesigen Verbreitungsareal aber bleiben die Populationen zahlenmäßig relativ gering. Das hängt mit den großen Revieren, die Schneeleoparden für ihre Ernährung brauchen, und mit der Tatsache, daß sie extreme Einzelgänger sind, zusammen.
Eine besonders starke Schneeleopardenpopulation lebt am oberen Langur-Fluß im nordwestlichen Teil des Shey-Phoksumdo-Nationalparks in Nepal. Dort hat eine amerikanisch-nepalische Biologengruppe in den Jahren 1982–1985 ein Schneeleoparden-Forschungsprojekt durchgeführt, das unter der Schirmherrschaft von His Majesty's Government Department of National Parks and Wildlife Conservation stand und von mehreren renommierten internationalen Naturschutzorganisationen, darunter die National Geographic Society und der WWF, finanziert wurde. Ziel der Forschungen war, mit radiotelemetrischen Methoden erstmals Details aus den Lebensgewohnheiten der scheuen Hochgebirgskatzen aufzudecken. Zu Beginn des Projekts wurden einige Tiere in Fußschlingen-Fallen gefangen, mit einer Betäubungsinjektion ruhig gestellt und mit einem Halsbandsender versehen. Dann konnte man ihr Verhalten über mehrere Jahre hinweg verfolgen. Dabei stellte sich heraus, daß Schneeleoparden ausgesprochene Einzelgänger sind und außerhalb der Fortpflanzungszeit die Begegnung miteinander meiden. Dazu legen sie in ihrem Revier Markierungen mit Kratzspuren, Kotabgaben, Scharrspuren und Duftmarken an. Am stärksten aktiv sind sie frühmorgens und am späten Nachmittag bis in den Abend hinein. Um die Mittagszeit ruhen sie vorzugsweise an Plätzen mit gutem Rundblick, wobei sie durch die tarnende Fleckung ihres seidenweichen Fells vollständig mit ihrer Umgebung verschmelzen. Diese hervorragende Tarnung hilft ihnen überdies beim Anschleichen während der Jagd, denn sie müssen als schlechte Sprinter nahe an ihre Opfer herankommen. Die wichtigsten Beutetiere für den Schneeleoparden sind Blauschafe. Außerdem werden Himalaya-Tahrs, aber auch kleinere Tiere wie Pfeifhasen, Königshühner und Fasanen erlegt.
Die Fortpflanzung der scheuen Raubkatze findet in den Wintermonaten Januar bis März statt. Nur in dieser Zeit stößt der Schneeleopard ein langgezogenes Heulen aus. In der Regel werden 2 Junge geboren, die etwa 1 Jahr lang bei der Mutter bleiben.
Der Schneeleopard hat wenige natürliche Feinde. Die hauptsächliche Bedrohung geht vom Menschen aus, denn der tötet die schöne Großkatze, weil sie gelegentlich in seinen Haustierherden Beute schlägt, und er wildert sie wegen ihres attraktiven Fells. Heute sind Schneeleoparden in den Himalayaländern streng geschützt, und es ist das Ziel vieler Nationalpark-Managements, durch Ausgleichsmaßnahmen und Aufklärung ein tolerantes Nebeneinander von Mensch und Raubkatze zu erreichen.

Im Gebiet unterwegs

Die attraktivste Route durch das Dolpo-Gebiet verläuft als West-Ost-Durchquerung durch den Shey-Phoksumdo-Nationalpark nach Jomosom. Sie beginnt in **Jumla** (vgl. vorhergehendes Reiseziel) und führt zunächst durch waldreiches Gebiet nach Osten über die Ortschaften Chaurikot und Hurikot, sodann das Garpung-Kola-Tal aufwärts in 6 Tagen zum 5115 m hohen **Kagmara-Paß**. Im Frühjahr kann hier oben noch sehr viel Schnee liegen. Abwärts geht es dann 2 Tage lang von Phungmo nach **Sumduwa** mit einem Polizeiposten und dem Sitz der Nationalparkverwaltung. In wenigen Stunden bergauf steigend erreicht man schließlich **Ringmo** (3600 m) am Südende des Phoksumdo-Sees. Nach Sumduwa gelangt man auch in 2 1/2 Tagen vom Basardorf **Dunai** ⑤ aus. Dieser Ort ist das Verwaltungszentrum für den Distrikt Dolpo und besitzt in der etwas oberhalb liegenden Ortschaft Juphal einen kleinen Flugplatz.
Man hat von Dunai aus 2 Möglichkeiten der Routenführung: Bei der einen liegt der Besuch des zwischen 4000 und 4200 m hoch gelegenen **Tarap-Tals** ③ am Anfang, bei der anderen am Ende eines großen Rundweges. Geht man zuerst zu den Dörfern zwischen Do und Takyu, so erreicht man von hier aus nach viertägiger Wanderung über die Pässe Numa La (5200 m) und Baga La (5100 m) das Dorf Ringmo und den **Phoksumdo-See** ①. Auf einem schmalen, oft ausgesetzten Weg geht es dann weiter am Westufer des Sees entlang bis zum Silberbirkenwald. Wenn man von diesem Lagerplatz noch etwa eine Stunde über dem Nordufer aufsteigt, genießt man einen grandiosen Blick über den tiefblauen See mit seinen beiden nördlichen Armen. In 2–3 Tagen wandert man nun nordwärts über den rund 5300 m hohen Paß Kang La nach **Shey Gompa** (4350 m) ② und dann in 2 weiteren Tagen über den Saldang-Paß (5070 m) zum großen Dorf **Saldang** (3900 m). Es folgt danach eine Strecke von 5–6 Tagen, auf der man das Dorf **Shimen** (3900 m) berührt und erneut einige Pässe überquert, von denen der Charka La mit 5030 m der höchste ist. Etappenziel ist **Charka** ④, die mit 4300 m höchstgelegene Dauersiedlung Nepals. Hier stehen einige bedeutende Bön-Tempel. Es dauert jetzt noch einmal 3 Tage, bis man über die Pässe Tuje La (5050 m) und Samba La (5450 m), unter Umgehung der gefährlichen Lungpa-Schlucht, zum Dorf **Sangda** (3750 m) kommt und damit das Dolpo-Gebiet hinter sich läßt. In weiteren 1 1/2 Tagen läuft man nun zum Flugplatz von **Jomosom** im Kali-Gandaki-Tal hinunter.
Hat man sich jedoch entschieden, das Tarap-Tal an das Ende der Rundwanderung zu legen, so steigt man von Dunai aus gleich zum Phoksumdo-See hinauf. Dann folgt man der schon beschriebenen Route nach Shey und Saldang. Von hier aus wandert man in 3–4 Tagen über die Pässe Langmasia La (5100 m), Kyung La (5150 m) und Numa La (5100 m) nach Takyu und Do. Ein direkter Weg führt dann von Do über den Paß Charka La nach Charka, wo die letzte Strecke nach Saldang und schließlich Jomosom beginnt.

Edelweiß blüht mit verschiedenen Arten auf den Almwiesen des Hochhimalayas.

Die prächtige *Primula macrophylla* blüht auch auf den Wiesen des hohen, inneren Dolpo-Gebiets.

Praktische Tips

Anreise

Mit dem Flugzeug bis Jumla oder bis Dunai (Flugplatz Juphal). Dann zu Fuß weiter ins Gebiet, von Jumla aus über den Kagmara-Paß, von Dunai direkt nach Ringmo oder Tarap.

Klima/Reisezeit

Klima des südlichen äußeren Dolpo im Frühjahr trocken und warm mit gelegentlichen Gewittern; Sommermonsun recht regenreich; Herbst mild und niederschlagsarm; Winter kalt mit relativ viel Schnee. Inneres Dolpo dagegen im Regenschatten der begrenzenden Gebirgsmassive und daher entsprechend trocken. Durchschnittlicher Jahresniederschlag unter 500 mm. Während des Monsuns Wolken und Nieselregen. Tagsüber oft starker thermischer Wind. Winter sehr kalt mit Schneefall und bisweilen heftigen Stürmen.
Beste Zeit für ein Trekking durch das Dolpo April/Mai und Ende September bis Anfang November. Im Sommer schlechte Sicht und Regen, aber Höhepunkt der Bergblumenblüte und schneefreie Pässe.

Unterkunft

Mit Ausnahme von Dunai im gesamten Dolpo-Gebiet noch keine Lodges. Es sind aber in nächster Zeit zumindest im Tarap-Tal neue Unterkünfte zu erwarten. Für das Trekking sind Zelte, Küchenausrüstung, Nahrungsmittel und einheimisches Begleitpersonal erforderlich.

Auflagen

Für das innere Dolpo benötigt man ein Sonderpermit, muß eine hohe Betretungsgebühr (70 US$ pro Tag im Frühjahr 1995) entrichten und einen Liaison Officer als Begleitperson mitnehmen. Das Permit wird nur Gruppen ab mindestens 4 Personen gewährt, die ihr Trekking über eine eingeführte Agentur in Kathmandu organisieren. Schließlich muß man im Nationalpark ökologisch bewußtes und kulturell verantwortungsvolles Verhalten praktizieren.

Die Ohrenlerche ist an den feinen Federöhrchen an den Schläfen zu erkennen.

6 Mustang

Sehr trockenes Gebiet mit halbwüstenhaftem Landschaftscharakter; Flora und Fauna stark nach Südtibet orientiert; Blauschafe, Krötenkopfagamen und Schneegeier; Flußsysteme von Tsangpo und Kali Gandaki auf wenige Kilometer angenähert.

In umittelbarer Nachbarschaft der Dolpo-Region liegt ein zweites Gebiet, das lange Zeit für Touristen gesperrt war und ein Traumziel für Himalaya-Trekker darstellte: Mustang, das Fürstentum hinter dem Himalaya. Seit Herbst 1991 ist es wieder für fremde Besucher zugänglich. Zwischen den Achttausendern **Dhaulagiri** im Westen und **Annapurna** im Osten hindurchwandernd spürt man bald eine Veränderung in Landschaft, Vegetation und Siedlungsweise. Oberhalb der tief eingeschnittenen Kali-Gandaki-Schlucht wird es merklich trockener und der tibetische Einfluß macht sich in Landschaft, Vegetation, Fauna und Kultur der »Lopas« genannten Einwohner bemerkbar. Vom Dorf **Kagbeni** an bewegt man sich dann nach Norden im eigentlichen Mustang-Gebiet, das auch »Obermustang« genannt wird. Obwohl die südlicher gelegene Thakola-Region von **Jomosom** ⑥ bis in die Kali-Gandaki-Schlucht hinein zusammen mit Obermustang den Verwaltungsdistrikt Mustang bildet, soll hier nur der nördliche Teil – das Fürstentum Mustang oder Lo – vorgestellt werden.

Das Gebiet wird gekennzeichnet durch baumlose, wüstenartige Berghänge und steile Felswände, die im unteren Teil über dem Talboden oft bienenwabenähnlich von künstlich geschaffenen Höhlen durch-

Von großartiger Kargheit ist die Landschaft in Mustang zu beiden Seiten des Kali-Gandaki-Flusses.

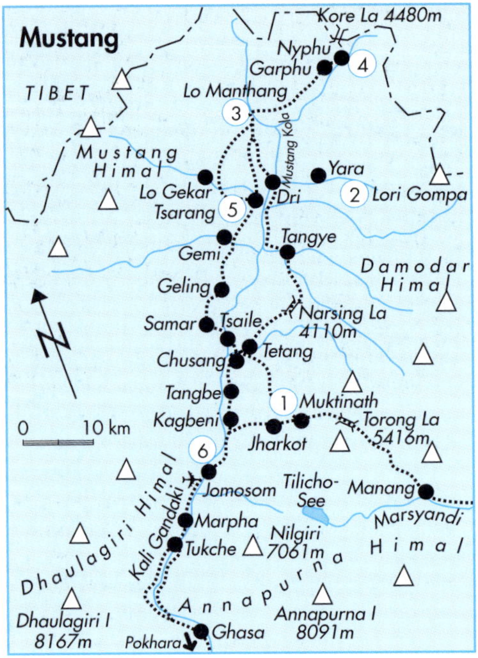

löchert sind. Diese Höhlen sind meist sehr alt und wurden teilweise bereits in prähistorischer Zeit angelegt. Überragt werden die hochgelegenen Trockentäler von den schneebedeckten Gipfeln des Damodar Himal im Osten und des Mustang Himal im Nordwesten, während im Süden die Eisriesen des Annapurna- und des Dhaulagiri-Massivs herübergrüßen.

In den geologischen Formationen des Gebietes stößt man auffallend häufig auf Kalkgesteine. In den östlichen Seitentälern des Kali-Gandaki- und Mustang-Tals findet der Wanderer immer wieder schwarze Steinkugeln aus der Jurazeit, die versteinerte Ammoniten und Belemniten enthalten. Diese »heiligen Saligrame« sind 70–250 Mio. Jahre alt und liegen auch gelegentlich in dem weitläufigen Kiesbett des großen Flusses.

Die Oberflächenstruktur des Mustang-Gebiets ist klar und einfach. Von Norden nach Süden verläuft die Talfurche des im nördlichen Teil **Mustang Kola** und von der Ortschaft Chusang abwärts **Kali Gandaki** genannten Flusses. Der Buchautor und Bergsteiger Bruno Baumann hat nachgewiesen, daß der nordwestliche, am Mustang Himal entspringende Arm des großen Stroms den eigentlichen Quellfluß des Mustang Kola/Kali Gandaki bildet. Sowohl von Osten als auch von Westen münden kleinere Seitentäler, in denen die wichtigsten Dörfer der Region liegen, in das Haupttal. Die Grenzschwelle im Norden zu Tibet bleibt mit wenig mehr als 4600 m relativ niedrig. Hier haben die Flußsysteme des Kali Gandaki und des tibetischen Tsangpo sich einander bis auf wenige Kilometer Luftlinie genähert.

Pflanzen und Tiere

Zwischen Jomosom und Kagbeni beginnt die Trockenzone, die im Regenschatten des Himalaya-Hauptkamms liegt. Zwischen den Orten Samar und Geling bleiben die letzten windzerzausten Himalaya-Zypressen und Wacholder, die von den Bewohnern Mustangs gerne bei religiösen Zeremonien als Weihrauch verbrannt werden, zurück. Auch die spärlichen dornigen Büsche der Rosen, Berberitzen und Heckenkirschen sind auf den südlichen Teil von Obermustang beschränkt. Sie werden in der anschließenden halbwüstenhaften Landschaft von vereinzelt stehenden stachligen Tragant- und Erbsensträuchern der Gattungen *Astragalus* und *Caragana,* gelegentlichen Meerträubelbüschen der Art *Ephedra gerardiana* und Beifußpflanzen der Gattung *Artemisia* abgelöst. Wildwachsende Bäume oder gar Wald gibt es in ganz Obermustang nicht. Lediglich Pappeln und Weiden werden im direkten Bereich der Siedlungen angepflanzt.

Ebenso spärlich wie die Gehölze sind die Blütenpflanzen in Mustang. Allerdings bekommen die hoch gelegenen Gebirgshänge im Monsun noch genügend Feuchtigkeit, so daß man unterhalb der hohen Pässe des Damodar Himal ganzen Feldern des blauen Scheinmohns (S.118), der blauen Charakterblume Zentralasiens, begegnen kann. Außerdem sind in dieser Zeit die runden Mannsschildpolster von *Androsace delavayi* mit weißen Blütchen überzogen, und es blühen niedrige Fingerkräuter, winzige blaue Enziane der Art *Gentiana argentea,* die weißfilzige Himalayascharte *Saussurea gossypiphora* und der eßbare Himalaya-Rhabarber. Dort aber, wo eine kleine Quelle genügend Wasser in den Boden sickern läßt, bildet sich im Sommer eine Blumeninsel aus Gräsern, Läusekräutern, Knöterich, Astern und Edelweiß.

Ein relativ häufiges Großsäugetier des oberen Mustang-Gebiets ist das klettergewandte Blauschaf (S.53). Die Spuren seines gefährlichsten Feindes, des Schneeleoparden (s.S.58), hat man in der Nähe von Tangye und bei Lori Gompa gefunden. Im südlichen Bereich leben Himalaya-Pfeifhasen (s.S.68) und Stoliczkas Bergwühlmäuse, denen es jedoch weiter nördlich zu trocken wird. An den Hängen westlich und südwestlich der Stadt Lo Manthang haben Himalaya-Murmeltiere (S.55) ihre Baue gegraben. Auch Wölfe und Tibetfüchse streifen gelegentlich auf der Suche nach Beute durch die hochgelegenen Täler.

Unter den Vögeln sind an erster Stelle der mächtige Bartgeier (S.57) und der Schneegeier zu nennen. Rüttelnde Turmfalken kann man oft in der Umgebung von Lo Manthang oder Tsarang beobachten. Auf Kolkraben, rotschnäbelige Alpenkrähen und gelbschnäbelige Alpendohlen trifft man in der Nähe der Dörfer. Aus den Geröllfeldern der oberen Berghänge tönt bisweilen der heiser gackernde Ruf der großen Tibet-Königshühner. An kleineren Singvögeln flattern und hüpfen Karmingimpel (S.48), Ohrenlerchen (S.60), im Sommer Wüstenschmätzer oder Berghänflinge am Boden umher.

Schwarzjura-Ammoniten kann man im oberen Kali-Gandaki- und Mustang-Tal finden.

Von Amphibien und Reptilien wurden bisher für die Mustang-Region lediglich der Zentralasiatische Krötenfrosch, der im Frühjahr in flachen Bergbächen ablaicht, und die lebendgebärende Theobald-Krötenkopfagame (S.65) nachgewiesen.

Im Gebiet unterwegs

Ein Fußmarsch nach Jomosom ist, gegenüber der Flugreise, die erlebnisreichere Anreise und sorgt überdies für eine gute Akklimatisierung für die Wanderungen in den

Der Mannsschild *Androsace delavayi* schützt sich mit seiner Kugelgestalt gegen Wetterunbill.

Das Meerträubelgewächs *Ephedra gerardiana* wächst entlang der ins Mustang-Gebiet führenden Wege.

Der schönste Fasanenvogel an der Baumgrenze und darüber ist der Gelbschwanz-Glanzfasan.

hochgelegenen Tälern Obermustangs. Es empfiehlt sich, von Jomosom aus für den Hinweg nach Lo Manthang die Ostseite und für den Rückweg den Karawanenweg auf der Westseite des großen Flusses zu wählen. In **Kagbeni,** beim Eintritt in das eigentliche Mustang-Gebiet, werden am Checkposten die Trekking-Permits überprüft. Man kann nun entweder direkt am Fluß weitergehen oder den zweitägigen Umweg über den Pilgerort **Muktinath** ① nehmen. Beide Routen führen zum Dorf Chusang am Kali-Gandaki-Fluß. Von hier geht es über die Alm Pee und den Paß Narsing La (4110 m) in das Tal des **Tangye Kola** (1 1/2 Tage). Über einen Höhenrücken hinweg quert man schließlich in das Hochtal des **Pyon Kola,** in dem sich der berühmte Höhlentempel **Lori Gompa** ② befindet (1 Tag). Noch weiter talaufwärts gelangt man im Bereich der Hochalmen und Pässe auf die Sommerweidegründe der Blauschafe. Talabwärts überschreitet man bei der Ortschaft Dri

Die Wüstenschrecke bewohnt die öden Halbwüstenhänge in der oberen Mustang-Region.

Zwar hört man das heisere Gackern des Tibet-Königshuhns oft in den alpinen Blockhalden, aber man sieht es nur selten.

den Mustang-Fluß und erreicht steil ansteigend über einen mehr als 4000 m hohen Paß nach 1–1 1/2 Tagen schließlich die Hauptstadt **Lo Manthang** ③. Mit besonderer Erlaubnis ist es möglich, auch in die nördlichsten Bereiche von Mustang bis Garphu und **Nyphu** ④ vorzudringen – ein mehrstündiger Ausflug, den man am besten auf Pferderücken unternimmt.
Von Lo Manthang führt der Rückweg dieser Rundtour auf uraltem Handelsweg über die Dörfer **Tsarang** ⑤, Gemi, Geling und Tsaile in 5 Tagen wieder nach Kagbeni und schließlich nach Jomosom.

Die Himalaya-Scharte schützt sich mit einem weißen Gespinst gegen rauhen Wind und Austrocknung.

Praktische Tips

Anreise

Flug von Pokhara oder Kathmandu nach Jomosom. Mit Bus oder Auto von Pokhara bis Lumle und zu Fuß weiter über den Ghorepani-Paß und durch das Kali-Gandaki-Tal in 6 Tagen nach Jomosom. Rückreise von hier aus mit dem Flugzeug empfehlenswert.

Klima/Reisezeit

Klima ähnlich wie in Südtibet. Winter und Frühjahr sehr trocken; in den Wintermonaten allerdings empfindlich kalt. Im Sommermonsun Niederschläge meist als Nieselregen. Im Sommer angenehm warme Temperaturen; Durchquerung der Bäche jedoch wegen hoher Wasserführung oft schwierig. Täglicher thermischer Wind mit Sturmstärke talaufwärts wehend; nachts windstill.
Beste Reisezeit April/Mai und Ende September bis Mitte November.

Unterkunft

In Jomosom, Kagbeni und Lo Manthang Lodges mit Hotel-Standard. In den meisten kleineren Dörfern einfache Lodges. Für Aufenthalt in den abgelegenen Seitentälern und größere Gruppen ist die Mitnahme von Zelten, Verpflegung und einheimischem Begleitpersonal empfehlenswert.

Auflagen

Trekkingtouren nach Mustang müssen über eine lizensierte nepalische Trekkingagentur organisiert werden. Neben dem Trekking-Permit ist eine Sondergenehmigung mit zusätzlicher Gebühr (im Frühjahr 1995: 700 US$ für Mindestaufenthalt von 10 Tagen; jeder weitere Tag 70 US$) sowie die Mitnahme eines Liaison Officers vorgeschrieben. Es sind nur Gruppen mit mindestens 2–3 Teilnehmern zugelassen.

Als Anpassung an das rauhe Klima ihrer Heimat bringt die Theobald-Krötenkopfagame lebende Junge zur Welt.

7 Rund um die Annapurna

Reizvoller Gegensatz zwischen monsunfeuchter Südseite und trockener Nordseite des Annapurna-Massivs. Neben dem Khumbu das bekannteste und am meisten begangene Trekkinggebiet in Nepal. Schutzstatus der Region unter Kontrolle des Annapurna Conservation Area Project (ACAP).

Die beiden Achttausender-Massive von **Annapurna** und **Dhaulagiri** trennen zwei klimatisch und geomorphologisch äußerst gegensätzliche Regionen des Himalaya. Südlich der großen Berge sind die Hänge teilweise dicht bewaldet und steigen von 600–800 m aus den tiefen Tälern um Pokhara hinauf zu den Gipfeln in Höhenlagen von 7000 und mehr als 8000 m. Nördlich der Himalayariesen liegt eine Hochgebirgssteppe, die in den Talböden bei 2600–3000 m beginnt, sehr trocken ist und daher in vielen Bereichen Halbwüstencharakter trägt.

Zwei große Flüsse entspringen nördlich des Himalaya-Hauptkamms und schneiden die Massive von Annapurna und Dhaulagiri markant heraus. Im westlichen Bereich ist dies der **Kali Gandaki,** der zwischen den beiden Massiven von 8000 m Gipfelhöhe auf rund 1800 m am Talboden die wohl tiefste Schlucht der Erde ausgefräst hat. An der Ostseite des Annapurna-Nilgiri-Damodar-Gebirgskamms beginnt der **Marsyandi.** Er fließt zunächst in West-Ost-Richtung und biegt dann plötzlich in einer gleichfalls tiefeingeschnittenen Durchbruchsschlucht nach Süden um. Über den 5416 m hohen **Torong-Paß** kann man vom Marsyandi- in das Kali-Gandaki-Tal hinüberwechseln. Die beiden mächtigen Flußtäler vermitteln klimatisch zwischen der südlichen subtropischen und der nördlichen kontinentalen Seite des Himalayakamms.

In den geologischen Formationen überwiegen kristalline Gesteine mit Gneisen und Graniten. Sie sind vor allem am Fuß des Dhaulagiri reich an Mineralien wie Granat, Turmalin und Hornblende. Im nördlichen Bereich ab Jomosom treten dann zunehmend Kalkgesteine auf. So kann man beispielsweise beim Pilgerort Muktinath Schwarzjura-Ammoniten finden, und am ostexponierten Hang oberhalb Jomosom liegen in den Gesteinshalden große Felsplatten voller heller

Hoch steht das Annapurna-Massiv über dem subtropisch grünen Tal von Pokhara.

Ammoniten, Belemniten und versteinerter Muscheln.

Die Menschen, die rund um die Annapurna siedeln, gehören auf der Südflanke des mächtigen Bergmassivs überwiegend zur Volksgruppe der Gurung, im oberen Marsyandi-Tal sind es tibetstämmige Manangpas, und im oberen Kali-Gandaki-Tal bis Kagbeni, dem sogenannten »Thakola«, wohnen die Thakali. Um Landschaft und Natur zu schützen und überdies dem starken Druck des Tourismus Stand zu halten, wurde die gesamte Region um die Annapurna zum Nationalpark erklärt. Unter Anleitung und Kontrolle der Organisation »Annapurna Conservation Area Project« (ACAP; lokales Informationsbüro in Ghandrung) versucht man, mit Aufklärung, Vorschriften und Ausbau der Infrastruktur ein ausgeglichenes Zusammenleben von Mensch und Natur zu ermöglichen.

Pflanzen und Tiere

Die Wälder, die große Teile der Annapurna-Südabdachung bedecken, reichen vom subtropischen Salwald (S.22) in den Talniederungen bis zum Weißtannen-Rhododendron-Wald in den Hochregionen vor der Baumgrenze. Darüber erstreckt sich eine Krummholzzone aus Rhododendren (S.89). Riesige Hemlocktannen vermitteln zwischen 2600 und 3000 m den Übergang von der oberen Laubwaldstufe, in der Eichen überwiegen, zur Nadelwaldregion. Der Unterwuchs im Hochwald wird von dichtstehendem Bergbambus (S.105) der Gattung *Arundinaria* gebildet. Der gesamte Bereich südlich der Annapurna ist während des Monsuns extrem naß. Deshalb sind die Baumstämme mit dicken Moospolstern belegt und mit langen Flechtenbärten behangen. Im Moos stecken die

Pfeifhasen, ein Lebensbild

Der Trekker, der auf seiner Wanderung von der Baumgrenze durch die alpine Strauchzone mit ihren Zwergrhododendren und Wacholderbüschen bis auf die hochgelegenen Almhänge steigt, wird immer wieder auf kleine meerschweinchengroße Säugetiere aufmerksam werden: Himalaya-Pfeifhasen *(Ochotona roylei)*. Sie bevölkern in Nepal, Sikkim und Bhutan die Himalaya-Hochregionen mit kopfstarken Populationen. Sie halten überdies den Höhenrekord unter den kleinen Säugetieren; noch in 6000 m Höhe wurden ihre Spuren und Kotperlen gefunden. Pfeifhasen bilden in der Ordnung der Hasenartigen eine eigene Familie, die Ochotonidae, und sie kommen sowohl in Zentral-, Nord- und Ostasien als auch in Nordamerika vor. Sie besitzen keinen äußerlich sichtbaren Schwanz; lediglich 6 winzige Schwanzwirbel sind unter der Haut versteckt. Das Haarkleid ist dicht und seidenweich, die Fußsohlen sind mit kurzen, kräftigen Haaren samtig bepelzt. Da die Himalaya-Pfeifhasen in einem rauhen Klima leben, müssen sie einen Haarwechsel durchlaufen, der ihre Färbung im Laufe der Jahreszeiten verändert. Im Herbst und Winter sehen sie unscheinbar grau aus, im Sommer ist ihr Rücken leuchtend rotbraun gefärbt. In der Nepali-Sprache heißen die kleinen Hasenverwandten »Himal-Karayo«, die Sherpas nennen sie »Taiakbo«.

Die Taiakbos sind possierliche Gesellen, die tagsüber zwischen den Sträuchern und Felsbrocken herumsausen und pfeilschnell von Stein zu Stein springen. Die Hauptaktivitätszeiten liegen morgens kurz nach Sonnenaufgang und abends vor Sonnenuntergang. Mittags rasten sie und lassen sich seltener im Freien blicken. Sie halten keine Winterruhe und sind selbst unter einer dicken Schneedecke aktiv. Ihre Baue legen sie unter Steingeröll oder im Wurzelwerk von Gehölzen an, wo sie die Wohnhöhlen mit Gras auspolstern. Im Sommer bringen sie eine regelrechte Heuernte ein, beißen Gras und Kräuter ab, legen das Pflanzenmaterial zum Trocknen in die Sonne und schleppen es schließlich als Wintervorrat unter die Erdoberfläche. Der Kot wird meist an ein und derselben Stelle abgelegt, wo sich die runden Kotperlen im Lauf der Zeit zu kleinen Haufen türmen. Pfeifhasen sind sehr neugierig. Gern wählen sie einen Erdhaufen oder einen Steinvorsprung als Aussichtspunkt und verschwinden bei der geringsten verdächtigen Bewegung mit einem hellen, hochfrequenten Schrei blitzschnell im Versteck. Dieser zirpend-pfeifende Ruf hat ihnen ihren Namen eingetragen. Sie müssen immer auf der Hut vor Feinden wie Steinadler, Bartgeier, Wiesel oder Marder sein und legen deshalb eine nervöse Scheu an den Tag. Lange bleiben sie allerdings nicht verschwunden; bald strecken sie ihre Schnauzen sichernd aus dem Baueingang, schlüpfen gleich darauf wieder hervor und äsen zwischen den Steinen.

Bulben von Orchideen, z. B. der gelben *Dendrobium densiflorum* (S.85) oder der weißen *Coelogyne cristata.* Am Boden fallen der gelbe Nepaltürkenbund (S.138), Aronstabarten wie *Arisaema erubescens, A. costatum* oder *A. nepenthoides* und Zwergprimeln auf. Gelegentlich steht im Gebüsch die große weiße Riesenlilie *Cardiocrinum giganteum.* Über der Baumgrenze folgt eine Zwergstrauchzone mit Berberitzen, Rosen, Zwergrhododendren, Zwergmispeln und niedrigen Wacholderbüschen.
Beim Aufstieg durch die beiden großen Flußtäler wird der Übergang zu trockeneren Bedingungen auch in der Pflanzenwelt deutlich. Am Marsyandi mischen sich in den Wald aus Himalaya-Weißtannen und Rhododendren zusätzlich Fichten und Baumwacholder; am Kali Gandaki stehen oberhalb der Schlucht schöne Tränenkiefern-Bestände und an manchen Hängen dichte Sanddorngestrüppe (S.79). Am Boden blühen in der Monsunzeit Fingerkräuter, Astern, Steinbrech und die Schachblume *Fritillaria cirrhosa.*
Dringt man dann nordwärts hinter den Himalaya-Hauptkamm vor, so wandert man am Marsyandi zwischen Chame und Braga durch einen Wald aus Tränenkiefern, Birken, Wacholdern und einzelnen Himalaya-Weißtannen. Dazwischen stehen Schneeball-Büsche wie *Viburnum cotinifolium* oder *V. grandiflorum.* Am Boden blühen vom späten Früjahr bis zum Monsun neben dem Seidelbastgewächs *Stellera chamaejasme* Bodenorchideen der Gattungen *Calanthe* und *Dactylorhiza* oder die Art *Ponerorchis chusua.*
Am Kali Gandaki sind die Hanglagen direkt über dem Talboden vom Städtchen Tukche ab mit schütteren Beständen aus Himalaya-Zypressen, Wacholdern und vereinzelten Tränenkiefern bestanden, während sich der feuchte Weißtannen-Rhododendron-Birken-Wald in den Hochlagen über 3000 m ein ganzes Stück weiter talaufwärts zieht.

Oberhalb Jomosom findet man Muschelkalkplatten mit versteinerten Muscheln, Belemniten und Ammoniten.

Schließlich erreicht man, nördlich des Annapurna-Massivs, trockene hochalpine Matten und Weiden. Tragant- und Erbsensträucher herrschen oberhalb des Kali Gandaki vor, zusammen mit Beifußgewächsen der Gattung *Artemisia.* Im Marsyandi-Tal blühen Astern, verschiedene Mannsschildarten, Zwergschwertlilien (S.97), Primeln wie *Primula macrophylla* (S.60) oder *P. glomerata,* die Himalayascharte (S.65) und unterhalb des Torong La der berühmte blaue Scheinmohn (S.118).
An Säugetieren leben in den bewaldeten Gegenden auf der Südseite des Bergmassivs Gorals (S.112), Leoparden, Himalaya-Languren (S.109), Himalaya-Schwarzbären und Kleine Pandas. Eine endemische Mäuseart, die Gorkha-Waldmaus, wurde aus dem Annapurna-Gebiet be-

Der Nepal-Bergfrosch wurde zuerst aus dem Tal des Kali Gandaki beschrieben.

Der Weißtannen-Rhododendron-Wald kennzeichnet die ▷ Nadelwaldstufe im mittleren und östlichen Himalaya.

▽ Felsenagamen sonnen sich am Wegrand oberhalb der Kali-Gandaki-Schlucht.

Männchen des Scharlach-Mennigvogels.

△ Die Schachblume *Fritillaria cirrhosa* steht auf den Almwiesen der südlichen Annapurna-Gruppe.

Der Kleine Panda ist ein scheuer Bewohner der Bergwälder an der Himalaya-Südseite. ▷

Die Himalaya-Weißtanne mit ihren senkrecht stehenden Zapfen ist der Charakterbaum der Nadelwaldstufe.

Die mächtige Hemlocktanne erkennt man an ihren winzigen Zapfen und Nadeln.

△ Das Seidelbastgewächs *Stellera chamaejasme* blüht im oberen Marsyandi-Tal.

◁ Eine der häufigsten Baumorchideen in der Laubwaldstufe ist die Art *Coelogyne cristata*.

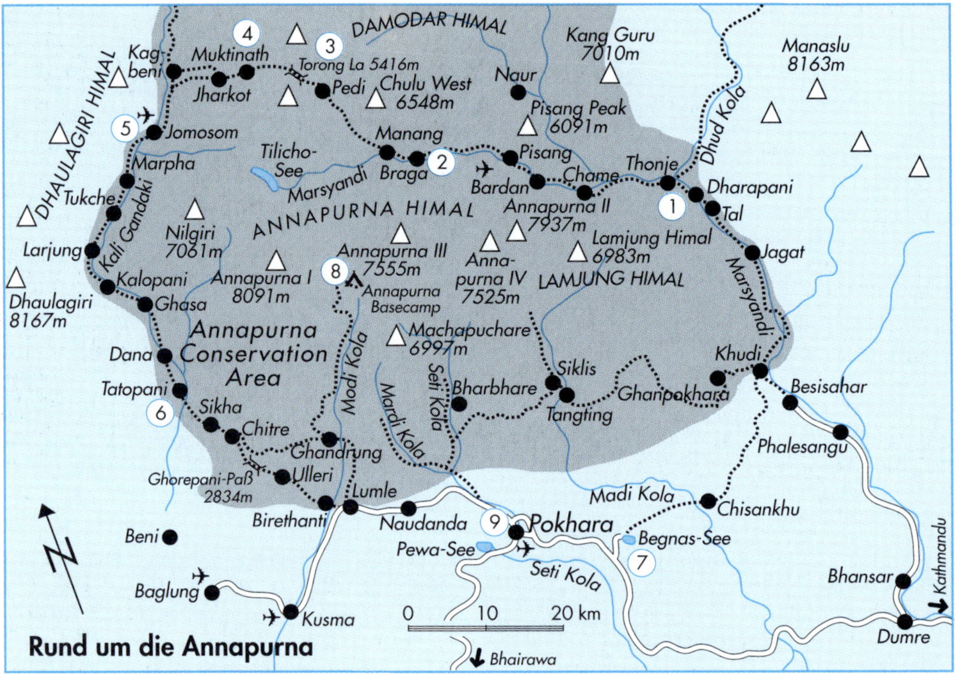

Rund um die Annapurna

schrieben. An und über der Baumgrenze kommen Himalaya-Pfeifhasen (S.68) und Himalaya-Tahrs (S.93) hinzu.
Unter den Vögeln kann man verschiedene Kuckucksarten wie den Hopfkuckuck, dann Spechte wie den Himalayaspecht oder den Grauspecht, Rotschnabelkittas, den Scharlach-Mennigvogel, verschiedene Timalien, den Rotbauch-Baumläufer, die Purpur-Pfeifdrossel, Häherlinge oder den Flecken-Scherenschwanz beobachten. Gelbschwanz-Glanzfasanen (S.64) balzen im frühen Frühjahr zwischen den Zwergsträuchern, und gelegentlich läßt sich sogar der Feuerschwanz-Nektarvogel noch so weit oben sehen.
Als Bodentiere fallen die dicken Himalayakröten (S.92) oder an Lichtungen die grünen und braunen Waldagamen der Art *Japalura tricarinata* auf.
Am deutlichsten wird der Übergang von der feuchten zur trockenen Region bei den Amphibien und Reptilien. In stehenden Gewässern des Kali-Gandaki-Tals oberhalb der Schlucht laicht der Nepal-Bergfrosch und im Marsyandi-Tal der Himalaya-Bergbachfrosch. Am Boden verschwinden kleine Glattechsen, die Sikkim-Sinkellas, bei Gefahr blitzschnell unter den Steinen. Felsenagamen sitzen wie graue Miniaturdrachen überall auf den Steinmauern am Wegrand von Ghasa bis zum Beginn des Mustang-Gebiets. In der eigentlichen Trockenregion jedoch, zwischen Muktinath und Kagbeni, entwickeln sich in seichten Bächen und klaren Tümpeln die riesigen Kaulquappen des Himalaya-Krötenfrosches, und die eigenartigen, lebendgebärenden Theobald-Krötenkopfagamen (S.65) suchen unter stachligen Büschen Zuflucht.
Die Hochregion am Torong La schließlich gehört den Pfeifhasen, den Bartgeiern und Schneegeiern, den Tibet-Königshühnern (S.64) und zur Flugzeit im Frühsommer den Apollofaltern.

Im Gebiet unterwegs

Ausgangsorte für die Wanderung um das Annapurna-Massiv sind entweder **Pokhara** ⑨ – wenn man durch das Kali-Gandaki-Tal aufsteigen will – oder **Besisahar** am Ende einer rauhen Jeepstraße im Marsyandi-Tal. Von hier wandert man 3 1/2 Tage lang den Marsyandi aufwärts über die Orte Khudi, Dharapani und **Thonje** ①.
Das Dorf **Chame** (2710 m) mit seinen heißen Quellen am Flußufer liegt einen Tagesmarsch später bereits hinter dem zum Himalaya-Hauptkamm gehörenden Lamjung Himal. Oberhalb Chame zwängt sich der Fluß durch eine enge Schlucht mit senkrechten Felswänden. Über Pisang und das malerische Dorf **Braga** ② erreicht man schließlich nach 2 weiteren Tagen **Manang,** den Hauptort der »Manangbhot« genannten Marsyandi-Region. Nun geht es stetig bergauf bis zur Paßhöhe des **Torong La** (5416 m) ③. Steil führt der Weg von dort hinab zum Wallfahrtsort **Muktinath** ④, den hinduistische und buddhistische Pilger gleichermaßen aufsuchen und den man von Manang aus in 2 Tagen erreichen kann. Über die Dörfer Jharkot und Kagbeni kommt man schließlich in 1 Wandertag nach **Jomosom** (2700 m) ⑤, wo man eines der kleinen Flugzeuge für den Flug hinunter nach Pokhara oder Kathmandu benutzen kann.
Die Wanderroute allerdings führt weiter talauswärts über die stattlichen Siedlungen Marpha, Tukche, Larjung und Kalopani. Zwischen Ghasa und Dana durchschreitet man die gewaltige **Kali-Gandaki-Schlucht** und erholt sich dann in den heißen Quellen von **Tatopani** (1200 m; 3 Tage von Jomosom) ⑥. Hier verläßt man den Kali Gandaki und steigt noch einmal weit hinauf zum 2870 m hohen Ghorepani-Paß. Mit einigem bergauf und bergab geht es dann über die Ortschaften Ulleri und Birethanti bis nach Lumle (2 1/2 Tage von Tatopani), wo man auf die nach Pokhara führende Autostraße stößt.

Die Riesenlilie *Cardiocrinum giganteum* steht versteckt am Fuß des Dhaulagiri.

Geht man die Tour in umgekehrter Richtung (Kali Gandaki – Torong La – Manang), so kann man von **Khudi** aus in 2 1/2 Tagen über Vorbergrücken und den **Begnas-See** ⑦ nach Pokhara laufen. Eine andere, konditionell anspruchsvollere Routenvariante führt über die Rambrong-Alm (3900 m) und das Gurung-Dorf **Tangting** (1650 m) ebenfalls nach Pokhara.
Darüber hinaus bieten sich an der Annapurna-Südflanke zahlreiche Abstecher in die Täler des Mardi Kola, des Seti Kola sowie durch das Modi-Kola-Tal zum sogenannten **Annapurna Basecamp** ⑧ an. Nördlich der Annapurna kann man von Pisang aus in das Naur-Kola-Tal mit seinen eindrucksvollen Sechstausender-Bergen gehen. Auch zwischen Jomosom und Kalopani gibt es mehrere Möglichkeiten, in eines der Hochtäler am Fuß des Dhaulagiri-Massivs aufzusteigen.

Praktische Tips

Anreise

Mit dem Bus bis Pokhara oder Dumre, von wo man mit einem geländegängigen Fahrzeug bis Besisahar fahren kann. Mit dem

Blick in das obere Marsyandi-Tal mit seinen schütteren Bergwäldern.

Flugzeug bis Pokhara und von hier Kurzflug (1/2 Stunde) nach Jomosom. Bei Aufstieg durch das Marsyandi-Tal Rückflug nach Pokhara von Jomosom aus möglich.

Klima/Reisezeit

Südlich der Annapurna typisches Monsunklima mit schweren Regenfällen von Anfang Juni bis Ende August/Anfang September. Nördlich des Himalaya-Hauptkamms im Monsun geringe Niederschläge, meist als Nieselregen. Übergangszeiten überwiegend trocken und sonnig. Winter in den Nordregionen kalt, Schneefall bis Jomosom und Pisang hinunter. Täglicher temporärer Sturm das Kali-Gandaki-Tal aufwärts.

Beste Wanderzeit März bis Mai und Oktober bis Anfang Dezember. Trekking ist allerdings auch in der Monsunzeit möglich. Der Torong La kann von November bis März/April durch Schnee unpassierbar sein.

Rhododendron setosum ist ein häufiger Zwergstrauch über der Baumgrenze.

Unterkunft

Hotels aller Kategorien in Pokhara und am Pewa-See. Lodges mit teilweise erstaunlich hohem Standard überall am Weg. Selbst am Anstieg zum Torong La noch recht gute Rasthäuser. Für größere Gruppen wird allerdings Unterkunft in Zelten empfohlen.

Adressen

- Annapurna Regional Museum and Information Centre, Prithvi Narayan Campus, Bagar, Pokhara (ACAP).
- Immigration Office mit Exchange Counter, Pardi, Pokhara (Visumverlängerungen und Trekking-Permits).
- Shining Hospital, Pokhara (nördlich der Stadt nahe dem Seti-Fluß).

8 Rund um den Manaslu

Gewaltiges Bergmassiv mit ursprünglichen Wäldern von subtropischen bis zu hochalpinen Bereichen; im Sommer Hochgebirgsblüte mit Primeln, Edelweiß und gelbem Scheinmohn; Moschushirsch, Himalaya-Tahr und Pfeifhasen; unter den Vögeln viele Wald- und Hochgebirgsarten.

Der Manaslu ist – wie die Annapurna – ein Achttausender, der mit seinem gesamten Bergmassiv zu Nepal gehört. Deshalb kann man ihn auf einem Wanderweg vollständig umrunden. Zu der hohen Berggruppe gehören neben dem Manaslu (8163 m) selber so eindrucksvolle Berggipfel wie der Himal Chuli (7893 m) und der Baudha (6672 m). Die beiden großen Flüsse **Buri Gandaki** im Osten und **Marsyandi** im Westen schneiden das Massiv markant heraus. Dabei entspringt der Buri Gandaki wiederum auf der Nordseite des Berges und fließt zunächst in West-Ost-Richtung, ehe er seinen Lauf in einer Durchbruchsschlucht nach Süden ändert. An der Südseite der Manaslu-Baudha-Bergkette liegen die Quellen mehrerer kleinerer Flüsse wie Dordi Kola, Chepe Kola, Darondi Kola oder Machha Kola. Sie fließen durchwegs in südlicher Richtung, so daß die dazwischen verlaufenden Bergketten ebenfalls nach Süden ausgerichtet sind. Ein Naturschauspiel besonderer Art bieten die vielen Wasserfälle an den großen und kleinen Wasserläufen. In den obersten Winkeln der Hochtäler liegen hier meist kleine Bergseen, von denen der **Mimi Pokhri** und der **Dudh Pokhri** Pilgerziele für die Hindus aus den südlichen Tälern darstellen.
Das Gestein der Manaslu-Region besteht vor allem aus kristallinen Gneisen und Graniten, die häufig von Mineralien wie

Blick aus dem Weißtannen-Rhododendron-Wald auf den Achttausender Manaslu.

Durchs Geäst der Bergwälder am Fuß des Manaslu schlüpft die zierliche Schwarzkappentimalie.

Granat, Turmalin und Quarz durchsetzt sind. Die Hochregionen beeindrucken mit ihren mächtigen Gletschern, die vor allem von Lawinenschnee gespeist werden.
Die Menschen, die um den Manaslu siedeln, gehören überwiegend zu zwei mongoliden Volksgruppen. An den Südhängen wohnen die zu den altnepalischen Gruppierungen gerechneten Gurungs, die vorwiegend Ackerbauern, aber auch Schaf- und Ziegenhirten sind. Sie stellten und stellen einen gewichtigen Anteil der berühmten, oft als Söldner dienenden Gurkha-Soldaten. In den Hochtälern auf der Nordseite des großen Bergmassivs sind tibetstämmige Menschen zu Hause. Sie sind ebenfalls Bergbauern und treiben gern Handel mit den Verwandten im benachbarten Südtibet.

Pflanzen und Tiere

Mit Ausnahme der tiefer gelegenen Talgründe und der unteren Vorbergregionen im Süden ist das Gebiet dünn besiedelt und deshalb noch mit dichten Bergwäldern bedeckt. In den Waldresten der untersten Lagen sind *Castanopsis indica, Schima wallichii* und die Roxburgkiefer (S.47) charakteristische Waldbäume. In der Laubwaldstufe oberhalb 2000 m dominieren Eichen wie *Quercus lamellosa* oder *Qu. semecarpifolia,* vergesellschaftet mit Baumrhododendren (S.104, S.123) und Ahorn. Unter den hohen Bäumen wuchern ausgedehnte Bestände von Bergbambus (S.105).
Im oberen Bereich gegen die Nadelwaldstufe gesellen sich Sträucher wie die Eberesche *Sorbus rhamnoides* und Schneeball-Büsche wie z. B. *Viburnum nervosum, V. continifolium* oder der mit wohlriechenden, rosa Blütchen besetzte *V. grandiflorum* hinzu. An freien Stellen stehen Büsche wie *Leucosceptrum canum* oder die noch im September/Oktober blühenden *Colquhounia coccinea, Hypericum choisianum* oder *Elsholtzia fruticosa.* An lichten Plätzen blühen im Monsun die eigenartigen, manchmal an züngelnde Kobraköpfe erinnernden Aronstäbe wie *Arisaema costatum, A. intermedium* oder *A. consanguineum.* Nachdem die Hemlocktanne (S.71) den Übergang von der Laub- zur Nadelwaldstufe eingeleitet hat, dehnen sich in höheren Lagen über 3000 m Bergwälder mit Himalaya-Weißtannen und Baumrhododendren als Leitbäumen.
Auf der Nordwestseite der Berggruppe, vom Larkya-Paß hinab zum Marsyandi-Fluß, wachsen im Strauchbereich Eiben, Sanddorn und Seidelbastbüsche. Im Übergangsbereich zur trockeneren Nordseite des Manaslu, etwa um die Ortschaft Bih oder bei Tilje im Dhud-Kola-Tal, stehen Tränenkiefern-Bestände (S.49). Weiter talaufwärts besteht der Wald aus Himalaya-Weißtannen und Lärchen, untermischt mit Baumwacholdern.
Die Krummholzzone um 4000 m wird auch in der Manaslu-Region aus bizarren Rhododendren gebildet; in Nordexposition im obersten Buri-Gandaki-Tal stehen dagegen Lärchen und Birken an der Baum-

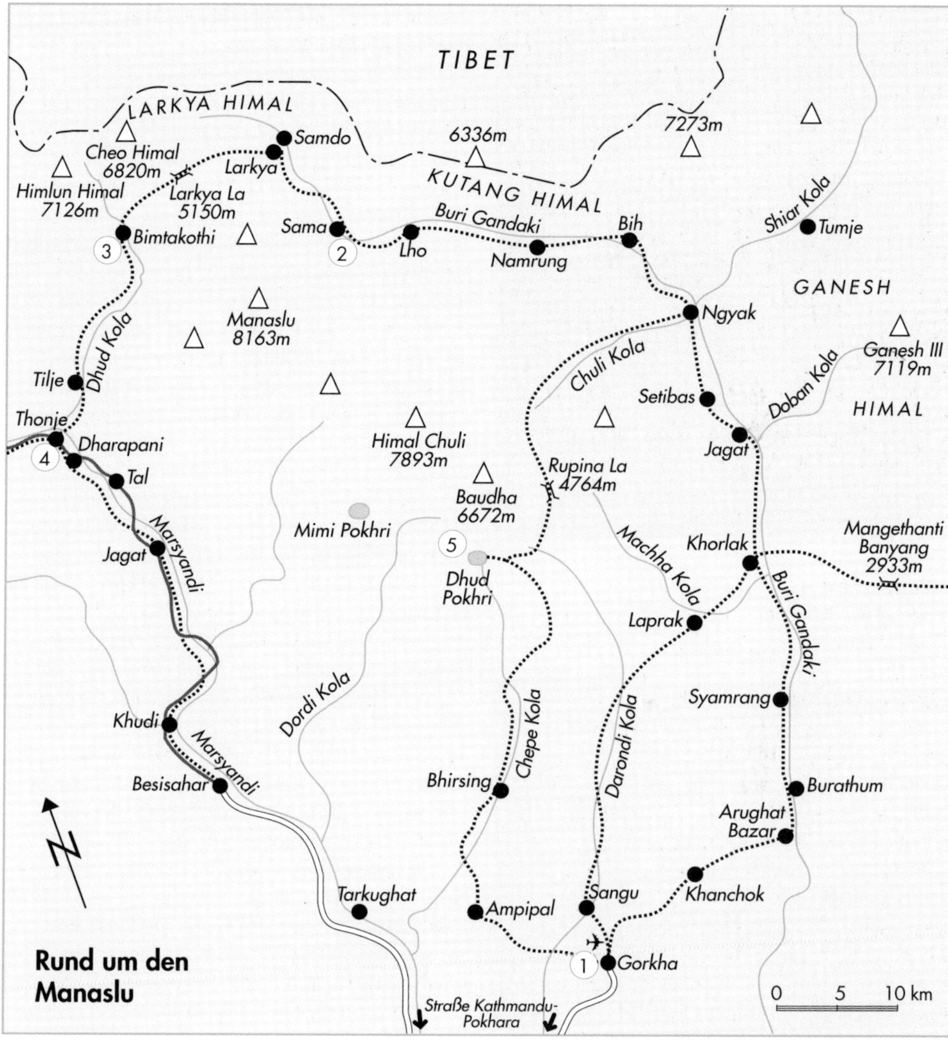

grenze. Die darauf folgende Strauchzone enthält Büsche von Berberitzen, Wacholdern, Rosen und Zwergrhododendren. Am Boden blühen Hochgebirgsblumen wie *Primula stuartii, P. glomerata,* die Kugelprimel (S.51), Astern, Edelweiß, der Eisenhut *Aconitum hookeri,* der Rittersporn *Delphinium brunnonianum,* das weiße Fingerkraut *Potentilla coriandrifolia* (S.91) oder im Herbst der kurzstengelige Enzian *Gentiana depressa* (S.52). Als Lägerflurpflanze steht auf den Hochalmen oft die gelbe Scheinmohnart *Meconopsis paniculata,* seltener die rote *Meconopsis napaulensis* (S.134).

Die bewaldeten Hänge und Schluchten um den Manaslu beherbergen scheue Säugetiere wie den Goral (S.112), den Leoparden, den Himalaya-Schwarzbären, den Kleinen Panda (S.70), den Gelbkehl-

Ein Leitbaum der unteren Laubwaldstufe ist die Kastanienart *Castanopsis indica*.

Der Aronstab *Arisaema consanguineum* lockt zur Bestäubung kleine Insekten in seine Blütenfalle.

marder oder das Himalayawiesel. Buschwerk und die lichteren Randbereiche des Waldes werden vom Muntjakhirsch (S.102) und dem Moschushirsch (S.121) bevorzugt. Himalaya-Languren (S.109) und in tieferen Lagen Rhesusaffen kann man häufig beobachten. An und über der Baumgrenze steht der Himalaya-Tahr (S.93) zwischen den Sträuchern, und gelegentlich schnürt ein Wolf über die Bergrücken. Am Boden huschen Himalaya-Pfeifhasen zwischen Zwergsträuchern und Steinblöcken umher und steigen bis weit über 5000 m hinauf (s.S.68). Diese großen Höhen sind im nördlichen Bereich des Gebiets auch die Heimat von Blauschaf (S.53) und Schneeleopard (s.S.58).
In den Bergwäldern rund um das große Gipfelmassiv lebt eine Fülle von Waldvögeln, zu denen der heimliche Satyrtragopan, das Kalijhuhn, der Hopfkuckuck, die Fuchseule, der Almoraspecht und Häherlinge wie Buntflügelhäherling oder Streifenhäherling gehören. Von kleineren Singvögeln sind Arten wie Bergprinie, Grauscheitel-Laubsänger, Rotbauch-Niltava, Schwarzkappentimalie, Weißschwanzkleiber oder Feuerbrust-Blütenpicker überwiegend in der Laubwaldstufe bis knapp über 3000 m anzutreffen. Andere wiederum, beispielsweise der Waldpieper, der Blauschwanz und der Goldschwanz, die Himalayadrossel, der Rotkopf-Buschsänger, der Himalaya-Laubsänger, die Rostwangen-Schwanzmeise, der Waldbaumläufer, der Waldgimpel oder der Rotkopfgimpel, bevölkern eher den Weißtannen-Rhododendron-Wald bis zur Baumgrenze und sogar ein Stück darüber hinaus. Auch größere Vögel wie der Schwarzscheitelhäherling und der Tannenhäher streifen bevorzugt durch diese Region. An den Wasserläufen sind der allgegenwärtige Weißkopfschmätzer und die Fluß-Wasseramsel mit unstetem oder schwirrendem Flügelschlag unterwegs.
In den Hochlagen von der Baumgrenze um 4000 m bis zur Sommerschneegrenze

sind dann Haldenhühner, Tibet-Königshühner (S.64), Gelbschwanz-Glanzfasanen (S.64), Schneetauben oder unter den kleineren Arten der Rosenpieper und der Schmuckgimpel zu Hause.
Einen sehr weiten Bereich, von den Laubwäldern bis in die Strauchzone über der Baumgrenze, durchstreifen die Meenataube, die Himalaya-Salangane und die Blaumerle. Über allem segeln die großen Greife wie Steinadler, Bartgeier (S.57) oder Schneegeier und Flugkünstler wie Alpenkrähe, Kolkrabe oder Alpendohle.
Unter den Amphibien und Reptilien begegnet man auch um den Manaslu den im ganzen Nepal-Himalaya verbreiteten Arten. Die Himalayakröte (S.92), der Nepal-Bergfrosch und der Himalaya-Bergbachfrosch sind es bei den Froschlurchen. Die Waldagame *Japalura tricarinata* besiedelt Lichtungen im oberen Laubwald, und Felsenagamen (S.70) begleiten alle sonnenexponierten Wege. Begegnungen mit Schlangen, beipielsweise der Hodgsonnatter, der Himalaya-Bergnatter, der Himalaya-Trugnatter (S.105) oder der giftigen Berg-Lanzenotter, bleiben allerdings eher Zufallsereignisse.

Im Gebiet unterwegs

Für eine Wanderung von15–16 Tagen um die Manaslu-Berggruppe empfiehlt sich vorzugsweise das Flußtal des Buri Gandaki in nördlicher Richtung aufwärts, danach über den Larkya-Paß und schließlich das Marsyandi-Tal nach Süden abwärts. Startort ist das Städtchen **Gorkha** (1143 m) ①. Man erreicht den Flußlauf des Buri Gandaki entweder direkt über Khanchok bei der Ortschaft Arughat Bazar oder das Darondi-Kola-Tal aufwärts und einen Höhenrücken nach Nordosten querend über Laprak beim Dorf **Khorlak**. Man folgt nun dem tief eingeschnittenen Tal des großen Flusses und wandert durch die Dörfer Jagat, Setibas und Ngyak. Zwischen diesem Ort und

Der gelbe Scheinmohn *Meconopsis paniculata* blüht im Monsun und wird 1,5 m hoch.

Auf Sanddornbüsche trifft man beim Abstieg vom Larkya-Paß zum Marsyandi-Fluß.

Der Rittersporn *Delphinium brunnonianum* blüht von Ende Juli bis Oktober in Höhenlagen über der Baumgrenze.

Die Hodgsonnatter erinnert in Gestalt, Größe und Färbung stark an die europäische Äskulapschlange.

der Siedlung **Bih** (etwa 2000 m) bricht der Buri Gandaki durch die Himalaya-Hauptkette und ändert seinen Lauf südwärts. Oberhalb Bih wird es trockener, kenntlich am Auftreten schöner Tränenkiefernhaine; hier beginnt auch das Siedlungsgebiet der tibetstämmigen Menschen. In **Namrung** (2300 m) muß man seine Trekking-Permits vorweisen. Man läuft nun bereits im Regenschatten des hohen Gebirgsmassivs. Bei Lho genießt man einen überwältigenden Blick auf den Achttausendergipfel des Manaslu.

Sama (3450m) ② ist das größte und wichtigste Dorf des oberen Buri-Gandaki-Tals, mit vielen Tschörten (Reliquienschreinen) und mehreren Gompas (buddhistischen Klöstern). Von hier beginnt der Aufstieg hinauf zum **Larkya La** (5150 m), dessen Paßhöhe von zahlreichen Gebetsfahnen markiert wird. Der Abstieg ins Dhud-Kola-Tal ist steil und führt zunächst zur idyllischen Bergwiese von **Bimtakothi** (3700 m) ③. Eindrucksvoll ist der Ausblick auf 3 in einem Seitental zusammenlaufende Gletscherzungen.

Über Tilje (2400 m), das bereits wieder mitten im Bergwaldgebiet liegt, läuft man nach **Thonje** ④ und erreicht hier das Tal des Marsyandi. Auf dem von der Annapurna-Umrundung bekannten Weg wandert man nun in 3–4 Tagen nach Süden zur Autostraße Pokhara – Kathmandu.

Eine Variante im Aufstieg zum Buri-Gandaki-Tal führt von Gorkha über Ampipal in das Chepe-Kola-Tal und hinauf zum Bergsee **Dhud Pokhri** ⑤, direkt zu Füßen des Sechstausenders Baudha. Von hier kann man über den Paß Rupina La (4764 m) den großen Fluß bei Ngyak erreichen.

Praktische Tips

Anreise

Mit dem Bus auf der Straße Kathmandu – Pokhara und abzweigend auf einer Seitenstraße nach Gorkha. Flug zur kleinen Landepiste von Gorkha ist möglich. Im Gebiet selber Fortbewegung nur zu Fuß.

Klima/Reisezeit

Südlich des Manaslu Monsunklima mit hohen Niederschlägen und extremer Luftfeuchtigkeit im Sommer (Juni bis September). Im oberen Buri-Gandaki-Tal während des Monsuns geringere Niederschläge, meist als Nieselregen. Winter im Süden kühl und trocken, im Norden sehr kalt. Beste Reisezeit März bis Mai und Ende September bis Mitte November. Trekking in der Monsunzeit, allerdings unter erschwerten Bedingungen, möglich. Der Larkya La kann von November bis März oder April durch Schnee blockiert sein.

Unterkunft

In Gorkha einfache Hotels und gute Lodges. Entlang des Marsyandi ebenfalls Lodges in ausreichender Zahl. Am Buri Gandaki und im Dhud-Kola-Tal indessen nur Unterkunft in mitgeführten Zelten.

Empfehlung

Eine Trekkingtour um den Manaslu sollte in jedem Fall über eine eingeführte nepalische Trekkingagentur mit sachkundigem einheimischem Personal organisiert werden.

9 Langtang-Nationalpark, Gosainkund, Helambu

Ursprüngliches Bergland mit reicher Pflanzen- und Tierwelt; vielgestaltige Landschaft, beherrscht durch die Eisgipfel des Langtang-Gebirges, den ungezähmten Langtang-Fluß, die heiligen Seen von Gosainkund und die schönen Bergwälder des Helambu-Distriktes.

Von den Gletscherregionen im Nordosten an der tibetischen Grenze kommt der wilde **Langtang-Fluß** nach Südwesten herunter und mündet unterhalb der Ortschaft Syabrubensi in den Bhote Kosi, der ein Stück weiter abwärts zum **Trisuli-Fluß** wird. Im Norden und Osten stehen Sechs- und Siebentausender wie der Langtang Lirung (7234 m), der Kyungka Ri (6979 m) oder der Dorje Lakpa (6966 m). Noch weiter nördlich erheben sich direkt an der tibetischen Grenze der Langtang Ri (7205 m) und bereits auf tibetischem Gebiet der Achttausender Shishapangma (8012 m). Das Hochalmgelände südlich des Langtang-Tals wird charakterisiert durch die 12 heiligen **Bergseen von Gosainkund**, alle über 4000 m gelegen. Die Hänge des nach Süden gerichteten Helambu-Gebietes werden wiederum von einigen kleineren Flüssen durchschnitten und von schönen Bergwäldern bedeckt.

Geologisch besteht das Gebirgsmassiv um den Langtang-Fluß und südlich davon aus kristallinen Gesteinen, vor allem Gneisen und Graniten.

Die wichtigsten Volksgruppen verteilen sich auf Siedlungsschwerpunkte. Entlang dem Langtang-Fluß wohnen tibetstämmi-

Von den Almböden des oberen Langtang-Tals bietet sich ein grandioser Blick auf Gletscher und Schneegipfel.

Der gelbe Scheinmohn *Meconopsis dhwojii* öffnet erst im Monsun seine Blütenköpfe.

ge Menschen, die man als »Sherpas« bezeichnet, die jedoch von den echten Sherpas nicht als solche anerkannt werden. Im westlichen Bereich zwischen Trisuli und dem Eingang zum Langtang-Tal siedeln Tamangs. Im Helambu haben richtige Sherpas ihre stattlichen Häuser errichtet, die heute zum großen Teil in Lodges umgestaltet wurden.
Die gesamte Region stellt ein beliebtes und viel besuchtes Trekkinggebiet dar.

Pflanzen und Tiere

Die auffälligsten und eindrucksvollsten Pflanzengesellschaften des Langtang- und des Gosainkund-Helambu-Bergmassivs sind wiederum die Bergwälder. Sie folgen dem für Nepal allgemein gültigen Schema mit einer Laubwaldstufe in den unteren Bereichen und einem ausgeprägten Weißtannen-Rhododendron-Wald (S.70/71) in der Nadelwaldstufe ab 2800–3000 m. An trockenen, meist nach Süden exponierten Hängen kommt als weiterer Waldtypus ein lichter Kiefernbestand hinzu, der in tieferen Lagen unter 2000 m von der Roxburgkiefer (kurze, dicke Zapfen) und darüber von der Tränenkiefer (lange, schlanke Zapfen) gebildet wird. Die Eichen im oberen Bereich des Laubwalds bis gegen 3000 m sind fast durchwegs für Viehfutter geschnaitelt (S.108).
Der Übergang von der Laub- zur Nadelwaldstufe wird zwischen 2700 und 3100 m sowohl am Eingang zum Langtang-Tal als auch am Aufstieg zu den Helambu-Almen durch riesige Hemlocktannen (S.71) vermittelt. Den Unterwuchs im Bergwald der Koniferenstufe bilden ausgedehnte, relativ dünnstengelige Bergbambus-Horste der Gattung *Arundinaria*. Diese Bambusformen werden zur Herstellung von Matten und Körben genutzt. Alle Stämme, Zweige und die Felsen am Waldboden sind von dicken Moospolstern und langbärtigen Flechten überzogen – ein Hinweis auf die große Nässe in diesen »Nebelwäldern« während der Monsunzeit. Oft stecken in den Moospolstern ganze Büschel von Orchideenbulben, die zu Arten wie *Dendrobium densiflorum, Coelogyne cristata* (S.71) oder *Cymbidium cochleare* gehören.
Wenn man auf der Helambu-Seite von der Alm Tharepati zum Sherpadorf Melamchigyang absteigt, kommt man durch einen eindrucksvollen Wald von Baumwacholdern, die hier überall für die Höhenlagen um 3500 m charakteristisch sind. Die Baumgrenze wird von einer Krummholzzone aus Rhododendren und in Nord-Exposition von Birken gebildet. Darüber folgt eine Strauchzone mit Berberitzen, Rosen, Zwergmispeln, Wacholdergebüschen und verschiedenen zwergwüchsigen Rhododendren, unter denen der Gelbe Zwergrhododendron durch seinen intensiven, harzigen Duft besonders hervorsticht.
Während in der Vormonsunzeit von April bis Ende Mai am Boden vor allem die Zwergprimel *Primula gracilipes* (S.92) und der winzige Enzian *Gentiana argentea* auffallen, verwandeln sich das obere Langtang-Tal und die Almen um die Gosainkund-Seen im Juni und Juli in natürliche Alpengärten. Da blühen gelbe Sikkim-

primeln (S.112), die Nepal-Türkenbundlilie (S.138), der Mannsschild *Androsace sarmentosa,* mehrere Arten Läusekräuter und Fingerkräuter, der hellgelbe, schlanke Lerchensporn *Corydalis juncea,* die Himalaya-Aster, Aronstäbe wie die *Arisaema nepenthoides* und *A. costatum* oder der dunkelkolbige *Typhonium diversifolium* und aus der Familie der Orchideen der Himalaya-Frauenschuh.Weiter oben in der hochalpinen Almregion bilden Läusekrautarten wie *Pedicularis longiflora* oder *P. megalantha,* dann der polsterförmige Steinbrech *Saxifraga saginoides,* die Primel *P. primulina* und vor allem der stattliche gelbe Scheinmohn *Meconopsis dwhojii* einen wahren Blütenteppich.
Das gleiche Bild hochalpiner Blütenpflanzen bietet sich an den Hängen um die Gosainkund-Seen. Hier beeindrucken große Blumenflecken des weißen Fingerkrauts *Potentilla coriandrifolia* (S.91), des ziegelroten Knöterichs *Bistorta affinis* (S.119) oder des gelben Fingerkrauts *P. microphylla.* Dazwischen stehen Bestände der blauen Wollastons Primel, der Schachblume *Fritillaria cirrhosa* (S.70) und der eleganten Taillen-Glockenblume. Manche Wiesenhänge sind überzogen von dem meterhoch wachsenden gelben Scheinmohn *Meconopsis paniculata* (S.79).
Wenn man im August im Helambu-Gebiet in Höhenlagen zwischen 2000 und 2600 m von Dorf zu Dorf wandert, gehören die Ingwerwurz *Roscoea capitata,* das Kreuzkraut *Senecio graciliflorus,* das sonnenblumenähnliche *Cremanthodium oblongatum* und Bodenorchideen wie *Habenaria pectinata* oder *Epipactis helleborine* zu den auffälligsten Blumengestalten. Unter 2000 m sind die Steinmauern von Rastplätzen und Tschörten oft eng mit blühenden Begonien der Art *Begonia picta* überzogen.
An Säugetieren leben in den dichten Bergwäldern der Langtang-Helambu-Region der Kleine Panda (S.70), der Himalaya-Schwarzbär, das Wildschwein, die Bergform des Leoparden und der klettertüchtige Goral (S.112). In der Umgebung der Dörfer kann man gelegentlich große Sippen von Himalaya-Languren (S.109) beobachten. An der Baumgrenze treten in der Dämmerung scheue Moschushirsche (S.121) aus der Deckung der Büsche. Um die Almhütten und zwischen den Zwergsträuchern der alpinen Höhenstufe tummeln sich Himalaya-Pfeifhasen (s.S.68) in kopfstarken Kolonien, und Bergwühlmäuse der Art *Alticola roylei* gehören zur begehrten Beute von Himalayawiesel und Gelbkehlmarder.

Landblutegel sind eine Plage für den Bergwanderer in der Monsunzeit.

Nur im Monsun trifft man im Helambu-Gebiet unterhalb 2000 m auf die schönen Blüten der *Begonia picta.*

Die mehr als 4000 m hoch gelegenen Gosainkund-Seen sind im Sommer Pilgerziel vieler Hindus.

Nur im Monsun kann man die in 2000 m Höhe blühende Ingwerwurz *Roscoea capitata* sehen.

Das Heer der Vögel wird angeführt von Steinadler, Bartgeier, Schlangenweihe und Rabenvögeln wie Kolkrabe, Alpenkrähe und Alpendohle. In den Wäldern sind viele Singvögel wie Schwarzkappentimalien (S.76), Rotbrustmeisen, Birkenmeisen, Rostkappen-Schwanzmeisen, Baumläufer und Laubsänger zu Hause. Gelegentlich blitzt das leuchtend rote und gelbe Gefieder der Langschwanz-Mennigvögel durch das Geäst. Pfeifdrosseln und Tannenhäher kann man schon an ihren Stimmen erkennen. Auf den alpinen Matten und Weiden balzen im Frühjahr Gelbschwanz-Glanzfasanen (S.64) und Tibet-Königshühner (S.64). Himalayabraunellen und Karmingimpel (S.48) hüpfen in Gruppen zwischen den Zwergsträuchern umher. Schneetauben sausen mit heftigem Flügelschlag um die Felsvorsprünge. Inter-

Der Zwergstrauch *Rhododendron antopogon* strömt einen intensiven, harzigen Duft aus.

Im oberen Langtang-Tal blüht im Juni und Juli der Himalaya-Frauenschuh.

Die *Primula wollastoni* gehört zu den interessantesten Primelarten der Langtang- und Gosainkund-Almen.

Die Blütenrispen der Orchidee *Dendrobium densiflorum* hängen im Frühjahr an vielen Eichenästen.

essanterweise brütet der zentralasiatische Ibisschnabel im hinteren oberen Langtang-Tal. In den tieferen Regionen unterhalb 2000 m laicht im Früjahr die dunkelfarbige Schwarznarbenkröte, darüber die große, plump wirkende Himalayakröte (S.92). Der Gefleckte Hügel-Ruderfrosch (S.117), der seine Eier in Schaumnester einbettet, und der winzige Schmuck-Engmundfrosch kommen ebenfalls bis in die Laubwaldstufe hinein vor. Felsenagamen (S.70) begleiten viele Wege im Gebiet und Waldagamen der Art *Japalura tricarinata* legen ihre Eier in das zerfallende Laub am Waldboden. Selten begegnet der Wanderer auch Schlangen wie der Hodgsonnatter (S.80), der Falschen Haubennatter oder der bräunlichen Berg-Lanzenotter.
Als Besonderheit muß man die riesigen, freihängenden Waben der Wildbienen er-

Elegant wirkt die Blütengestalt der Taillenglockenblume *Codonopsis thalictrifolia*.

In die Bergblumenfülle auf den Langtang- und Gosainkund-Almen gehört auch der Mannsschild *Androsace muscoidea*.

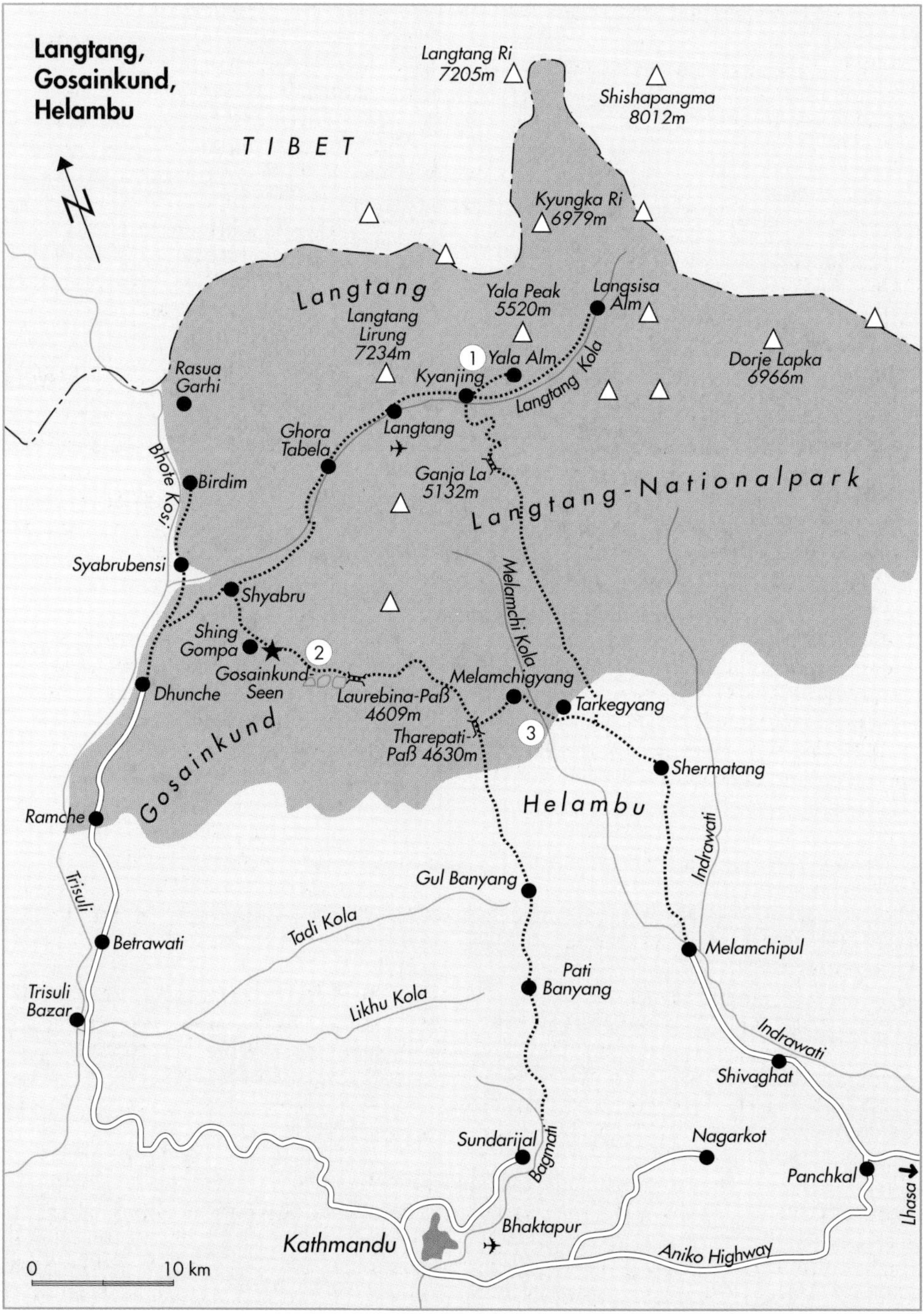
Langtang,
Gosainkund,
Helambu
TIBET
N
Langtang Ri
7205m
Shishapangma
8012m
Kyungka Ri
6979m
Langtang
Yala Peak
5520m
Langsisa
Alm
Langtang
Lirung
7234m
1
Yala Alm
Dorje Lapka
6966m
Rasua
Garhi
Kyanjing
Langtang Kola
Langtang
Ghora
Tabela
Bhote Kosi
Birdim
Ganja La
5132m
Langtang-Nationalpark
Syabrubensi
Melamchi Kola
Shyabru
Shing
Gompa
2
Gosainkund-
Seen
Dhunche
Laurebina-Paß
4609m
Melamchigyang
Tarkegyang
Tharepati-
Paß 4630m
3
Gosainkund
Shermatang
Helambu
Ramche
Indrawati
Trisuli
Gul Banyang
Tadi Kola
Betrawati
Melamchipul
Pati
Banyang
Trisuli
Bazar
Likhu Kola
Indrawati
Shivaghat
Sundarijal
Bagmati
Nagarkot
Panchkal
Lhasa
Bhaktapur
Kathmandu
Aniko Highway
0
10 km

wähnen, die an der Eingangsschlucht zum Langtang-Tal unter überhängenden Felswänden angeheftet sind und alljährlich von Spezialisten unter der einheimischen Bevölkerung »geerntet« werden.

Im Gebiet unterwegs

In der Langtang-Gosainkund-Helambu-Region gibt es 3 Wanderrouten, die man beliebig miteinander verbinden kann. Ausgangsorte sind entweder das Städtchen **Trisuli Bazar** oder der Nordrand des Kathmandu-Tals. Die erste Route führt von der Ortschaft Dhunche über Shyabru oder Syabrubensi in das Langtang-Tal hinein und über Ghora Tabela und das Hauptdorf Langtang nach **Kyanjing** ①, einem idealen Ausgangsplatz für Ausflüge in die Umgebung (4 Tage). Die **Yala-Alm** mit ihren hochgelegenen Wiesenhängen und dem leicht zu besteigenden Yala Peak (5520 m) ist eines dieser Ausflugsziele, ein anderes der hintere Talgrund des Langtang-Tals um die **Langsisa-Alm**, direkt unter den Sechstausender-Gletschern.
Aus dem Tal des Langtang-Flusses gibt es einen direkten Übergang nach Süden in das zweite Wandergebiet um die **Gosainkund-Seen** ②. Da er aber über den 5132 m hohen, schwierigen und objektiv gefährlichen Paß Ganja La führt, ist er nur geübten Bergsteigern mit Hochgebirgserfahrung anzuraten. Der gefahrlosere Weg zu den heiligen Seen führt zurück nach Shyabru und dann in 2 Tagen aufwärts über den einsamen Tempelbezirk **Shing Gompa** bis an die Ufer der 12 Bergseen von Gosainkund, die zwischen 4100 und 4500 m gelegen sind. Jeden Sommer finden Tausende von Pilgern ihren Weg hier herauf, um den Hindugott Shiva in den Gewässern zu verehren.
Über den Laurebina-Paß (4609 m) und die Alm Tharepati (3650 m) gelangt man dann schließlich in das dritte Zielgebiet für Trekkingtouren, in den Bereich von **Helambu** mit den großen Sherpadörfern Melamchigyang, Tarkegyang ③ und Shermatang (3,4 und 5 Tage). Von hier aus kann man nun über einen Höhenzug und die Ortschaften Gul Banyang und Pati Banyang in 3–4 Tagen direkt Sundarijal am Nordrand des Kathmandu-Tals erreichen, oder man steigt nach Melamchipul am Indrawati-Fluß hinunter und fährt mit dem Bus auf sehr schlechter Straße bis Panchkal, wo man auf den Tibet mit Kathmandu verbindenden Aniko Highway stößt.

Praktische Tips

Anreise
Mit Bus oder Auto von Kathmandu einerseits über Trisuli Bazar bis Dhunche, andererseits bis Sundarijal, Nagarkot oder Melamchipul. Von diesen Orten Start der Fußwanderung in die Zielgebiete.

Klima/Reisezeit
Ausgesprochenes Monsunklima mit Trockenzeit vom Oktober bis zum nächsten Mai und Regenzeit von Juni bis September. Sehr hohe Niederschläge während des Monsuns. Im Winter Schneefall bis etwa 2600 m herunter.
Beste Wanderzeit in den Monaten Februar bis Mai und Ende September bis Anfang Dezember. Trekking auch im Monsun möglich, dann aber hohe Luftfeuchtigkeit und viele Landblutegel in den Wäldern.

Unterkunft
Im ganzen Gebiet Lodges, an den Gosainkund-Seen allerdings sehr einfacher Art. Besonders schöne Unterkünfte in den Sherpahäusern des Helambu-Gebiets. Größere Gruppen sollten jedoch in Zelten schlafen.

Besonderheit
In Kyanjing gibt es eine ursprünglich mit schweizer Entwicklungshilfe eingerichtete Käserei, die ausgezeichneten Yakkäse verkauft.

10 Solu

Vielseitige Naturwanderung mit Rhododendronblüte im Frühjahr; Himalaya-Tahr und Glanzfasanen auf den Hochalmen; Heiliger See Dhud Kund (4600m), direkt unter den Gletschern des Numbur; Pike, schönster Aussichtsberg Nepals.

Nirgendwo in Nepal trifft man die unterschiedlichsten Landschaften und Naturräume des Himalayas auf derart engem Raum an wie in der ostnepalischen Teilprovinz Solu. Die Höhenunterschiede sind beachtlich; sie reichen von rund 1100 m in den subtropischen Flußtälern über die gemäßigten Regionen der 3000–4000 m hohen Vorbergrücken und den Almbereich in mehr als 4000–5000 m Höhe bis zu den eisigen Gipfeln des Himalaya-Hauptkammes mit Sechs- und Siebentausendern. Die Flüsse und Bäche sind tief eingeschnitten und verlaufen zumeist in Nord-Süd-Richtung. Dies bedeutet, daß man beim Durchqueren des Landes von West nach Ost oder umgekehrt ständig in tiefe Täler absteigen und gleich darauf den nächsten Höhenzug erklimmen muß. In den hintersten Talkesseln liegen oft kleine Moränenseen, die als heilig verehrt werden.
Geologisch wird das Gebirge in erster Linie aus kristallinen Gesteinen wie Gneisen, Graniten oder Glimmerschiefern aufgebaut, die mineralhaltig sind. Man findet

Numbur und Kariolung sind die beherrschenden Berggipfel der Landschaft Solu.

An der Baumgrenze bilden die Rhododendren eine bizarre Krummholzzone aus.

Quarze, Granate, Turmaline und bisweilen sogar Disten. Bei Bigu besteht ein ganzer Berghang aus Talkum.
Die von Menschen besiedelte Zone erstreckt sich von der Talsohle der Flüsse bis auf etwa 2700 m Höhe. Eine bunte Palette verschiedener Volksgruppen wohnt hier, unter denen Brahmanen, Chetri, Jirel, Thami, Sherpas und Sunwars hervorzuheben sind. Vor etwa 500 Jahren haben die aus Osttibet eingewanderten Sherpas im Solu eine neue Heimat gefunden. Ihr Siedlungsgebiet erstreckt sich von rund 2000 m bis 2700 m Höhe.

Pflanzen und Tiere

Das Gebiet des Solu ist vielfach noch recht gut bewaldet. Lediglich in den Tieflagen und um die größeren Ortschaften wie Bigu, Jiri, Junbesi und Paphlu-Salleri haben die Wälder den Ackerterrassen und menschlicher Besiedlung weichen müssen. Hier findet sich oft nur sekundärer Buschwald. Bis etwa 1800 m stehen langnadlige und mit dicken Zapfen bestückte Roxburgkiefern (S.47). Darüber erstreckt sich über viele Hänge ein vielfältiger Laubwald, in dem neben verschiedenen Eichenarten auch Kastanien wie *Castanopsis indica* (S.78) oder *C. tribuloides,* Stechpalmen, Rhododendren, Ahorn und riesige Magnolienbäume (S.129) wachsen. Die Stämme und Äste der größeren Bäume sind oft dicht mit den Bulben von Orchideenarten wie *Dendrobium densiflorum* (S.85), *Pleione humilis, Aerides multiflorum* oder *Cymbidium hookerianum* besetzt.
Ab etwa 2800 m tauchen mit gewaltigen Stämmen, kleinen Nadeln und winzigen Zäpfchen die ersten Hemlocktannen (S.71) auf, die den Übergang von der Laubwaldzur Nadelwaldstufe vermitteln. Den eigentlichen Koniferenbergwald im östlichen Himalaya charakterisiert aber ab 2900–3000 m die Himalaya-Weißtanne, die sich mit großen Rhododendronbäumen abwechselt. Im Frühjahr stehen diese Rhododendren in Blüte und erzeugen mit ihren roten, violetten und weißen Blütenbüscheln einen wahren Blütenrausch. Im Unterwuchs des Waldes dehnt sich ein nahezu undurchdringlicher Dschungel aus dünnem Bergbambus (S.105). An den trockeneren, nach Süden exponierten Hängen wachsen zwischen 2400 und 3000 m lichte Haine von Tränenkiefern (S.49) mit langen, weichen Nadeln und langgestreckten, schlanken Zapfen.
In rund 3800 m wird die Baumgrenze aus Rhododendren, vereinzelten Weißtannen und Baumwacholdern erreicht, wobei der Rhododendron eine ausgesprochene

Die gelben Blüten der *Mahonia napaulensis* leuchten im Unterholz der Laubwaldstufe.

Krummholzzone bildet. An den feuchteren, nordexponierten Bergflanken mischen sich Birken in diese Waldbestände. Es folgt dann mit immer niedriger werdenden Büschen von Berberitzen, Wacholdern, Rosen, Zwergrhododendren und Zwergmispeln eine ausgesprochene Zwergstrauchheide.
Auf den Hochalmen schließlich blühen bei Monsunbeginn im Juni Sikkimprimeln (S.112), der als Weihrauchlieferant beliebte Gelbe Zwergrhododendron (S.84) und andere Zwergbüsche wie die roten *Rhododendron setosum* (S.74) und *R. nivale*. An

Der Weißohrbülbül ist ein lebhafter Sänger in Büschen und Bäumen unterhalb 3000 m.

den Grashängen über dem Talboden stehen die Blütenstände des gelben Scheinmohns *Meconopsis dhwojii* (S.82), die aus gelbgrünen, behaarten Blattrosetten am Boden aufstreben. Im Herbst schließlich überzieht ein weißblauer Blütenteppich aus kurzstengeligen Trompetenenzianen alle freien Flächen auf den Hochalmen, und gelegentlich stößt man in dieser Jahreszeit auf die tiefvioletten Blütenköpfe des niedrigen, behaarten Rittersporns *Delphinium brunnonianum* (S.79).
Mit Ausnahme von gelegentlich auftauchenden Himalaya-Languren, Vögeln und Schmetterlingen, vor allem den großen *Papilio*-Arten mit ihren roten, blauen und grünen Flecken, bekommt der Wanderer nur selten wildlebende Tiere zu Gesicht. In den dichten Dschungeln der Bergwälder haben Leoparden, Kleine Pandas (S.70), Gorals (S.112), Muntjakhirsche (S.102) und Himalaya-Schwarzbären ihre Heimstatt. Mit großem Glück kann man an und über der Baumgrenze dem wie ein Bergdämon wirkenden Himalaya-Tahr begegnen. Er teilt sich den Lebensraum mit dem Schneeleoparden, dem Himalayafuchs und dem Moschushirsch (S.121).
Im Frühling singt, ruft und pfeift ein vielstimmiger Chor von Schwarzkappentimalien (S.76), Weißohrbülbüls, Kuckucken, Pfeifdrosseln, Rotbrustmeisen, Grünen Laubsängern, Weißhalsamseln und Zaunkönigen im Geäst der Büsche und Bäume. Haubenhäherlinge, Bülbülamseln und Kehlstreifen-Juhinas gesellen sich hinzu. In den Hochlagen zwischen 4000 und 5000 m rufen Tibet-Königshühner (S.64) gackernd in den Schutthalden. Gelbschwanz-Glanzfasanen (S.64) lassen im Frühjahr ihren Balzruf ertönen. Karmingimpel (S.48) und Rosenpieper turnen in den Zweigen der niedrigen Sträucher und zwischen den Felsbrocken herum. Am Bach knickst ein Weißkopfschmätzer. Ab und an streicht ein Bartgeier (S.57) auf der Suche nach Aas, Abfall oder Knochen an den Berghängen entlang.

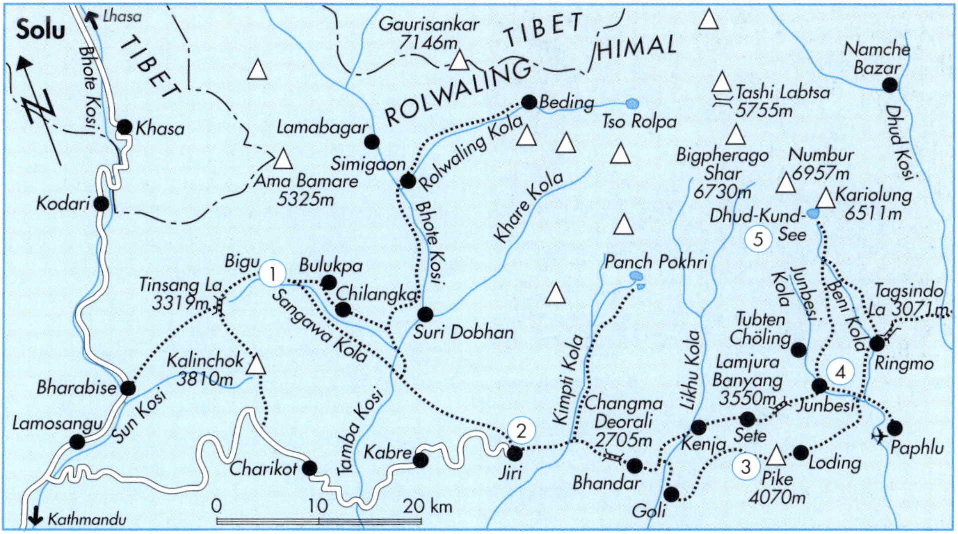

An Regentagen kann man den handtellergroßen Himalayakröten begegnen. In den Talgründen sonnen sich am Wegrand kleine graue Felsenagamen (S. 70). Ein guter Beobachter wird außerdem manchmal auf Waldblößen die grünen Männchen der Waldagamenart *Japalura tricarinata* entdecken.

Im Gebiet unterwegs

Es gibt zwei Möglichkeiten, in der Landschaft Solu zu wandern. Entweder beginnt man eine Durchquerung des gesamten Gebiets in der Nähe des Städtchens **Charikot** oder man startet am Flugplatz von **Paphlu** und beschränkt sich mit dem Trekking auf das Kernland des Solu um das Dorf Junbesi. Will man das Gebiet von Westen nach Osten durchqueren, so führt der Weg mit großartigen Ausblicken auf das mehr als 7000 m hohe Gaurisankar-Massiv zunächst über den heiligen Berg **Kalinchok** und einen bewaldeten Höhenrücken zum Paß Tinsang La (3319 m) und weiter zum **Kloster Bigu** (2550 m; 4 Tage) ①.
Von Bigu über Bulukpa geht es tief hinunter ins Tal des Tamba-Kosi-Flusses, der als Bothe Koshi in Tibet entspringt, danach wieder steil aufwärts, bis man als nächste Station den Verwaltungsort **Jiri** ② erreicht (4 Tage). Man überquert nun den Fluß Kimpti Kola in der Nähe des Basarorts Shivalaya (1800 m), überschreitet den Paß Changma Deorali (2720 m) und läuft schließlich hinunter zur Liku Kola. Erst wenn man vom kleinen Straßendorf Kenja (1580 m) gegen den Paß **Lamjura Banyang** (3550 m) ansteigt, erreicht man ab etwa 3300 m wieder ursprüngliche Wälder mit Weißtannen und bizarren Rhododendron-

Auf Wiesen zwischen 3600 und 4500 m blüht das attraktive Fingerkraut *Potentilla coriandrifolia*.

Ein sperriger Zwergstrauch vom Nadelwald bis über die Baumgrenze ist die Zwergmispel *Cotoneaster microphyllus*.

bäumen. Vom Lamjura Banyang (3550 m) aus öffnet sich das Stammland der Sherpas, eine Wald- und Wiesenlandschaft, die ein wenig an den Schwarzwald erinnert. Für die Strecke Jiri–Junbesi werden 3–4 Tage benötigt. Von **Junbesi** (2680 m) ④, dem schönsten Sherpadorf im Solu, empfiehlt sich eine Bergwanderung zum heiligen See **Dhud Kund** (4600 m) ⑤ direkt unter den Gletschern des Numbur-Kariolung-Massivs. Der Weg führt in 2 1/2 Tagen vorbei am bedeutenden Kloster Tubten Chöling nach Norden.

Vom Dhud Kund absteigend gelangt man in 1 Tag zum Tagsindo-Paß (3071 m) und dort wieder in besiedeltes Bauernland des Sherpavolkes. In dieser Region wartet mit dem Aussichtsberg **Pike** ③ noch einmal ein besonders attraktives Wanderziel. An einem klaren Morgen steht man auf dem 4070 m hohen Gipfel in der aufgehenden Sonne vor einem überwältigenden Panorama, das vom Dhaulagiri und der Annapurna im Westen über Manaslu, Shishapangma, Mt. Everest, Lhotse und Makalu bis zum Kangchendzönga im Osten reicht. Der Weg an der Westseite des Pike hinunter nach **Goli** und dann wieder tief hinab zur Liku Kola durchläuft in etwa 2 Tagen erneut alle Höhenstufen vom Bergwald der Hochgebirgszone bis zum subtropischen Talboden. Im Basarort **Jiri** ② findet diese Wanderung naturkundlicher Höhepunkte schließlich ihren Abschluß; von hier führt die Autostraße zurück in die Zivilisation des Kathmandu-Tals.

Die soeben geschilderten Streifzüge zum Dhud Kund und zum Pike lassen sich ohne den langen Anmarschweg auch von **Paphlu** im südlichen Solu-Gebiet aus durchführen.

Die zierliche Zwergprimel *Primula gracilipes* blüht bereits im Frühjahr.

Die recht häufige Himalayakröte besitzt hinter den Augen riesige Drüsenwülste.

Wie ein uriger Berggeist des Hochgebirges wirkt der Himalaya-Tahr.

Praktische Tips

Anreise
Mit Bus oder Auto von Kathmandu auf der Tibet-Straße bis Lamosangu und dort abzweigend weiter bis Karedunga oder Charikot. Rückfahrt von Jiri mit dem Bus nach Kathmandu. Für kürzere Touren im Kerngebiet des Solu Flug nach Paphlu.

Klima/Reisezeit
Große jahreszeitliche Unterschiede. Frühjahr und Herbst milde; im Sommer heftiger Monsun mit hoher Luftfeuchtigkeit; Winter kühl in den tieferen und sehr kalt in den hohen Lagen.
Beste Monate für eine Wanderung sind März bis Mai und Oktober bis November. Im Sommer größter Reichtum an blühenden Pflanzen; im Herbst und Winter klare Fernsicht.

Der Blutfasan balzt im April und Mai zwischen den Sträuchern an der Baumgrenze.

Unterkunft
Entlang des großen Fußweges in das Khumbu-Gebiet einfache Lodges. In Junbesi einige kleine, saubere und recht komfortable Hotels. Im übrigen Gebiet Zelte und einheimische Begleitung notwendig. Organisation der Trekkingtour durch eine eingeführte Trekkingagentur in Kathmandu empfehlenswert.

Bemerkung
In der Nähe des Dorfes **Bulukpa** steht mitten im Eichenwald eine kleine Gompa mit einem historischen Tempel. Dieser wurde durch Finanzierung des Vereins »Freunde Nepals e.V.« restauriert und setzt ein sichtbares Zeichen für das Miteinander von Mensch und Natur.

Der Trompetenenzian überzieht die Almwiesen im Oktober mit blauen Blütenteppichen.

11 Khumbu (Sagarmatha-Nationalpark)

Mit den Achttausendern Mt. Everest, Lhotse und Cho Oyu sowie zahllosen Sieben- und Sechstausender-Gipfeln die gewaltigste Gebirgsregion der Erde; im Sagarmatha-Nationalpark eine für den östlichen Himalaya charakteristische Hochgebirgsflora und -fauna; unter dem Namen Khumbu eines der beliebtesten Trekkinggebiete in Nepal.

Mit »Khumbu« bezeichnet man die Hochgebirgsregion südlich des Himalaya-Hauptkamms, die im Norden von den Eisriesen Cho Oyu (8201 m), Pumo Ri (7161 m), Mt. Everest (8846 m) und Lhotse (8516 m) eingerahmt wird. Der Nangpo, der Gokyo-Bach, der Khumbu-Gletscherbach und der Imja-Kola-Fluß entwässern dieses Gebiet und bilden bei **Namche Bazar** ① den nach Süden hinausfließenden Dhud-Kosi-Fluß. Die großartige Eis- und Felsszenerie wird überragt von dem höchsten Berg der Erde, dem **Mt. Everest,** den man in Tibet Chomolongma und in Nepal Sagarmatha nennt. Er beherrscht zusammen mit der gewaltigen Felsmauer des Nuptse (7879 m), dem eleganten Pyramidengipfel des Lhotse und dem Eisgipfel der Amadablam (6812 m) das Tal der Imja Kola und lockt alljährlich Tausende von Bewunderern in dieses attraktivste Wander- und Bergsteigergebiet der Erde.

Eine bis in Höhen von 5200 m vorkommende Hochgebirgspflanze ist der Steinbrech *Saxifraga pulvinaria.*

Sherpa Tensing Norkay und Sir Edmund Hillary bezwangen am 29. Mai 1953 gemeinsam als erste Menschen den Gipfel des Mt. Everest. Später, im Jahr 1978, stiegen Reinhold Messner und Peter Habeler zum erstenmal ohne künstlichen Sauerstoff hinauf. Inzwischen hat die Zahl der Besteigungswilligen derart zugenommen, daß im Herbst 1993 ganze 13 Expeditionen das Everest Basecamp bevölkerten und an einem Tag 30 Bergsteiger auf dem Gipfel standen.

Die Vielfalt der Bergwälder, Hochalmen und malerischen Dörfer am Fuß des Mt. Everest wurde 1973 zum **Sagarmatha-Nationalpark** erklärt. Kurze Zeit später übernahm die UNESCO den Park in das Kulturelle Welterbe. Die Problematik des Nationalparks liegt auch hier in der gemeinsamen Existenz von Mensch und ursprünglicher Natur, erschwert durch den Druck eines gewaltig angewachsenen Tourismus. Die Regeln, die jeder im Park beachten muß, sind streng. Man muß mit Gas oder Kerosin kochen, es darf kein Holz geschlagen und kein Abfall hinterlassen werden. Jagd kam für die buddhistischen Sherpas von jeher nicht in Frage.

Die vorherrschenden Gesteine im Khumbu-Gebiet sind Granite. Allerdings hebt sich die Gipfelkuppe des Mt. Everest farb-

Der Yeti

Immer wieder berichten nepalische Bergbauern, Bergsteiger und allein gehende Trekkingtouristen von großen Fußspuren im Schnee der Hochregionen über der Baumgrenze. Sie werden dem Yeti, dem Wilden Schneemenschen, zugeschrieben. Im Jahr 1921 stieß Colonel C.K. Howard-Bury im Verlauf einer Mt.-Everest-Expedition auf eine riesige, menschenähnliche Fußspur am rund 6500 m hohen Lakpa-Paß. 1951 fertigte dann Eric Shipton erstmals einige Fotografien einer derartigen Fährte auf dem Menlung-Gletscher an und verfolgte sie, bis sie sich in einem Geröllfeld verlor.

Die Sherpas und andere Völker der nördlichen Himalayagebiete erzählen unglaubliche Geschichten, wie der Yeti beispielsweise Menschen bedroht oder gar Yakkälber und junge Mädchen geraubt habe. Außerdem beschreiben sie ihn als ein menschenaffenähnliches, langbehaartes Wesen mit fliehender Stirn und zurückweichendem Kinn. Sie unterscheiden einen großen, vegetarisch lebenden und zwei kleinere Schneemenschen, von denen wiederum der eine Pflanzen und der andere Fleisch verzehrt.

Auch aus jüngster Zeit sind Beobachtungen und Fotos von Fußspuren bekannt geworden. Allerdings fehlt ein konkreter Nachweis bis heute. Lediglich zwei sogenannte Yeti-Skalpe (Hautstücke eines Serau-Rückenfells) und eine angebliche Yeti-Hand (Teilskelett einer Menschenhand) werden im Khumbu den Touristen in Kumjung und Pangpoche gezeigt.

Was ist trotzt aller Zweifel Wahres am »Yeti-Phänomen« und den vielen damit verbundenen Informationen? Es wäre denkbar, daß ein früher, vielleicht dem Neandertaler ähnlicher Vorläufer des heutigen Menschen bis in historische Zeit hinein lebte und Kontakt mit unseren Vorfahren hatte. Er wurde vom erfolgreicheren »Neuzeit-Menschen« verdrängt und verschwand. Aus den fernen historischen Zeiten des Zusammenlebens beider »Menschen-Formen« könnten demnach die vielen übereinstimmenden Erzählungen und Legenden stammen. Für die Bewohner des Hochgebirges im Himalaya indessen ist der Yeti ein Dämon, den nur derjenige zu sehen bekommt, der an Dämonen glaubt.

lich deutlich von den darunterliegenden Felswänden ab – sie besteht aus Kalk. Eine solche »Kalkmütze« trägt auch der Lhotse-Gipfel. Die Gletscherzungen sind bis weit hinunter völlig mit Gesteinsschutt bedeckt. Da die hohen Firnbecken nur sehr klein bleiben, liefern sie verhältnismäßig wenig Eismaterial. Deshalb werden die Gletscher des Everest-Massivs, wie beispielsweise der Khumbu- oder der Imja-Gletscher, vor allem von Lawinen genährt und besitzen nur eine geringe Fließgeschwindigkeit.

Die Täler der Khumbu-Region sind das klassische Siedlungsgebiet der Sherpas, die sich vor rund 450 Jahren aus Osttibet kommend zunächst hier niederließen, ehe sie die weiter südlich gelegene, klimatisch günstigere Landschaft Solu besiedelten. Neben den Ganzjahresdörfern wie Thami, Khumjung oder Phortse bewohnen sie zeitlich begrenzt mehr als 4000 m hoch gelegene Sommersiedlungen. Berühmte Touristenziele sind die prächtigen buddhistischen Klöster von **Thami** und **Thengpoche**.

Pflanzen und Tiere

Die klassische Bergsteiger- und Bergwandererregion des Khumbu ist auch in ihrer natürlichen Ausstattung mit Pflanzen und Tieren kennzeichnend für das Hochgebirge im östlichen Himalaya. Während die Bergwälder unterhalb Lukla am Dhud-Kosi-Fluß noch zur oberen Laubwaldstufe mit Eichen, Ahorn und Stechpalmen gehören, geht der Laubwald zwischen 2700 und 3000 m mit der Hemlocktanne (S.71) als Übergangsgehölz in den üblichen Weißtannen-Rhododendron-Wald (S.70/71) über. Beim Aufstieg nach Namche Bazar läuft man dann durch ausgedehnte Haine der Tränenkiefer (S.49), die überall im Khumbu an süd- und südostexponierten Hängen bis 3500 m hinauf zusammenhängende Bestände bildet.

Entlang der Flüsse Imja Kola und Nangpo besteht der Wald an den feuchteren Bergflanken hauptsächlich aus Himalaya-Weißtannen, Rhododendren und Birken, unter die sich baumförmige Wacholder mischen. Darüber folgt eine ausgeprägte Rhododendron-Krummholzzone, die im späten Frühjahr ihre weiße und violette Blütenpracht entfaltet. In der anschließenden Strauchzone wachsen wieder Berberitzen, Rosen, niedrige Weiden wie *Salix calyculata* oder *S. sikkimensis,* Zwergprimeln, Wacholderbüsche und Zwergrhododendren, darunter als auffälligste Vertreter der Gelbe Zwergrhododendron (S.84) und der rot blühende *R. setosum* (S.74). Oberhalb 4500 m dehnen sich schließlich die strauchlosen hochalpinen Matten und Weidegründe.
Die Fülle der am Boden wachsenden

◁ Der Gipfel des Mt. Everest (8846 m, Bildmitte) überragt als höchster Berg der Erde die Landschaft des Khumbu.

Auch das Läusekraut *Pedicularis scullyana* gehört in die ▷ Palette blühender Hochgebirgspflanzen im Khumbu.

Blütenpflanzen erlebt man am umfassendsten wiederum im späten Frühjahr und in den Monsunmonaten. Ende Mai öffnet bereits die blaue Zwergschwertlilie *Iris kemaonensis* ihre Blütenkelche. An feuchten Stellen steht im Gebüsch der zu den Enziangewächsen gehörende *Megacodon stylophorus.* Gelegentlich gesellt sich neben einem schattenspenden Felsbrocken *Bergenia purpurascens* dazu, die zu den Steinbrechgewächsen zählt. Primeln wie *Primula atrodentata* oder die Kugelprimel (S.51), Fingerkräuter, Edelweiß und Läusekräuter wie *Pedicularis scullyana* oder *P. siphonanta* vervollständigen zusammen mit vielen anderen Blumen einen blühenden »Alpengarten«, in dem auch der blaue Scheinmohn (S.118) seinen Platz einnimmt. Oft bildet auf den offenen Weideflächen an der Baumgrenze und ein Stück darüber ein Heidekrautgewächs, die Bärlappheide, ausgedehnte Horste. Im Herbst breitet der Trompetenenzian (S.93) himmelblaue Teppichflecken zwischen den Zwergsträuchern aus. Die höchsten Regionen jedoch gehören niedrigen, oft polsterartigen Steinbrech-, Mannsschild- und Nelkengewächsen sowie dem von einem weißen Gespinst überzogenen Blütenstand der Himalayascharte (S.65).
Der Sagarmatha-Nationalpark bietet trotz seiner relativ starken Besiedlung und dem Andrang großer Mengen von Touristen der Tierwelt des Himalaya-Hochgebirges gute Lebensbedingungen. Der kurz gehörnte Goral (S.112) und der zottelige Himalaya-Tahr (S.93) mit seinen wuchtigen Hörnern sind Kletterkünstler an steilen Felshängen. In der Dämmerung treten die eigentümlichen Moschushirsche (S.121) zur Äsung aus den Tagesverstecken im Rhododendron-Gebüsch. Wölfe,

Wie in einem Steingarten blüht zu Monsunbeginn an steinigen Hängen die Zwergschwertlilie *Iris kemaonensis*.

Die Bärlappheide bildet auf den Almwiesen des Khumbu ausgedehnte Horste.

Himalayafüchse, Himalayawiesel und der Schneeleopard (s.S.58) pirschen auf Beute. Von der Baumgrenze bis zu den Hochalmen bevölkern kopfstarke Kolonien des Himalaya-Pfeifhasen (s.S.68) die Zwergstrauchbestände und vegetationsreichen Geröllhänge. Ihr vorderer Rücken ist im Sommerfell rotbraun gefärbt. Für den Winter legen sie Futtervorräte aus getrockneten Pflanzen an. Kleine Nager wie Sikkim-Kurzohrmäuse und Stoliczkas Bergwühlmäuse sowie mehrere Berg-Spitzmausarten der Gattung *Soriculus* liefern die Nahrungsgrundlage für zahlreiche Beutegreifer unter den Säugetieren und Vögeln.
Die großen Greife wie Steinadler, Schneegeier oder Bartgeier (S.57) segeln durch die Lüfte vor den unnahbaren Eiswänden. Alpendohlen und Alpenkrähen, nicht nur an der gelben und roten Schnabelfarbe, sondern auch an ihren charakteristischen Rufen zu unterscheiden, beleben durch ihre Flugkünste die Szene. Kolkraben suchen gern in den Dörfern nach Nahrung. In den Bergwäldern ist das Vogelleben viel heimlicher: Tannenhäher oder Schwarzscheitelhäherlinge bewegen sich unauffällig durchs Geäst und machen sich nur durch ihre Rufe aus größerer Ferne bemerkbar. Die hohen Pfeifstrophen der Purpur-Pfeifdrosseln übertönen selbst das Rauschen der Bergbäche. Am Boden hüpfen Zaunkönige, Schmuckgimpel, Waldschneegimpel und Rosenpieper umher.
Insekten können wegen der Artenfülle nur zusammenfassend erwähnt werden. Bemerkenswert sind die vielen Hummeln zur Blütezeit im Frühjahr und Frühsommer. An Schmetterlingen fallen dem Wanderer zahlreiche Bläulinge und in der Höhe Appollofalter auf.

Im Gebiet unterwegs

Gleich, ob man die Anreise per Flugzeug oder zu Fuß von Jiri aus unternommen hat, man betritt im Dhud-Kosi-Tal bei **Jorsale** den Nationalpark. Hier kann man, wenn man das nicht bereits in Kathmandu getan hat, die Nationalpark-Gebühren entrichten und wird über die Verhaltensregeln im Park aufgeklärt. Man steigt dann in wenigen Stunden nach **Namche Bazar** ① hinauf, dem Hauptort und Zentrum für Tourismus, Wirtschaft und Verwaltung im Gebiet mit kleinem sehenswerten Nationalparkmuseum. Die Wanderziele, die man von hier aus ansteuern kann, sind zahlreich.
Die bekannteste und attraktivste Route führt von Namche Bazar über die Sherpadörfer Khumjung und Kunde zunächst in einer Tageswanderung zum **Kloster Thengpoche** ② und dann geradewegs auf das Everest-Massiv mit Mt. Everest, Nuptse und Lhotse zu. Man folgt dabei immer dem Verlauf der Imja Kola und erreicht in etwa 2 Stunden zuerst das Dorf **Pangboche** ③, mit rund 4000 m die höchste Dauersiedlung im Khumbu. Von hier kann man zur oberhalb des Dorfes gelegenen Taboche-Alm aufsteigen und einen 5503 m hohen, prächtigen Aussichtsgipfel am Taboche erklimmen.
Von Pangboche aus weitergehend kommt man zunächst zur Sommersiedlung **Dingboche,** wo das Tal der Imja Kola zum Almboden von Chukhung nach Nordosten abzweigt. Geradeaus geht es weiter zur Alm

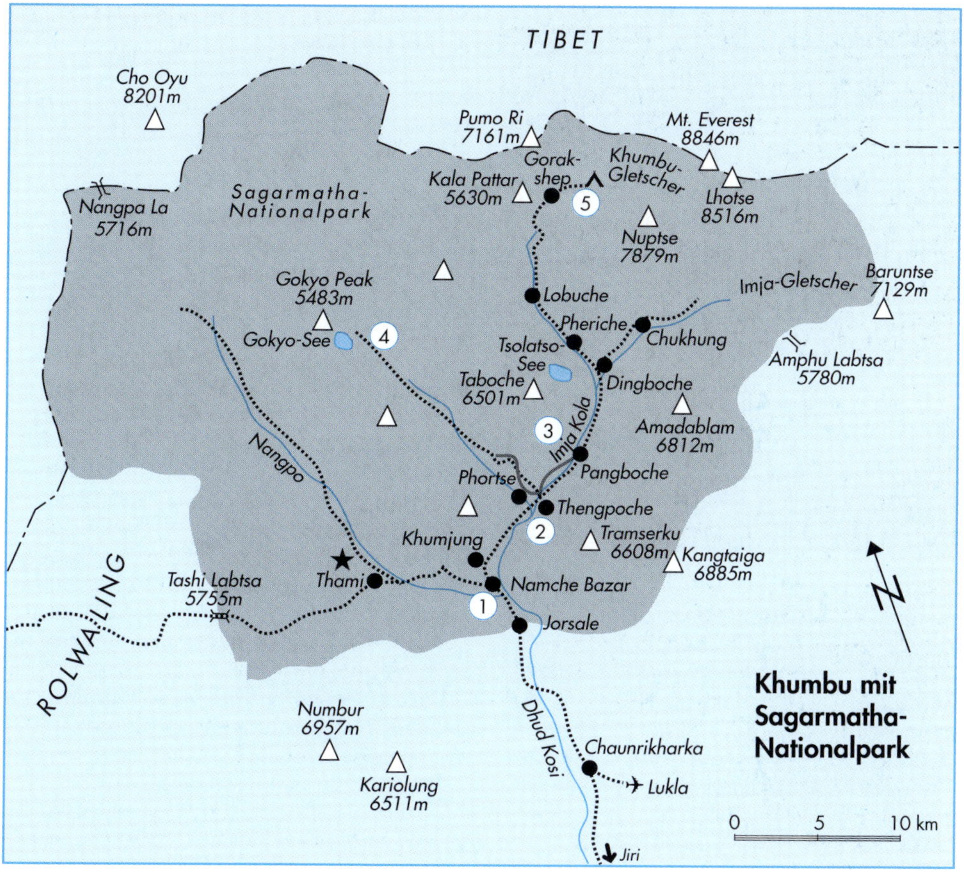

Khumbu mit Sagarmatha-Nationalpark

Pheriche mit ihren Lodges und einer Erste-Hilfe-Station. Über die Almen von Lobuche und Gorakshep kann man dann schließlich den 5630 m hohen **Kala Pattar** ersteigen, der aufregende Einblicke in die Südwestwand des Mt. Everest und auf den Khumbu-Gletscher vermittelt. Für die Strecke von Thengpoche nach Gorakshep und zum Everst Basecamp benötigt man rund 3 Tage.

Ein anderer Ausflug führt zunächst ebenfalls nach Thengpoche, danach aber hinüber zum Dorf Phortse und nun in das Gokyo-Tal hinein. Man wandert über mehrere Almböden bis zum **Gokyo-See** (4650 m) ④, an dessen Nordufer es einen guten Lagerplatz gibt. Von Namche Bazar bis hierher braucht man etwa 3 Tage. Im Norden erhebt sich über dem Talschluß der eindrucksvolle Gipfel des Cho Oyu (8201 m), und wenn man den 5483 m hohen, leichten **Gokyo Peak** besteigt, genießt man überdies einen atemberaubenden Panoramablick über die gesamte Gipfelflur des Khumbu-Gebiets.

Von Namche Bazar aus kann man noch eine dritte Trekkingroute begehen. Sie folgt dem Tal des Nangpo aufwärts bis zum Dorf **Thami** (3–4 Stunden) mit seiner bekannten Gompa, in der alljährlich im Frühjahr religiöse Maskentänze stattfinden. Von hier aus führen Wege auf 2 berühmte Pässe:

Der Gipfel des heiligen Berges Amadablam (6812 m) darf nicht bestiegen werden.

nach Westen zum 5755 m hohen **Tashi Labtsa,** der als Übergang ins Rolwaling dient und nach Norden zum 5716 m hohen **Nangpa La,** über den die Sherpas einst in ihr heutiges Siedlunsgebiet eingewandert sind und der bis heute der wichtigste Handelsübergang nach Tibet ist. Das Nangpo-Tal bleibt allerdings ein Stück oberhalb von Thami dem Trekker immer noch verschlossen.

Sehr auffällig wirken die großen Fingerhutblüten des Enziangewächses *Megacodon stylophorus*.

Praktische Tips

Anreise
Mit dem Flugzeug nach Lukla (STOL-Landepiste) und Fußwanderung in den Sagarmatha-Nationalpark. Mit dem Bus oder Auto von Kathmandu über Lamosangu nach Jiri. Von hier 7–8 Tage Fußmarsch über Sete, Lamjura Banyang, Junbesi, Tagsindo La, Jubing, Ghat, Jorsale nach Namche Bazar. Im Gebiet Fortbewegung nur zu Fuß.

Klima/Reisezeit
Auch das Khumbu-Gebiet steht unter Monsuneinfluß. Heftigkeit der Niederschläge im inneren Khumbu durch die Gebirgszüge Numbur-Kariolung sowie Tramserku-Kangtaiga abgeschirmt und durch die Höhe gemildert. Winterwetter zwar klar, aber recht kalt und gelegentlich Schneefall.
Beste Reisezeit April bis Anfang Juni und Oktober bis Dezember. Im Sommer viel Regen und dichte Bewölkung, andererseits Hauptzeit der Hochgebirgsblüte.

Unterkunft/Infrastruktur
In Namche Bazar einfache, aber gute Hotels. In allen übrigen Orten Lodges, die allerings an den hochgelegenen Almen wie Chukhung, Lobuche, Gorkashep und Gokyo sehr spartanisch sein können. Im ganzen Gebiet wunderschöne Zeltlagerplätze. Everest Basecamp ⑤ in erster Linie für Bergsteigerexpeditionen geeignet. Oberhalb Namche Bazar steht mit dem japanischen Everest-View-Hotel eine Luxusherberge.
In Khumjung auf Initiative von Sir Edmund Hillary eine gute Wasserversorgung, eine ausgezeichnete Schule und ein »Hillary-Hospital«. Bei Thami liegt ein kleines Wasserkraftwerk zur Stromversorgung des Khumbu-Gebiets.

12 Makalu-Nationalpark

Besonders einsame und wenig besiedelte Wald- und Hochgebirgsregion; unberührte Pflanzen- und Tierwelt; Kernstück das Barun-Tals beherrscht vom Achttausender-Massiv des Makalu.

In direkter östlicher Nachbarschaft des Everest-Massivs erhebt sich erneut ein Achttausender, der **Makalu** (8463 m). Vor wenigen Jahren wurde an seinem Fuß mit dem Makalu-Nationalpark eine weitere Schutzzone eingerichtet. Die westliche Grenze dieses Parks ist identisch mit der Ostbegrenzung des Sagarmatha-Nationalparks, was dazu berechtigt, hier von einem großen, zusammenhängenden Sagarmatha-Makalu-Schutzgebiet zu sprechen. Während es jedoch im Khumbu am Mt. Everest in jeder Reisesaison von Trekkingtouristen nur so wimmelt, bleiben die Täler und Bergflanken am Makalu einsam. Nur selten kommen Touristen, und es sind in erster Linie Bergsteiger, die ihren Weg in dieses Gebiet finden.

Die Schutzzone wird im Osten vom Arun-Fluß begrenzt. Ihr Herzstück ist das in West-Ost-Richtung verlaufende Tal des **Barun-Flusses**, das von den Eisdomen des Makalu und des **Baruntse** (7129 m) überragt wird. Der Makalu-Naturraum schließt außerdem im Südwesten die oberen Täler der Honku Kola und der Hinku Kola mit dem beide berherrschenden Mera Peak (6654 m) ein. Zusätzlich liegt im obersten Hinku-Kola-Tal der malerische Sabai-See. Alle diese Hochtäler sind über hohe Pässe zugänglich und relativ unberührt.

Der Schweizer Geologe Toni Hagen spricht in seinem umfangreichen Werk zur Geologie Nepals von dem »Granitklotz des Makalu« und charakterisiert damit das vorherrschende Gestein in diesem Gebiet.

Überdies gilt für die Gletscher das gleiche wie in der Everest-Gruppe: Sie erhalten ihre Nahrung im wesentlichen aus Lawinen und fließen daher verhältnismäßig langsam.

Da der Makalu-Naturraum überwiegend aus schwer zugänglichen Berggebieten besteht, ist er nur im Randbereich von Menschen besiedelt. Die Dörfer liegen im Osten im direkten Einzugsgebiet des Arun und im Süden an den Unterläufen von Honku und Hinku Kola. Die vorherrschende Volksgruppe sind die Rai, ein altnepalisches Volk, das traditionell eine uralte

Das Tal des Arun-Flusses bildet die Ostgrenze des Makalu-Nationalparks.

Der nur bis zur Laubwaldstufe aufsteigende Muntjak ist ein kleiner Hirsch mit kurzem Gabelgehörn.

Bambustechnologie pflegt. Am Oberlauf des Arun und am Weg hinauf in das Barun-Tal liegen einige Ortschaften mit tibetstämmiger Bevölkerung (Bhote). Durch den Einbruch moderner technischer Veränderungen, vor allem durch den beabsichtigten Bau eines großen Arun-Kraftwerkes, ist die überkommene Kultur der Rai und der Bhote aufs Höchste bedroht.

Pflanzen und Tiere

Der Reiz des Naturraums am Makalu besteht in seinen intakten, ursprünglichen Bergwäldern. Zwar werden diese Waldungen an den Rändern durch die auch hier rasant anwachsende Bevölkerung immer mehr durchlöchert und zurückgedrängt, aber in der Kernzone bleiben sie erhalten. Am eindrucksvollsten erlebt man den Wechsel in der Vegetation von subtropischen Verhältnissen in den tieferen Lagen bis zur Hochgebirgsflora auf dem Weg von Tumlingtar in das Barun-Tal. Zwischen Bhotebas und Num wandert man durch Laubwald, in dessen unterem Teil als Leitbäume Kastanien (S.78) stehen und der im oberen Bereich von Eichen dominiert wird. Weiter oben, von Navagaon und Tashigaon aufwärts, mischen sich zwischen die Eichen viele Ahornbäume und Ebereschen. Im Moos an den Baumstämmen und Zweigen stecken Orchideenbulben, darunter Arten wie *Pleione praecox* (S.104), *Dendrobium nobile* (S.116) oder *Coelogyne cristata* (S.71).
Ab etwa 3000 m beginnt der Weißtannen-Rhododendron-Wald (S.70/71), durchsetzt mit Ahorn und Birken. Im Unterwuchs wächst dichter Bergbambus, in den tieferen Lagen *Arundinaria falcata* und oben im Nadelwald *Arundinaria maling.* An der Baumgrenze dehnt sich eine ausgeprägte Krummholzzone aus bizarr verzweigten Rhododendren, die schließlich oberhalb 4000 m von einer Strauchzone mit Berberitzen, Rosen, Wacholder, Zergmispeln und Zwergrhododendren wie *Rhododendron setosum* (S.74) oder dem Gelben Zwergrhododendron (S.84) abgelöst wird. Das gleiche Bild bietet sich im oberen Barun-Tal, wo im Talboden zu den Strauchgehölzen noch Weiden wie *Salix sikkimensis* oder *S. daltoniana* kommen. Der Wald steht hier besonders dicht mit prächtigen Himalaya-Weißtannen (S.71) und Rhododendronbäumen.
Die Blumenflora am Boden ähnelt derjenigen des westlich anschließenden Khumbu oder der Solu-Region. Edelweiß, Primeln, Läusekräuter, Steinbrech und Mannsschild sind verbreitete Blumen in der alpinen Zone. Bermerkenswert ist die subalpine und alpine Nachmonsun-Blüte von Mitte September bis Mitte Oktober, die man sowohl am Barun-Paß als auch im oberen Barun-Tal beobachten kann. Wie im Khumbu und Solu gehört der Trompetenenzian (S.93) dazu, dann aber auch spät blühender Knöterich wie *Bistorta emodi* oder *B. millettii,* die blau blühende *Primula glomerata,* das Fingerkraut *Potentilla cuneata,* letzte kleine Steinbrechblüten und ein winziger blauer Enzian. Zwischen den Büschen auf dem Almboden von Neha blüht um diese Zeit noch der blaue Rittersporn *Delphinium drepanocentrum* oder der seltenere gelbe Rittersporn *Delphinium viscosum.*

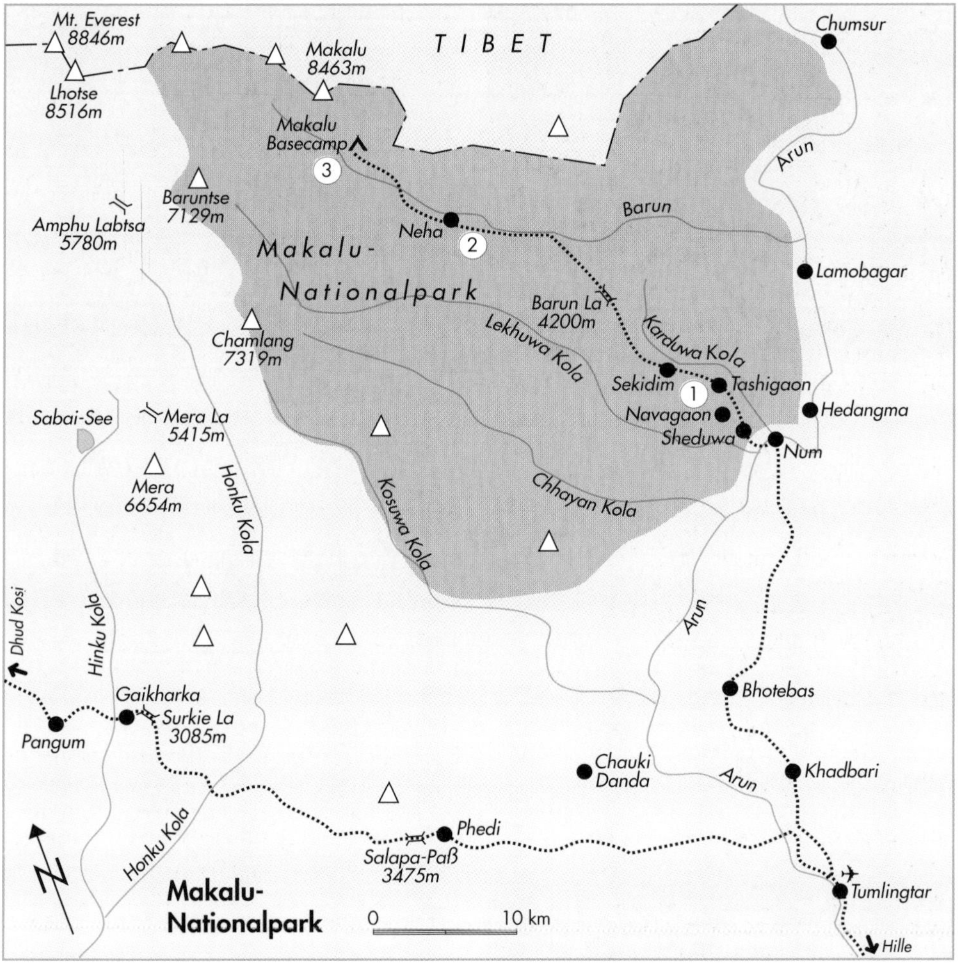

In den undurchdringlichen Bergwäldern am Barun und in den Tälern der Lekhuwa Kola, Chhayan Kola und oberen Honku Kola ist der Himalaya-Schwarzbär ein ebenso typischer Waldbewohner wie der Leopard, der Gelbkehlmarder, der zu den Schleichkatzen gehörende Himalaya-Larvenroller oder die Goldkatze. Gelegentlich kann man auch dem bunt gezeichneten »Urwaldharlekin«, dem Kleinen Panda (S.70), begegnen. Ein heimliches Leben mit dauerhaften Wechselpfaden sowie festen Ruhe- und Kotplätzen im Bergdschungel führt der stämmige, kurzhörnige Serau. An und über der Baumgrenze sind es dann wieder der Himalaya-Tahr (S.93), der Moschushirsch (S.121), das Himalayawiesel und die flinken Himalaya-Pfeifhasen (S.68), die die Hochalmen und Geröllhänge besiedeln.
Viele Singvogelarten, darunter der Grauscheitel-Laubsänger, die Gelbnacken-Juhina, die Schwarzkappentimalie (S.76), der rotschnäbelige Sonnenvogel oder der Meerblaue Fliegenschnäpper, erfüllen den Laubwald bis etwa 2800 m mit ihren Stim-

Der Baumrhododendron in Ostnepal fällt im Frühjahr durch seine leuchtend roten Blütenbüschel auf.

Die violetten Blüten des Rittersporns *Delphinium vestitum* findet man erst am Ende des Monsuns.

men. Haubenhäherlinge, Rotkopfhäherlinge oder die Bülbülamsel sind im dichten Gezweig mit ihren Rufen zu hören, und gelegentlich ertönt das Hämmern des Sikkimspechtes. Einen weiter gespannten Höhenbereich, von der Laubwald- durch die Nadelwaldstufe bis zur Baumgrenze, besetzen Arten wie die Himalayadrossel, der Rotkopf-Buschsänger, der Goldhähnchen-Laubsänger, die Schuppentimalie oder die Bergkohlmeise.

An Bach- und Flußläufen tummeln sich im tiefer gelegenen Bereich die Fluß-Wasseramsel oder der Wasserrötel, weiter oben der bekannte Weißkopfschmätzer und die Gebirgsstelze. Dschungel-Nachtschwalbe und Waldkauz gehen im abendlichen Waldesdämmern auf Beutefang. In den Hochlagen über der Waldgrenze kann der aufmerksame Naturwanderer die Meenataube, den Waldschneegimpel oder den Berggimpel beobachten.

Eine bemerkenswerte Vogelgruppe bilden in diesem naturbelassenen Gebiet die großen Hühnervögel mit dem scheuen

Die Baumorchidee *Pleione praecox* blüht erst im Herbst von Oktober bis November.

Der Rittersporn *Delphinium viscosum* blüht im Barun-Tal bis in den Oktober hinein.

Der dünnstengelige Bergbambus wird zu Matten und Körben verflochten.

Satyrtragopan in der tiefer gelegenen Laubwaldregion und mit Gelbschwanz-Glanzfasan (S.64), Blutfasan (S.93), Haldenhuhn und Tibet-Königshuhn (S.64) in den Hochlagen. Über Berge und Hochtäler segeln schließlich Flugkünstler wie Kolkraben, Alpenkrähen, Steinadler, Schneegeier und Bartgeier (S.57), zur Zugzeit auch Steppenadler.
Unter den Amphibien wird der Bergwanderer am ehesten der Schwarznarbenkröte und der großen Himalayakröte (S.92) begegnen, die allerdings eine Höhe von 2600–2800 m nicht überschreiten. Daneben kommen im offenen Buschgelände und in lichten Laubwaldbeständen Echsen wie die bleistiftdünnen Sikkim-Skinkellas, Buntagamen (S.41) und die Waldagamenart *Japalura variegata* vor. Auch Schlangen wie die harmlose Fischernatter, die schwach giftige Himalaya-Trugnatter oder die kleine, giftige Berg-Lanzenotter kann man bisweilen antreffen.

Die bunte Himalaya-Trugnatter ist schwach giftig und wenig angriffslustig.

Ein junger Steppenadler rastet während der herbstlichen Wanderung.

Im Gebiet unterwegs

Als Hauptroute steht dem Trekking-Touristen der Weg von Tumlingtar zum sogenannten Makalu Basecamp zur Verfügung. Man startet sehr weit unten an der kleinen Flugpiste bei **Tumlingtar** am Arun-Fluß (580 m), steigt dann über die Orte Khadbari (1150 m) und Bhotebas (1600 m) auf und folgt bis zum Dorf Num (2 1/2 Tage von Tumlingtar) einem mit Wald und Buschvegetation bestandenen Höhenrücken, der sich zwischen 1600 und 2150 m nach Norden zieht. Von Num geht es noch einmal hinunter zu einer Hängebrücke über den Arun (800 m) und danach weit hinauf über Sheduwa zu den Bhote-Dörfern Navagaon (2160 m) und **Tashigaon** (2210 m; 2 Tage) ①. Oberhalb dieser beiden Dörfer führt der Pfad nur noch aufwärts durch Wald bis zur Alm Kongma (3600 m), die zu **Sekidim** gehört. Kurz vor dem **Barun-Paß** (4200 m) geht man an einem heiligen Bergsee entlang und steigt dann von der Paßhöhe in das bewaldete Barun-Tal hinab. Dieses Tal besitzt in seinem oberen Teil um die Alm **Neha** ② (3 Tage von Tashigon) für die einheimische Bevölkerung magische Bedeutung, was durch 2 große Höhlen an einer Felswand hoch über der Alm versinnbildlicht wird. Die Wanderung endet schließlich nach 1 1/2 weiteren Tagen im **Makalu Basecamp** (4800 m) ③, am Rande einer Moräne direkt unter den Gletschern des hohen Berges. Der Rückweg erfolgt auf derselben Route wie der Aufstieg. Die einsamen Hochtäler der oberen **Hinku Kola** und **Honku Kola** sind unbesiedelt. Im unteren Bereich stehen unberührte Bergwälder, im oberen erstrecken sich Almwiesen und Geröllhänge bis zum Fuß des Mera-Berges. Man erreicht diese Täler auf Wanderpfaden vom Dhud-Kosi-Fluß her oder, etwas weiter entfernt, von Tumlingtar aus.

Praktische Tips

Anreise
Für das Barun-Tal mit dem Flugzeug bis Tumlingtar oder mit Bus/Auto über Dharan und Dhankuta bis Hille. Danach zu Fuß weiter. Für Hinku- und Honku-Tal mit dem Flugzeug bis Paphlu und ebenfalls zu Fuß, das Dhud-Kosi-Tal querend, ins Zielgebiet.

Klima/Reisezeit
Das Klima entspricht dem des Khumbu-Gebiets (s.S.100), wobei die Monsun-Niederschläge im Barun-Tal ebenfalls durch südlich vorgelagerte Bergrücken gemildert werden.
Beste Reisezeit wie im Khumbu April bis Anfang Juni und Oktober bis Dezember.

Unterkunft
In Tumlingtar und Khadbari einfache Lodges. Im eigentlichen Gebiet keine festen Unterkünfte, deshalb Übernachtung im Zelt erforderlich. Versorgung durch einheimisches Begleitpersonal (Sherpas, Träger, Koch) wird empfohlen. Im Sherpaland um Paphlu gute Lodges; auf dem Weg vom Dhud Kosi nach Osten wiederum Mitnahme von Zelten und Begleitung notwendig.

13 Am Kangchendzönga

Ausgedehnte Bergwälder am dritthöchsten Berg der Erde; Lärchen, Baumwacholder, osthimalayische Weißtannen; Blauschafe und Argalis im Kangchendzönga Basecamp und auf der Alm Ramche.

Dort wo Nordostnepal, das Fürstentum Sikkim und Tibet/China aneinanderstoßen, steht der Kangchendzönga, mit 8586 m dritthöchster Berg der Erde. Er wird umgeben von mächtigen, teilweise phantastisch geformten Eisriesen, die er jedoch alle überragt. Die Landschaft an seinem westlichen und südwestlichen Fuß wird durch 4 nach Süden strömende Flüsse geprägt: den vom tibetischen Grenzkamm kommenden Tamur sowie die 3 am Kangchendzönga selbst entspringenden Flußläufe Ghunsa Kola, Simbua Kola und Kabeli Kola. Die Täler sind tief eingeschnitten, mit steilen, bewaldeten Bergflanken über den Talböden. Im Westen wird das Gebiet durch den Lumbasumba Himal und den Gebirgszug des Milke Danda begrenzt; im Süden läuft es im Mittelbergland nördlich Taplejung aus. Wegen der relativ dünnen Besiedlung und der Ursprünglichkeit ihrer Natur ist die nepalische Kangchendzönga-Region besonders gut für die Ausweisung eines weiteren Nationalparks geeignet. Es ist anzunehmen, daß dies in naher Zukunft auch geschieht.
Die geologische Struktur des Gebiets besteht vorherrschend aus kristallinen Gesteinen wie Graniten und Gneisen. Sie enthalten viele Minerale, z.B. Turmaline, Granate, Hornblende und Quarz.
In den Dörfern am Fuß des Kangchendzönga dominieren die altnepalischen Voksgruppen der Rai und Limbu. Ihre schönen und stattlichen Häuser mit blumengeschmückten Umlaufbalkonen werden gerühmt. Als Ausdruck einer bäuerli-

Im oberen Ghunsa-Kola-Tal stehen ausgedehnte Wacholder- und Lärchenbestände.

Oft wird der Eichenwald für Viehfutter bis an die Hauptstämme geschnaitelt.

Der Steinbrech *Saxifraga lowndesii* begeistert durch seine leuchtend roten Blüten.

chen Votivkunst stellen sie Totengedenk-Steinplatten mit naiven Tierfiguren und religiösen Motiven an den Rastmauern entlang der Wege auf. Gemeinsam mit diesen beiden Völkern leben Gurung, Magars und in tieferen Lagen Chetris. In den höher gelegenen Tälern wohnen Sherpas. Das gesamte Gebiet wurde wohl, zumindest im oberen Bereich der Täler, erst in historisch verhältnismäßig neuer Zeit besiedelt und somit dürfte die heutige Siedlungsstruktur nicht älter als 150–200 Jahre sein.

Pflanzen und Tiere

Wie viele Gegenden Ostnepals ist die Region am Kangchendzönga ein Waldland. Wenn man von Taplejung die Täler des Tamur, Ghunsa Kola, Simbua Kola oder Kabeli Kola nach Norden aufwärts wandert, kommt man zunächst zwischen 2300 und 2800 m durch schönen Eichen-Rhododenron-Wald. Im Unterwuchs dehnen sich dichte Bergbambus-Dschungel (S.105) mit den Arten *Arundinaria falcata* und *A. maling.* Dazwischen stehen hohe Magnolienbäume (S.129), stachelblättrige, gelb blühende Mahonienbüsche (S.90) und der Seidelbaststrauch *Daphne bolua,* aus dessen Rinde man das sogenannte »Nepal-Papier« schöpft. In tieferen Lagen fallen ausgedehnte Kardamom-Plantagen (S.118) auf, die vor allem unter großen Schattenbäumen der Nepal-Erle angelegt sind. Dieser Baum wird auch gerne gepflanzt, um Bodenerosion zu verhindern.
Eine Fülle von Orchideen weist auf hohe Feuchtigkeit und Niederschläge vor allem im Vor- und Hauptmonsun hin. An Stämmen, Ästen und auf Felsen sitzen die Bulben von *Bulbophyllum affine, Cymbidium hookerianum* oder *Coelogyne ochracea* (S.121), am Boden blüht beispielsweise *Calanthe brevicornu.*
Zwischen 2800 und 3000 m beginnt wieder die Nadelwaldstufe mit der Hemlocktanne (S.71). Im eigentlichen Nadelwald dominieren Weißtannen, hauptsächlich *Abies spectabilis,* seltener die osthimalayische Art *Abies densa.* Den Unterwuchs bildet dichter Bergbambus. Oberhalb

Die häufigen Himalaya-Languren bilden die Vorlage für den Affengott Hanuman.

Zu den epiphytischen, im Herbst blühenden Orchideen gehört *Cymbidium erythraeum*.

3300 m gelangt man dann in für diese Gegend typische Waldbestände aus Lärchen der Art *Larix griffithiana,* Himalaya-Weißtannen (S.71), Baumrhododendren, Birken und Baumwacholdern. Besonders schön ausgeprägt findet sich dieser Waldtyp im Tal, das von Ghunsa zum Kangchendzönga Basecamp hinaufzieht.
Die Baumgrenze zwischen 3900 und 4000 m wird aus Rhododendren, Birken der Art *Betula utilis* (S.49), Baumwacholdern und einzelnen Lärchen gebildet. In der Buschvegetation, die auf freien Flächen bereits ab 3700 m beginnt, stehen Wacholder, Berberitzen, Rosen und Zwergrhododendren. Im Frühjahr beeindruckt am Boden die Fülle von Primelarten. An feuchten Stellen blühen die Sikkimprimel und die Zwergprimel (S.92). Die Arten Kugelprimel (S.51), *Primula pulchra* und *P. atrodentata* steigen in den Tälern bis 4500 und 4900 m hinauf. Die Bergblumenflora der Hochregionen entspricht mit Astern, Edelweiß, Anemonen, Steinbrech und Mannsschild derjenigen am Makalu und Mt. Everest. Im Herbst blühen auch hier die späten Enziane, von denen *Gentiana urnula* bis in Höhen um 6000 m klettert.
Auf dem Weg nach Walungchung, Ghunsa oder Ramche wird man immer wieder einmal auf Sippen von Himalaya-Languren treffen. Anderen großen Säugetieren wie dem Goral, dem Himalaya-Schwarzbären, dem Muntjakhirsch (S.102) oder gar dem heimlichen Serau begegnet man nur ausnahmsweise. In der Hochregion des hintersten Ghunsa-Kola-Tals oder in der Gegend der Ramche-Alm gibt es jedoch kopfstarke Herden von Blauschafen (S.53) und Argalis, die sich auch gut beobachten lassen. Der Schneeleopard ist dann ebenfalls nicht mehr weit. Leider werden immer noch devisenbringende Jagdtouristen in die abgelegenen Hochtäler geführt.
Sollte man sich zur Ausweisung eines Nationalparks entschließen, wird diese Form des Tourismus die Kangchendzönga-Region dann nicht mehr heimsuchen können.
Die vielen kleinen Säugetiere wird man, mit Ausnahme der an und über der Baumgrenze wohnenden Himalaya-Pfeifhasen (S.68), noch seltener zu Gesicht bekom-

Aus der Rinde des Seidelbaststrauchs *Daphne bholua* wird das begehrte Nepalpapier geschöpft.

men. Unter den versteckt lebenden, vorwiegend nachts aktiven Arten sind die Sikkim-Kurzohrmaus, die Bergwaldratte und die Berg-Spitzmäuse der Gattung *Soriculus* erwähnenswert.
Im besiedelten Mittelbergland balzen im Frühjahr kohlschwarze Drongos wie der Graudrongo oder der Bronzedrongo. In den Laubwäldern sind Gelbschnabelkittas, Rotbauch-Niltavas, Streifenkopf-Laubsänger, Kehlstreifen-Juhinas, Langschwanz-Mennigvögel, Weißohrbülbüls (S.90) oder Weißkehlhäherlinge unterwegs. In der Nadelwald-Übergangszone und im eigentlichen Nadelwald kann man die Rötelmerle, den Grünlaubsänger oder die Nepalsibia antreffen, an Bachläufen die Purpur-Pfeifdrossel. Bis zur Baumgrenze steigen noch der Blauschwanz, die Weißbrauenalzippe, der Schwarzscheitelhäherling oder der Rosabrauengimpel empor.
Am Boden zwischen den Büschen in der Strauchzone hüpfen Rotbrustbraunellen, der Alpenrotschwanz und der Dünnschnabelgimpel umher. An den Hängen in den obersten Tälern verstecken sich Haldenhühner und Tibet-Königshühner (S.64) vor ihren Feinden, den Greifvögeln. Vor den hohen Schneegipfeln lassen sich der Schneegeier, der Bartgeier (S.57) und der Turmfalke am ehesten sehen.
Amphibien und Reptilien sind auf die tieferen Lagen bis etwa 2500 m beschränkt. Besonders auffällig sind die große, der Himalaya-Kröte ähnliche Krötenart *Bufo microtympanum* und der mehr als handtellergroße Riesen-Hügelfrosch. Die Felsenagame (S.70) besiedelt auch hier die Steinmauern am Wegesrand. Sikkim-Skinkellas huschen am Boden bei Gefahr in ihre Verstecke. Die kleine Berg-Lanzenotter scheint als einzige Giftschlange im Gebiet vorzukommen.

In den Eichenwäldern am Fuß des Kangchendzönga findet man den eigenartigen Mondhornkäfer.

Im Gebiet unterwegs

Es gibt auf der nepalischen Seite des Kangchendzönga 2 attraktive Wanderrouten. Beide beginnen in **Taplejung** beziehungsweise am dazugehörigen Flugplatz Sukjethar. Das Ziel dieser Wanderungen sind jeweils Hochalmgebiete am Ende eines langgestreckten Tals: Pang Pema im Ghunsa-Kola-Tal und Ramche im Simbua-Kola-Tal. Der Weg zum Kangchendzönga Basecamp führt über die Orte Phurumba, Chiruwa und Kyapra zunächst zum Sherpadorf **Ghunsa** ① (5 1/2 Tage) und dann über die Almen von Kambachen und Lho-

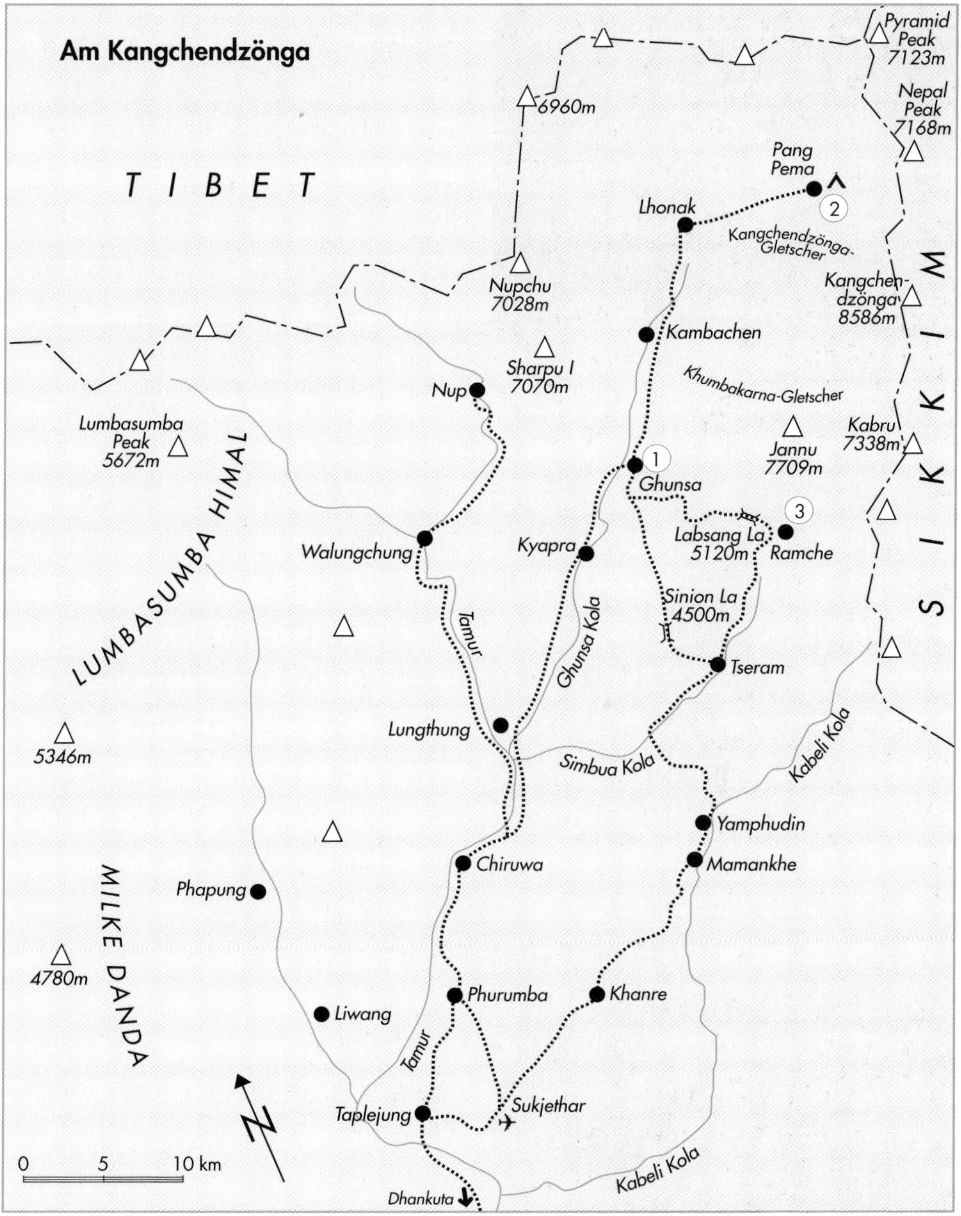

nak nach **Pang Pema** ② (2 1/2 Tage von Ghunsa). Die Ausblicke in die Eiswände des Jannu, Kangchendzönga und Nepal Peak sind atemberaubend. In der Umgebung des Basecamp kann man große Herden von Blauschafen beobachten. Der Rückweg nach Ghunsa erfolgt auf der Route des Aufstiegs.

Den klettertüchtigen Goral könnte man als »Gemse des Himalayas« bezeichnen.

Im Frühjahr bildet die Sikkimprimel gelbe Flecken auf den Almwiesen.

Eine häufige Bergblume des beginnenden Monsuns ist *Anemone obtusifolia*.

Die Alm **Ramche** ③ erreicht man von Taplejung aus in 5 1/2 Tagen über die Siedlungen Khanre, Mamankhe, Yamphudin und Tseram. Auch hier sind Tierexkursionen auf Blauschafe und Argalis möglich, und die Szenerie der Eisriesen ist gewaltig. Beide Routen lassen sich durch einen Übergang über den hohen und bergsteigerisch schwierigen Labsang-Paß (5120 m) oder den niedrigeren, ungefährlicheren Paß Sinion La (etwa 4500 m) verbinden. Wenn man eine Sondergenehmigung erhält, kann man außerdem das obere **Tamur-Tal** mit den Sherpadörfern Walungchung und Nup besuchen. Der Anmarsch erfolgt hier gleichfalls von Taplejung aus.

Praktische Tips

Anreise
Mit dem Flugzeug von Kathmandu (Flugzeit 1 Std.) oder Biratnagar (Flugzeit 25 Min.) aus nach Sukjethar bei Taplejung. Im Gebiet Fortbewegung nur zu Fuß.

Klima/Reisezeit
Typisches Monsunklima Ostnepals mit hohen Niederschlägen im Sommer. Im Frühjahr und Herbst heftige, niederschlagsreiche Gewitter. Winter kalt und in Lagen über 3500 m schneereich.
Beste Reisezeit April/Mai und Ende September bis Anfang November.

Unterkunft
Einfache Lodges nur in Taplejung, Chiruwa, Kyapra, Ghunsa und Yamphudin. In anderen Orten bisweilen primitive Hütten-Unterkünfte. In den Hochalm-Gebieten sind Zelte notwendig. Einheimisches Begleitpersonal und die Mitnahme der Nahrungsmittel wird empfohlen.

Besonderheit
In Ghunsa gibt es ein Postamt mit Briefkasten. Öffnungszeiten sind unbekannt.

Haustiere

Die Viehzucht steht für den Bergbauern im Himalaya gleichwertig neben dem Ackerbau. Kühe sind für die Hindus heilig, dürfen nicht getötet werden und dienen deshalb lediglich als Milchlieferanten, Produzenten von Dung für Brenn- und Düngezwecke sowie als Zugtiere beim Ackern. Im Terai und im mittleren Bergland werden Wasserbüffel gehalten, die eine fette Milch geben, den Pflug ziehen und geschlachtet werden dürfen, da sie nicht als »echte Rinder« gelten. Im Bergland werden außerdem Schafe und Ziegen gezüchtet, die vor allem Wolle und Fleisch liefern. Zur Zeit des herbstlichen Dasain-Festes werden große Schaf- und Ziegenherden aus den nördlichen Tälern nach Süden getrieben und als Festtagsbraten verkauft. Die Wolle wird zum Weben von Kleidungsstücken und zum Knüpfen von Teppichen verwendet.
Bei der tibetstämmigen Bevölkerung in den Hochlagen des Gebirges und den Trockentälern des inneren Himalaya übernimmt der Yak die Rolle des wichtigsten Haustiers. Dieses außerordentlich genügsame, wetterfeste, langhaarige Rind ist eine Art »Vielzweckgerät«: Es dient zum Reiten und Lastentragen, zieht den Pflug, gibt eine fette Milch, liefert Fleisch und Wolle zum Weben von Decken, Sackstoffen oder Zeltplanen, ja selbst Knochen und Horn werden noch genutzt. Yaks werden gern mit Bergrindern gekreuzt. Die Kreuzungen heißen in nepalischer Sprache »Tschauri«; die Sherpas nennen das weibliche Kreuzungsprodukt »Dzum« und das männliche »Dzopkio«. Die Yak-Rind-Mischungen sind genauso stark wie die reinen Yaks, geben aber mehr Milch und können sowohl die harten Wetterbedingungen in der Höhe als auch mildes Klima in tieferen Tälern ertragen.
Obwohl man auf dem Yak auch reiten kann, ist das Pferd doch das eigentliche Reittier Zentralasiens. Pferde und Maultiere werden überdies als Transporttiere für Handelskarawanen in den nördlichen Landesteilen verwendet.
Katzen sieht man selten, aber Hunde gibt es überall im Himalaya. Sie existieren als herrenlose Pariahunde in den Städten und Dörfern, als großgewachsene Wachhunde bei den Hirten und als geliebte, verhätschelte Kleinhunde im Haus.
Hühner werden vom Terai bis über 3000 m hinauf gehalten. Sie sind groß, weiß oder braunrot und mager. Vor vielen Bauernhäusern sind ausgehöhlte Baumstämme angebracht, in deren Längsseiten schmale Schlitze geschnitten wurden. Es sind dies einfache Bienenstöcke, in denen die oftmals aus Wildvölkern stammenden Bienen ihre Waben bauen.

Die Yaks sind wichtige Transporttiere für Handelsfahrten über die hohen Pässe.

14 Sikkim: Kangchendzönga-Nationalpark

Alle Lebenszonen des östlichen Himalaya, von den Subtropen bis zur Eisregion, auf engstem Raum übereinander gestuft; mehrere hundert Orchideenarten, mehr als 30 Rhododendronarten; Leopard, Kleiner Panda, Serau; direkt unter den Gletschern Lebensraum des Schapi, einer endemischen Unterart des Himalaya-Tahr; große Vielfalt an Bergwaldvögeln.

Das kleine Fürstentum Sikkim, eingezwängt zwischen den größeren Nachbarn Bhutan und Nepal, wird durch die Flußtäler der Tista und des Rongit geprägt. Die **Tista** entspringt weit im Norden an der tibetischen Grenze im Tsolhamu-See, der **Rongit** direkt am südlichen Kangchendzönga-Massiv. Dieses Massiv mit dem dritthöchsten Berggipfel der Erde (Kangchendzönga 8586 m) und den vielen formschönen Eishäuptern seiner hohen Sechs- und Siebentausender beherrscht den gleichnamigen Nationalpark. Der 6887 m hohe Siniolchu wird bei vielen Kennern sogar als schönster Berg der Erde gerühmt. Auf engstem Raum findet man alle Lebensräume von den Subtropen bis zur arktischen Schnee- und Eisregion zusammengedrängt. Kaum ein anderes Land der Erde ist derart steil und zerfurcht, mit bewaldeten Schluchten, senkrechten Felsabstürzen und zahllosen Wasserfällen. In der hochalpinen Region unterhalb der Gletscherzungen liegen malerische Bergseen.

Der Kangchendzönga-Nationalpark ist 850 km^2 groß und wurde im Jahre 1977 eröffnet. Er wird im Westen durch den nepalischen Grenzkamm mit den Eisrie-

Baumfarne sind charakteristisch für die unteren Etagen des Bergwaldes in Sikkim.

sen des Kabru (7338 m), des Kangchendzönga und des Nepal Peak (7168 m) begrenzt, im Norden durch den Zemu-Gletscher, im Osten durch die Bergrücken, die den Ringi-, den Talung- und den Tista-Fluß auf der Westseite begleiten, im Süden durch die undurchdringlichen Waldschluchten vom Tista-Tal bis zur Grenze mit Nepal. Trekking ist im Nationalpark erlaubt, und die Wanderung führt auf kurzer Entfernung durch alle Vegetationsstufen des östlichen Himalaya.

Wie bei den meisten großen Bergmassiven im Himalaya besteht der geologische Grundaufbau auch im Kangchendzönga-Gebiet aus kristallinen Gesteinen, in erster Linie Graniten und Gneisen. Die Gletscher werden vorwiegend von Lawinenschnee gespeist.

Das sikkimesische Kangchendzönga-Gebiet ist nur an den östlichen und südlichen Rändern besiedelt. Die Ureinwohner des Landes sind die tibeto-burmesisch geprägten Lepchas. Sie waren ursprünglich Jäger und Sammler, die ein wenig Wanderhackbau betrieben; heute sind sie seßhaft geworden. Die einflußreichste und herrschende Volksgruppe wird von vormals aus Tibet stammenden sogenannten »Bhotias« gestellt, zu denen sich nepalische Neueinwanderer gesellen, die heute fast 80% der Bevölkerung ausmachen. Bhotias und Lepchas sind Buddhisten, die Nepalis sind überwiegend Hindus. Schamanen spielen als Dämonenbanner und »Geistheiler« eine wichtige Rolle im täglichen religiösen Leben. Der Kangchendzönga wird als beschützende Gottheit verehrt; seine 5 Gipfel symbolisieren einen Tiger, einen Löwen, einen Elefanten, ein Pferd und den Göttervogel Garuda.

Pflanzen und Tiere

Dr. Joseph Dalton Hooker, ein englischer Botaniker, hat Mitte des 19. Jh. im Auftrag von Kew Gardens (London) die erste Bestandsaufnahme der Flora Sikkims angefertigt und mehr als 2900 Pflanzenarten

Gewaltig erhebt sich über dem kleinen Fürstentum Sikkim das 8586 m hohe Kangchendzönga-Massiv.

Eine besonders schöne Blüte unter den vielen Orchideenarten Sikkims besitzt *Dendrobium nobile.*

beschrieben. Zur Zeit Hookers war Sikkim bis in die Talgründe hinein noch gut bewaldet. Inzwischen sind die Wälder in den tieferen Lagen, die man auf der Anreise zum Kangchendzönga-Nationalpark durchquert, infolge Siedlungsdruck und Urbarmachung stark degradiert worden. Nur noch Reste einer ursprünglichen Bewaldung sind vorhanden. Dem botanisch interessierten Reisenden fallen hier palmenartige Pandanus-Bäume, zwischen 1800 und 2000 m Baumfarne wie *Alsophila gigantea* oder *Cyathea spinulosa* und ausgedehnte Kardamom-Plantagen auf. Das Gewürz Kardamom stellt eines der wichtigsten landwirtschaftlichen Ausfuhrprodukte Sikkims dar.
Im eigentlichen Nationalparkgebiet sind die steilen Gebirgsflanken von dichtem Bergurwald wie mit einem Fell überzogen. In der Laubwaldstufe stehen als charakteristische Bäume im unteren Bereich Kastanien, im oberen Eichen *(Quercus lamellosa* oder *Qu. semecarpifolia),* Rhododendren und Magnolien (S.129), die im Frühjahr mit ihren großen, weiß und orange gefärbten Blüten jeden Blumenfreund bezaubern. Einen ungeheuren botanischen Reichtum stellt für Sikkim die Familie der Orchideen dar, deren Bulben beinahe jeden Ast und Stamm in dicht gedrängten Büscheln überziehen. Mehrere hundert Arten wurden bisher beschrieben, darunter so schöne und auffällige wie *Dendrobium nobile, D. densiflorum* (S.85), *D. jamesonii, Coelogyne ochracea, Pleione hookeriana, P. humilis, Cymbidium longifolium* oder *Bulbophyllum affine.* Zu den im Gebiet vorkommenden Bodenorchideen gehören Vertreter der Gattungen *Calanthe, Cypripedium* (S.84), *Epipactis, Habenaria, Neottianthe* oder *Ponerorchis.*
ACHTUNG: Es ist verboten, Orchideenbulben zu sammeln und auszuführen!
Den Unterwuchs in der Laubwaldzone wie auch weiter oben im Nadelwald bilden dichte Bergbambus-Dschungel der Gattung *Arundinaria.* Außerdem findet man auf Waldlichtungen und entlang der Wege im Frühjahr und bei Monsunbeginn eigenartige Aronstabgewächse wie *Arisaema propinquum, A. griffithii, A. intermedium* oder die während der Blüte mit einem gelben Hochblatt leuchtende *Remusatia vivipara.*
Nach einer Übergangszone zwischen 2700 und 3000 m, in der mächtige Hemlocktannen (S.71) als kennzeichnende Baumtypen auffallen, betritt man die Nadelwaldstufe. Hier dominiert die osthimalayanische Weißtannenart *Abies densa* über die westliche *A. spectabilis.* Die Tannenbestände sind vermischt mit Rhododendren, Ahorn und im oberen Bereich Birken. In Sikkim gibt es mehr als 30 Rhododendronarten. Am häufigsten sieht man die roten, rosa oder hellvioletten Blüten des hochstämmigen *Rhododendron arboreum* (S.104, S.123), daneben aber auch die dunkelroten von *R. fulgens* oder *R. barbatum* (S.15) sowie gelbe von *R. capylocarpum* und *R. wrightii.* Die riesigen Blätter des ebenfalls weißlich-gelb blühenden *Rhododendron grande* werden von den Hirten der Hochalmen zum Einwickeln von Yakbutter benutzt.
An der Baumgrenze durchquert man einen bizarren Krummholzgürtel aus Rhododendren (S.89), durchsetzt mit letzten Weißtannen, Birken und einzelnen Wacholdern. Anschließend erstreckt sich eine

Strauchzone, die mit zunehmender Meereshöhe immer niedrigerwüchsig wird. Neben Berberitzen, Wacholderbüschen, Zwergmispeln und dem stachligen Gesträuch der gelb blühenden *Rosa sericea* (S.55) begegnet man immer wieder ausgedehnten Beständen der 3 von Nepal her bekannten zwergwüchsigen Rhododendronarten *R. setosum* (S.74), *R. anthopogon* (S.84) und weit oben *R. nivale.*

In der alpinen Region entfalten im Spätfrühjahr und zur Monsunzeit am Boden viele Bergblumen ihre Blütenköpfe wie die Sikkimprimeln (S.112) oder *Primula calderana* und *P. caveana,* die Fingerkräuter *Potentilla fruticosa, P. peduncularis* und das orange bis rot blühende *P. atrosanguinea,* das Edelweiß *Leontopodium jacotianum,* die Läusekräuter *Pedicularis scullyana* (S.97) oder *P. roylei,* das Knöterichgewächs *Bistorta vivipara* und die blauen Scheinmohnarten *Meconopsis grandis* oder *M. horridula.* In der Nachmonsunzeit der Monate September und Oktober trifft man in der Waldzone noch *Aster sikkimensis* und im alpinen Gelände die Himalaya-Aster sowie die kurzstengeligen Enzianarten *Gentiana depressa* (S.52) und *G. ornata* (S.93) an.

Von den versteckt und heimlich lebenden Säugetieren des Kangchendzönga-Nationalparks lassen sich lediglich Rhesusaffen (S.41) in den unteren und Himalaya-Languren (S.109) in den höheren Lagen öfter sehen. Dennoch sind der Leopard, der Nebelparder, die Goldkatze, der Muntjakhirsch (S.102), der Himalaya-Schwarzbär und der Kleine Panda (S.70) in überlebensfähigen Populationen vorhanden. Ein Bewohner der tiefen Wälder ist überdies der dunkel gefärbte stämmige Serau. In den Schluchten der oberen Bergwälder und an der Baumgrenze finden der gewandt kletternde Goral (S.112) und der vorsichtige Moschushirsch den ihnen zusagenden Lebensraum.

Über der Baumgrenze schnürt der Wolf an kahlen Bergrücken entlang; Blauschaf (S.53) und Argali äsen am Steilhang; der Schneeleopard lauert in felsiger Einöde auf Beute. Himalaya-Pfeifhasen (s.S.68) bevölkern die mit Zwergsträuchern bestandenen Steinhalden. Eine Besonderheit unter den Großsäugern Sikkims aber ist der hier endemische Schapi. Diese wie ein uriger Berggeist erscheinende Unterart des Himalaya-Tahrs (S.93) besitzt ihre Einstände

Der Gefleckte Hügel-Ruderfrosch kann mit den Haftscheiben an seinen Zehen ausgezeichnet klettern.

Er legt seine Eier immer in Schaumnestern am Rande flacher Tümpel ab.

Der prächtige, fast handtellergroße Schmetterling *Atrophaneura polyeuctes* ist ein Schwalbenschwanzverwandter.

Das Fingerkraut *Potentilla atrosanguinea* blüht auf den Almwiesen Sikkims von Juni bis August.

hoch oben direkt unter den Gletschern der höchsten Gipfel und wurde erst 1936 durch den deutschen Zoologen und Tibetforscher Ernst Schäfer entdeckt.
So vielfältig wie die auf geringe Entfernung stark zonierte Vegetation oder die in mannigfache Nischen eingepaßte Säugetierfauna ist auch die Vogelwelt im Nationalpark. In den Wäldern leben das Hügelhuhn, der Satyrtragopan und die

Der blaue Scheinmohn *Meconopsis horridula* wird als Symbolpflanze des Himalayas bezeichnet.

Kardamom gehört zu den Ingwergewächsen und ist die wichtigste Gewürzpflanze Sikkims.

Rotschnabelkitta. An Stämmen und Zweigen klettern der Sikkimspecht, der Weißschwanzkleiber und der Rotbauch-Baumläufer. Kleinere Singvögel wie Gelbnacken-Juhina, Zimtkehlschnäpper, Langschwanz-Mennigvogel, Rotkopftimalie, Feuerbrust-Blütenpicker, Grauscheitel-Laubsänger oder die Rostkappen-Schwanzmeise tummeln sich im Geäst. Im oberen Bereich der Nadelwaldzone sind es der Goldbauch-Fächerschwanz, der Rotkopf-Buschsänger, der Waldpieper, die Rotbrustmeise oder der bunt leuchtende Feuerschwanz-Nektarvogel, die den Wald beleben. An etwas größeren Vögeln kann man Häherlinge wie den Streifenhäherling, den Schwarzscheitelhäherling und den Rotkopfhäherling, dazu Weißhalsamseln oder Himalayadrosseln beobachten. An den Bachufern huschen Weißkopfschmätzer, Fluß-Wasseramseln und der schwarzweiß gepunktete Flecken-Scherenschwanz von Stein zu Stein.
Von der Baumgrenze bis auf die hochgelegenen Almweiden erstreckt sich schließlich der Lebensraum der Hochgebirgsvögel, zu denen der Gelbschwanz-Glanzfasan (S.64) und der Blutfasan (S.93), aber auch die Schneetaube, der Waldschneegimpel, die Rotbrustbraunelle, die Grandala (S.122) und der Berggimpel gehören.
Während unter den großen Greifen der Malaienadler, der Schwarzmilan oder die Schlangenweihe eher im offenen, besiedelten Gelände der tieferen Tallagen anzutreffen sind, segeln Steinadler, Bartgeier (S.57) und Schneegeier noch über die baumlosen Himalaya-Hochlagen bis an die Grenze des ewigen Schnees. Sie teilen sich hier den Luftraum mit Alpenkrähen, Alpendohlen, Dickschnabelkrähen und Kolkraben.
Die Lebensräume der Amphibien und Reptilien reichen höchstens bis in die mittlere Laubwaldstufe gegen 2500 m hinauf. In der Umgebung von Yoksam, wo mehrere Flachgewässer geeignete Laichplätze

Die hellere Tista und der dunkle Rongit durchfließen die beiden Haupttäler Sikkims.

Auf den Almwiesen wächst der Knöterich *Bistorta affinis* als großflächige Lägerflurpflanze.

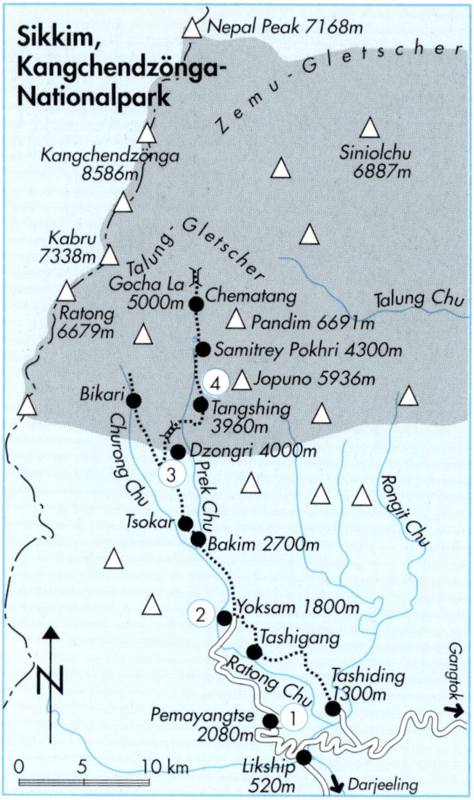

anbieten, kann man im Frühjahr Schwarznarbenkröten, Himalayakröten (S.92), Braunfleckenfrösche und die ihre Eier in Schaumnestern ablegenden Gefleckten Hügel-Ruderfrösche beim Laichgeschäft beobachten. An Echsen kommen die zierlichen Sikkim-Skinkellas und die Waldagame *Japalura variegata* vor; die Männchen der letzteren Art sind im Hochzeitskleid prächtig goldgrün gefärbt. Auch Schlangen kann man gelegentlich begegnen, so der Hodgsonnatter (S.80), der Fischernatter, der Himalaya-Trugnatter (S.105) oder der an eine Kreuzotter erinnernden Berg-Lanzenotter.

Von den zahlreichen und mit vielen Arten vertretenen Schmetterlingen seien hier nur die Schwalbenschwanzverwandten der Gattungen *Papilio* und *Altrophaneura*, die zur Familie der Nymphalidae gehörenden Scheckenfalter, der auffällige Monarchfalter *Danaus genutia* oder das Fliegende Blatt erwähnt. Groß ist der Lärm, den im subtropischen Wald die Zikaden veranstalten. Besonders auffallende Gestalten unter den Käfern sind verschiedene Mondhorn- (S.110) und Hirschkäferarten. Im feuchten Spätfrühling und Frühsommer erscheinen große, bunt gefärbte Laubheuschrecken. Während der Monsunzeit wimmelt es in den regennassen Wäldern von Landblutegeln (S.83).

Im Gebiet unterwegs

Da in Sikkim die Naturräume so eng zusammengedrängt sind, erlebt man bereits bei der Anfahrt zum Kangchendzönga-Nationalpark, beispielsweise zwischen Likship am Rongit-Fluß (520 m) und **Pemayangtse** (2080 m) ①, die unterschiedlichsten, subtropischen Vegetationsbereiche. Von **Yoksam** (etwa 1800 m) ② an beginnt das Trekking. Zwar betritt man erst oberhalb der Tibetersiedlung Tsokar, zwischen Bakim (2700 m) und **Dzongri** (4000 m) ③, den eigentlichen Nationalpark, aber die Waldhänge südlich davon bilden bereits eine vegetations- und zoogeographische Einheit mit der Schutzregion. Das weitläufige Almgebiet um Dzongri (2 Tage von Yoksam) gestattet einen prächtigen Blick auf das Hauptmassiv des Kangchendzönga. Zwei Täler kann man hier erwandern. Einmal geht es in nordwestlicher Richtung zum Almboden von **Bikari** (1 1/2 Tage) im oberen Churong-Chu-Tal, über dessen Ende der 6679 m hohe Ratong aufragt. Auf der anderen Tour direkt nach Norden quert man über einen 4100 m hohen Bergrücken in das obere Prek-Chu-Tal zum Almgelände von **Tangshing** (3960 m) ④, das die weiß leuchtenden Gletschergipfel Jopuno (5936 m) und Pandim (6691 m) überragen. Weiter nordwärts kann man den malerischen Moränensee **Samitrey Pokhri** (4300 m), die Chematang-Alm und den Paß Gocha La (etwa 5000 m) über dem Talung-Gletscher erreichen. Von Dzongri zum Gocha La braucht man 2 1/2 Tage. Der Rückweg erfolgt auf der Route des Anstiegs. Es ist zu empfehlen, dann in einer Tagesetappe von Yoksam durch subtropische Waldschluchten über Tashigang zum bekannten **Kloster Tashiding** (1300 m) zu wandern, wo man wieder auf eine für die Rückfahrt geeignete Straße trifft.

Der Bock des Moschushirsches besitzt anstelle eines Geweihs lang hervorstehende Eckzähne.

Praktische Tips

Anreise

Mit Bus oder PKW auf der Straße von Darjeeling oder Gangtok in das Rongit-Tal nach Likship. Weiter auf kurvenreicher Bergstraße nach Pemayangtse und Yoksam. Im Nationalpark Fortbewegung zu Fuß. Gepäcktransport mit Yaks möglich. Special Permit für Reisen und Trekking in Sikkim erforderlich.

Klima/Reisezeit

Das Kangchendzönga-Massiv ist besonders stark dem Monsun ausgesetzt. Wetter im April/Mai: morgens klar, über Mittag Bewölkung, nachmittags heiß und schwül, abends und nachts heftige Gewitter. Monsun-Niederschläge sehr hoch (etwa 5000 mm). Winter kalt, mit ergiebigen Schneefällen bis etwa 3000 m hinab. Beste Reisezeit Ende März bis Mitte Mai (Rhododendronblüte, Orchideenblüte) und Ende September bis Mitte November.

Unterkunft

In Likship, Pemayangtse, Yoksam und Tashiding gute kleine Hotels und Rasthäuser. In Bakim Gästehaus des Forest Department. In Dzongri, Bikari und Tangshing einfache Berghütten, die aber nicht immer in Betrieb sind. Für Gruppenreisen ist die Mitnahme von Zelten und die Begleitung durch einheimisches Trekkingpersonal anzuraten.

Adressen/Informationen

- Assistant Wildlife Officer (KNP), Forest Department, Deorali, Sikkim.
- Orchid Sanctuary, Gangtok, Sikkim.
- Natural History Museum, Himalayan Mountaineering Institute und Zoological Garden, Jawahar Parbat, Darjeeling.

Special Permit für Sikkim und Trekking-Permit für Nationalpark erhältlich bei:

- Resident Commissioner, Government of Sikkim, Sikkim House, New Delhi, oder:
- Ministry of Home Affairs, Foreigners Wing, Lok Nayak Bhawan, Khan Market, New Delhi 110003, außerdem bei:
- Deputy Commissioner, Darjeeling.

Im Frühjahr blüht in den Laubwäldern Sikkims die Baumorchidee *Coelogyne ochracea*.

15 Bhutan: Chomolhari-Lunana-Gebiet

Einsames, dünn besiedeltes Bergland mit dichten, unberührten Bergwäldern und großartigen Hochtälern; eindrucksvolle Rhododendronblüte im Frühjahr; Wildtiere wenig scheu; Bären, Kleiner Panda, Blauschafe, Schneeleoparden und als Besonderheit der seltene Takin.

Die Flüsse Bhutans fließen fast durchwegs vom vergletscherten Hochgebirge im Norden direkt nach Süden. Dadurch wird das Land in nordsüdlich verlaufende Bergketten zerschnitten, die wie Barrieren die einzelnen, recht eigenständigen Talschaften voneinander trennen. Die wichtigsten Flußläufe sind im Chomolhari-Lunana-Gebiet von Westen nach Osten der Paro Chu, der Timphu Chu, der Mo Chu und der Po Chu. Die beiden letzteren vereinen sich bei dem bedeutenden Punakha Dzong zum weiter nach Süden eilenden Puna Tsang Chu.

Über den Vorbergrücken mit einer Kammhöhe zwischen 4000 und 5000 m bauen sich an der Grenze zu Tibet die eisgepanzerten Gipfel des Hochhimalaya auf. Die bedeutendsten Namen sind hier der Chomolhari (7314 m), der Mansang Gang (7194 m), der Kula Kangri (7554 m) und der Gankar Pünsu (7497 m). In den obersten Winkeln der Hochtäler liegen zahlreiche Gletscherseen, die bisweilen ganze Seenketten bilden. Gelegentlich bricht ein solcher Gletschersee aus und richtet im darunter liegenden Flußtal große Verwüstungen an. Dies geschieht beispielsweise, wenn die Gletscher vorrücken, ihre Eismassen dabei teilweise abbrechen und in den See stürzen. Aber auch Erdbeben, die im Himalaya immer wieder auftreten, können derartige Eisstürze auslösen.
Das Gestein des bhutanesischen Gebirges besteht vor allem aus Graniten und Gneisen. Es werden jedoch auch wirtschaftlich nutzbare Gesteine und Minerale gefunden. So gibt es Marmor und Graphit im Westen des Gebiets und im mittleren Teil Schiefer, der vor allem zum Dachdecken verwendet wird.
Die meisten Dörfer und Siedlungen liegen im mittleren Bereich der Flußtäler. Die höheren Tallagen sind dünn besiedelt, und die Dörfer mit ihren malerischen, an schweizer Chalets erinnernden Häusern liegen hier weit auseinander. Die Bevölkerung ist durchwegs tibetischer Abstammung; die im Süden Bhutans stark vertretenen Nepalesen sind in den Tälern des Chomolhari-Lunana-Gebiets nur selten anzutreffen. Die bhutanesischen Männer

◁ Der Lebensraum der drosselgroßen Grandala erstreckt sich bis an die Sommerschneegrenze.

Auch in Bhutan kann sich der Blumenfreund im Frühjahr ▷ an den Blüten der Baumrhododendren erfreuen.

Der wuchtige, ramsnasige Takin bewohnt die schattigen Bergwälder Bhutans.

tragen als typische Kleidung den Kho, das an den schottischen Kilt erinnernde Männergewand, die Frauen ein langes, buntes Mantelkleid. Kennzeichnend für die bhutanesischen Frauen ist das kurz geschnittene Bubikopfhaar. Der Buddhismus ist in Bhutan Staatsreligion; alle tibetstämmigen Bhutanesen bekennen sich zu ihm. Sichtbares, architektonisches Zeichen des vorherrschenden Buddhismus sind die »Dzong« genannten, burgartigen Klöster.

Pflanzen und Tiere

Oberhalb der landwirtschaftlich genutzten, unteren Tallagen erstrecken sich dichte Bergwälder über die Hänge. Diese Wälder sind Bhutans natürlicher Reichtum, und sie werden forstwirtschaftlich sinnvoll betreut. An trockenen, nach Süden gerichteten Hängen dominiert die Tränenkiefer (S.49). In der Laubwaldstufe zwischen 2000 und 2700–3000 m sind Eichen, wie beispielsweise die Arten *Quercus lamellosa, Qu. oxycodon* oder *Qu. semecarpifolia,* und Rhododendren die beherrschenden Gehölze, vermischt mit riesigen Magnolienbäumen. In den Moospolstern an Baumstämmen und Felsen sitzen die Bulben vieler epiphytischer Orchideenarten, darunter *Coelogyne ochracea* (S.121), *C. corymbosa* oder *Pleione humilis.* Wie in Ost- und Zentralnepal vermittelt zwischen 2700 und 3000 m die Hemlocktanne (S.71) den Übergang zur Nadelwaldstufe, die durch die östliche Form der Himalaya-Weißtanne, einzelne Ahornbäume und mächtige Baumrhododendren charakterisiert wird. Die Rhododendronbestände entwickeln im Frühjahr mit weißen, roten und violetten Blütenbüscheln ein wahres Blütenmeer. Im Unterwuchs der Bergwälder beider Höhenstufen wachsen nahezu undurchdringliche Dschungel der Bergbambus-Gattung *Arundinaria* (S.105). Die Baumgrenze wird wiederum durch ausgedehnte Rhododendron-Dickichte gebildet, unter die sich Birken und an etwas weniger feuchten Stellen Lärchen mischen. In den trockeneren nördlichen Talbereichen finden sich schöne Waldbestände aus Baumwacholdern und gelegentlich Himalaya-Zypressen.
Über der Baumgrenze folgt die übliche Strauchzone mit Wacholderbüschen, Berberitzen, Rosen und Zwergrhododendren wie *Rhododendron setosum* (S.74), *R. nivale* und den weißliche oder gelbe Blüten tragenden *R. ciliatum* und *R. antopogon* (S.84). Am Boden der hochgelegenen Almwiesen und Hänge blüht – vor allem im späten Frühjahr und in der Monsunzeit – eine große Mannigfaltigkeit an Bergblumen. Fingerkräuter sind darunter, beispielsweise *Potentilla cuneata* oder in den nördlichen, an Tibet grenzenden Tälern das mit Ausläufern kriechende *P. anserina,* dazu Edelweiß, Enziane wie *Gentiana phyllocalyx, G. tubiflora,* der herbstliche Trompetenenzian (S.93) oder der ebenfalls spät von August bis Oktober blühende *G. algida,* das Läusekraut *Pedicularis*

In der traditionellen Medizin der Himalaya-Völker spielen Heilpflanzen eine bevorzugte Rolle. Sie finden ihre Anwendung sowohl in der ayurvedischen Medizin als auch in der tibetischen Heilkunde und bei den Schamanen-Heilern. Heilkräftige Pflanzen wachsen in allen Höhenlagen, vom Terai bis zu den höchsten Almweiden, und ihre heilende Wirkung wird bei den unterschiedlichsten Erkrankungen eingesetzt. So soll die Wurzel des Eisenhuts *Aconitum ferox* gegen Lepra, Cholera und Durchfall helfen. Der Wurzelextrakt der Bergenie *Bergenia ciliata* wird bei Fieber und Augenkrankheiten angewendet. Rinde, Wurzeln und Zweige der Berberitze *Berberis aristata* sollen Gelbsucht, Fieber und Durchfälle kurieren. Die Rinde der Birke *Betula utilis* entwickelt bei der Wundbehandlung eine antiseptische Wirkung und hilft gegen Blähungen. Die Meerträubelpflanze *Ephedra gerardiana* verwendet man bei Bluthochdruck, Asthma und Fieber. Die Wurzel der Bodenorchidee *Orchis incarnata* wirkt gefäßverengend. Eine Substanz im Wurzelstock der Rhabarberpflanze *Rheum australe* soll abführen, beleben sowie Magen und Darm beruhigen. Gegen den Befall mit Würmern benutzt man das Rhizom der Einbeere *Paris polyphylla*. Viele weitere Pflanzenarten wie Birke, Meerträubel, Baldrian, Salbei, Wiesenraute, Lobelien, Bärlappgewächse oder Swertien werden ebenfalls als Heilpflanzen genutzt.
Der Indische Hanf, der sowohl heilende als auch berauschende Wirkung vermittelt, hat sich als Grundsubstanz für Haschisch einen schlechten Ruf eingehandelt. Allerdings wird dieses Rauschmittel von Asketen, Schamanen und Magiern im Himalaya schon seit alters her zur Herbeiführung von Trancezuständen konsumiert. Der Gebrauch von Drogen ist heute in den Himalayaländern gesetzlich verboten. Aber immer noch wachsen Hanfpflanzen wild an Feldrainen, Wegrändern und in Kartoffeläckern..
Eine recht eigenartige »Heilpflanze« ist ein Geschöpf, das die tibetstämmigen Bewohner des Hochhimalaya »Yartsa Gumba« nennen, was »Sommer Gras – Winter Insekt« bedeutet. Es handelt sich hierbei um die Kombination einer Schmetterlingsraupe aus der Familie der Hepialidae mit dem Parasitenpilz *Cordyceps sinensis*. Die Raupe lebt am Grunde von Gräsern auf den Hochalmen und wird dort von Sporen des Pilzes befallen. Er durchsetzt den ganzen Larvenkörper und treibt schließlich einen Sporenkolben aus dem Raupenkopf. Gelegentlich finden die Himalayabewohner dieses Schmarotzerwesen und benutzen es als Amulett gegen Krankheiten oder zu Pulver zerstoßen als Medikament.
Heilpflanzen besitzen heute eine Bedeutung als Handelsware, denn das Interesse der Medikamenten-Hersteller in den Industrieländern an heilkräftigen Kräutern und Gehölzen aus der Himalayaregion nimmt ständig zu. In Nepal beschäftigt sich deshalb eine Regierungsinstitution, das Department of Medicinal Plants in Kathmandu, schon seit Jahren mit der Erforschung, der Dokumentation und dem Vertrieb von Pflanzen mit heilender Wirkung.

elwesii, schließlich das eigenartige Schartengewächs *Saussurea graminifolia* und die zu den Steinbrechgewächsen zählende *Bergenia purpurascens.* Selbstverständlich trifft man im nordwestlichen Bhutan auch die blauen und gelben Scheinmohnarten wie etwa *Meconopsis horridula* (S.118), *M. grandis* oder *M. paniculata* (S.79) an.

In den höchsten von Blütenpflanzen besiedelten Regionen zwischen 4500 und weit über 5000 m kann man dann den Höhen-Rekordhaltern begegnen, darunter der Enzian *Gentiana urnula,* das Fingerkraut *Potentilla biflora,* das zu den Nelkengewächsen gehörende Sandkraut *Arenaria densissima,* der Mannsschild *Androsace delavayi* (S.63) oder die beiden Steinbrecharten *Saxifraga hemisphaerica* und *S. punctulata.*

Da die buddhistische Bevölkerung Bhutans durch ihre Religion in der Mehrzahl gehalten ist, allen Lebewesen freundlich und schonungsvoll zu begegnen, sind die wildlebenden Tiere in diesem Land erstaunlich vertraut. Gejagt wird nur selten und von wenigen Personen. Selbst in der direkten Umgebung der großen Siedlungen wie Paro, Timphu oder Punakha kann man Himalaya-Schwarzbären, Wölfe, Muntjakhirsche (S.102), Gorals (S.112) oder gar einen Leoparden antreffen. Himalaya-Languren (S.109) und in tieferen Lagen Rhesusaffen (S.41) sind häufig zu sehen. Ein versteckteres Leben in der schützenden Tiefe der Wälder führen der Kleine Panda (S.70), der Moschushirsch (S.121) und der stämmige Serau. Eine Besonderheit unter den hörnertragenden Säugetieren in den schattigen bhutanesischen Wäldern stellt der wuchtige ramsnasige Takin dar.

In den Hochlagen der nördlichen Täler leben Blauschafe (S.53), Argalis, Himalaya-Tahrs (S.93), Braunbären und der seltene Schneeleopard. An kleineren Säugetieren kann der Wanderer in der Waldzone gelegentlich das Orangebäuchige Himalayahörnchen, an und über der Baumgrenze jedoch in großer Zahl den Himalaya-Pfeifhasen (s.S.68) beobachten.

Wie in Nepal und Sikkim ist die Vogelwelt auch in Bhutan außerordentlich reichhaltig. Entlang der Wanderrouten im Chomolhari-Lunana-Gebiet wird sich das Interesse des Vogelbeobachters allerdings vorwie-

◁ Das liebliche Paro-Tal mit dem beherrschenden Dzong hat sein Gesicht bis heute kaum verändert.

In den Laubwäldern der Bhutan-Berge blüht der epiphytische Strauch *Aeschynanthus sikkimensis*. ▷

gend auf die gefiederten Wald- und Hochgebirgsbewohner erstrecken. Da sind in der Waldzone einmal Hühnervögel wie der Satyrtragopan oder das Kalijhuhn, zu denen sich im Bereich der Baumgrenze der Gelbschwanz-Glanzfasan (S.64) und der Blutfasan (S.93) gesellen. Im dichten Geäst sind vor allem der Gelbschnabelkitta und der Tannenhäher zu hören.
Viele kleinere Singvögel sind ebenfalls in den Wäldern unterwegs, beispielsweise die Rotkopftimalie, der Meerblaue Fliegenschnäpper, der Grauscheitel-Laubsänger oder die Rostkappen-Schwanzmeise in der Laubwaldstufe; der Rotkopf-Buschsänger, die Rotbrustmeise oder der leuchtend bunte Feuerschwanz-Nektarvogel in der sich darüber erstreckenden Waldzone der Nadel- und Rhododendronbäume. Auch den für die Himalayatäler so typischen Häherlingen begegnet man oft beim Gang durch die Bergwälder, so dem Rotkopfhäherling, dem Streifenhäherling oder dem Goldschwingenhäherling. Die Bachläufe werden von allbekannten Arten wie dem Weißkopfschmätzer, der Wasseramsel oder dem Wasserrötel begleitet. An der Baumgrenze und darüber finden Tibet-Königshühner (S.64), Haldenhühner, Waldschneegimpel, Schmuckgimpel und die himmelblaue Grandala geeignete Lebensräume.
Amphibien und Reptilien kann man nur in niedrigeren Lagen bis etwa 2700 m begegnen. Es sind dies bei den Lurchen beispielsweise die im Himalaya weit verbreiteten Schwarznarbenkröten und Himalayakröten (S.92), bei den Kriechtieren die Felsenagame (S.70), die Waldagamenart *Japalura variegata* und die kleine, flinke Sikkim-Skinkella. Dazu kommen als Schlangenarten am ehesten die Himalaya-Bergnatter, die Falsche Haubennatter, die Himalaya-Trugnatter (S.105) oder die Berg-Lanzenotter.
Unter den Schmetterlingen fallen auch in Bhutan die schönen Schwalbenschwanz-Verwandten der Gattungen *Papilio* und *Atrophaneura* auf, dazu die großen, mit gelben Hinterflügeln prunkenden Vogelflügler der Gattung *Troides* und zahlreiche Bläulinge. Immer wieder kann man in den Laubwäldern Mondhorn- (S.110) und Hirschkäferarten antreffen.

Im Gebiet unterwegs

Ausgangsorte für Wanderungen im Chomolhari-Lunana-Gebiet sind **Paro, Timphu** ① und **Punakha**. Von hier aus kann man in die oberen Täler des Paro Chu, Timphu Chu, Mo Chu und Po Chu vordringen. Die großartigste Wanderroute allerdings beginnt im Paro-Tal bei der Ruine des Drukyel Dzong. Auf dem Weg dorthin kommt man an dem berühmten, wie ein Schwalbennest an senkrechte Felsen gebauten Kloster **Taktsang Gompa** ② vorbei. Die Route führt zunächst über den Ort Jangothang nach **Lingshi** (etwa 3 1/2 Tage) mit seiner beherrschenden Dzong-Burg. Der Blick von hier auf das eisgepanzerte Chomolhari-Massiv ist überwältigend. Von Lingshi geht es über mehrere Pässe zwischen 4300 und 4850 m zur Dorfsiedlung **Laya** ③ (etwa 3 Tage) mit ihren weit verstreuten, malerischen Bauernhäusern. Es fällt auf, daß die Frauen dieses Dorfes entgegen der sonst in Bhutan üblichen kurzen Bubikopf-Frisur ihr Haar lang über die Schultern herabfallend tragen. Die Hochtäler, die man durchquert, sind sehr abgeschieden, werden aber im Sommer als Almweiden vor allem für Yakrinder (s.S.113) genutzt. Von Laya führt ein direkter Weg in rund 3 Tagen durch das Mo-Chu-Tal nach Süden zum von einem mächtigen Dzong überragten Dorf **Gasa** und schließlich flußabwärts nach **Punakha.** Man kann aber auch in den Hochlagen bleiben und einem anspruchsvollen Höhenweg weiter nach Osten folgen. Die Landschaft, durch die man wandert, heißt **Lunana** ④. Sie ist dünn besiedelt; die Häuser der weit auseinander liegenden Streusiedlungen verteilen sich einzeln über die Hänge. Es gilt nun, viele hohe Pässe zu überwinden, von denen der Karakachu La (5050 m), der Jaze La (5040 m), der Loju La (5030 m) und der Rinchentsoe La (5250 m) die Fünftausendermarke überschreiten. Viele Moränen- und Gletscherseen prägen das Landschaftsbild, das hier von den Eisbastionen der Siebentausender Kula Kangri und Gankar Pünsu beherrscht wird. Der Weg führt über die Dörfer Lhedi und Chozo Dzong bis **Thaanza**, der mit 4080 m

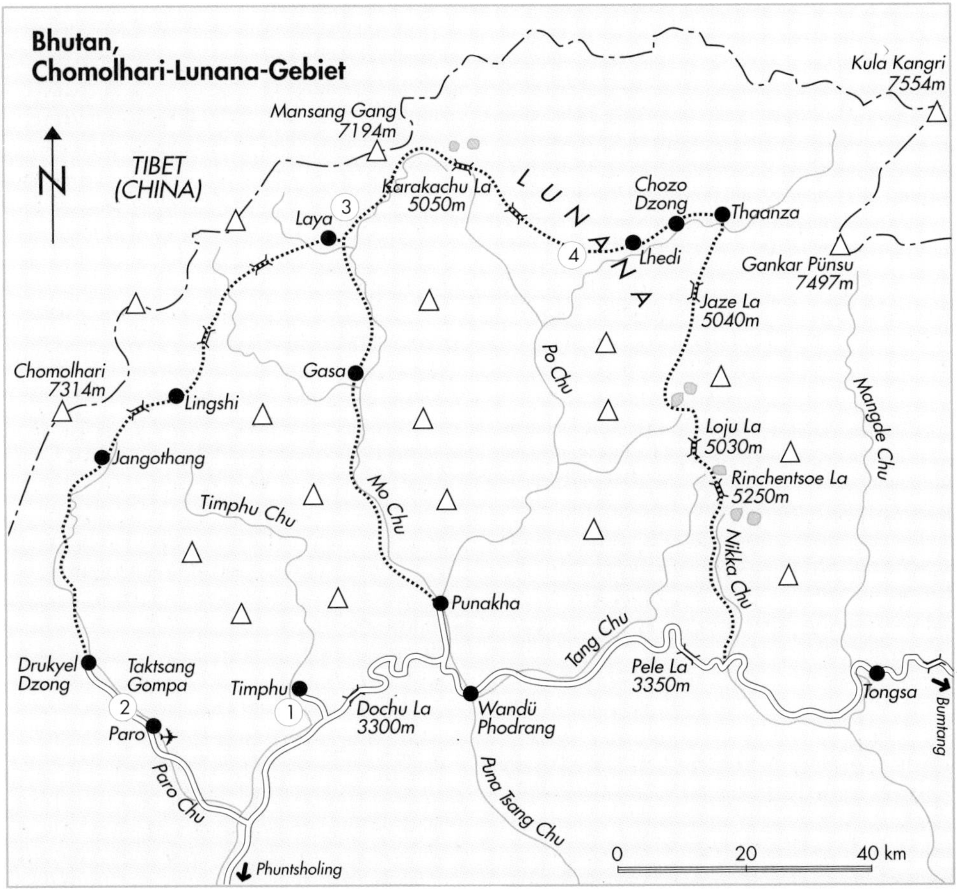

Wie flugbereite Schmetterlinge wirken die Blüten an den riesigen Magnolienbäumen.

höchsten Dauersiedlung Bhutans (4–5 Tage von Laya).
Jetzt wendet sich die Route nach Süden. Man wandert 4–5 Tage lang durch eine einsame, nahezu unbesiedelte Hochgebirgsregion südwärts und erreicht bei der Brücke über den Fluß Nikka Chu wieder besiedeltes Land. Auf der großen Ost-West-Straße kann man dann westwärts über den 3350 m hohen Paß Pele La und vorbei am Wangdü Phodrang Dzong nach Timphu und Paro zurückfahren.

Praktische Tips

Anreise
Mit dem Flugzeug nach Paro. Mit Bus oder PKW auf der Straße vom bhutanesisch-indischen Grenzort Phuntsholing nach Paro, Timphu oder Punakha. Straßenverbindung auch von Paro nach Drukyel Dzong. Im Gebiet Fortbewegung zu Fuß. Gepäcktransport mit Yaks oder Packpferden.

Klima/Reisezeit
Ausgesprochen feuchtes Monsunklima mit hohen Sommerniederschlägen und großer Luftfeuchtigkeit von Juni bis Ende September. Bereits im Mai in der Vormonsunzeit Gewitter mit heftigen Regenfällen. Herbst mild. Winter vor allem im Norden sehr kalt und schneereich.
Beste Reisezeit Ende Februar bis Anfang Mai und Anfang Oktober bis Mitte November. Trekking im Monsun durch Nässe und Blutegel erheblich erschwert, dann aber Höhepunkt der Bergblumenblüte.

Unterkunft
Gute Hotels in Paro und Timphu. Einfachere Lodge-Unterkunft in Punakha. Im westlichen Bereich der Wanderung an vorgegebenen Lagerplätzen hölzerne Pavillons zum Unterstellen. Auf den Trekkingrouten Übernachtung in mitgeführten Zelten. Die neuere touristische Entwicklung in Bhutan läßt erwarten, daß die einfacheren Lodge-Unterkünfte zunehmen werden und entlang der Hauptwanderwege mehr und mehr Lodges wie in Nepal entstehen.

Adressen
- Royal Society for the Protection of Nature, Timphu, Bhutan.
- Bhutan Tourist Corporation, P.O. Box 156, Timphu, Bhutan, Tel. 975-22647/22854, Fax 975-22479.
- Druk Air, Norzim Lam, Timphu, Bhutan, Tel. 975-22215.

N 1 Königliches Shuklaphanta-Wildreservat

Dieses abgelegene, relativ kleine Schutzgebiet liegt im Terai in der südwestlichsten Ecke Nepals. Es ist rund 155 km^2 groß und wurde 1976 eröffnet. Es wird im Osten durch den Sihali-Fluß und im Westen durch den Mahakali-Fluß begrenzt; im Süden reicht es bis an die nepalisch-indische Staatsgrenze. Das Gebiet ist dem Bardia-Nationalpark sehr ähnlich, aber einsamer und schwerer zugänglich. Etwa 2/3 der Fläche ist mit Salwald (S.23) bedeckt; der Rest besteht aus Grasland (»Phanta« in nepalischer Sprache) und Sumpf. Im Osten des Areals gibt es einen kleinen See, den Rani Tal.

Das Shuklaphanta-Wildreservat ist bekannt als eines der letzten Vorkommensgebiete für eine starke Population des hochbedrohten Barasinghahirsches, der wegen seines Lieblingsaufenthalts im sumpfigen Wasser auch Sumpfhirsch genannt wird. Daneben leben Axishirsche, Schweinshirsche, Nilgai-Antilopen, Hirschziegenantilopen (S.27), Wildschweine, Leoparden, Tiger und einige wilde Indische Elefanten im Gebiet.
Sehr artenreich ist wieder die Vogelfauna, die in ihrer Zusammensetzung derjenigen im Bardia- und im Chitwan-Nationalpark gleicht. Neben Kormoranen, verschiedenen Reiherarten und Saruskranichen (S.30) kann man hier sowohl den Ufermaina, den Schwarzkopfpirol und den Graubrustdrongo, als auch den selteneren Sumpffrankolin, den Keilschwanztoko oder den Rotscheitel-Bartvogel beobachten.
Unter den Reptilien sind im Shuklaphanta-Terai die Indische Gelbkopflandschildkröte (S.26), der Gelbwaran (S.33), der Tigerpython, der zu den Giftnattern gehörende gebänderte Krait und die hochgiftige Kettenviper erwähnenswert.
Man erreicht das Shuklaphanta-Reservat entweder mit dem Flugzeug bis zur Landepiste bei der Stadt Mahendranagar und von hier mit dem Geländewagen oder auf dem Ost-West-Highway direkt bis zum Park. Im Schutzgebiet kann man geführte Exkursionen oder Elefantenritte unternehmen. Unterkunft findet man in einem gut eingerichteten Zeltcamp oder einer neu gebauten Lodge in der Nähe des Eingangs zum Schutzgebiet. Die Tour zum Shuklaphanta-Wildreservat sollte man am besten über eine nepalische Reiseagentur in Kathmandu organisieren.

Die Brahminenweihe ist immer in der Nähe von Gewässern anzutreffen.

N 2 Kosi-Tappu-Wildreservat

Das kleine Kosi-Tappu-Wildreservat liegt im südöstlichen nepalischen Terai, im Hochwasserbett des **Sapt Kosi**, eines der größten Nebenflüsse des Ganges. Das Schutzgebiet erstreckt sich hinter einem Staudamm an der indischen Grenze nach Norden und wird im Osten wie im Westen von natürlichen Uferwällen begrenzt, die man zum Schutz gegen das Monsun-Hochwasser künstlich erhöht hat. Das Reservat ist rund 10 km breit und 17 km lang. Es wurde im Jahr 1976 eröffnet und steht auf der Liste schützenswerter Gebiete der International Union of Conservation of Nature (IUCN). Hinter dem Wehr stauen sich die Hochwasserfluten im Monsun auf und überschwemmen das gesamte Schutzgebiet, allerdings nur mit einer verhältnismäßig geringen Wassertiefe. Durch diese Überschwemmungen entstehen flache Sümpfe, und der eigentliche Sapt Kosi verlagert seinen Lauf von Jahr zu Jahr. In der Trockenzeit bilden sich im Flußbett wieder trockene Inseln.
Der größte Teil des Gebiets ist mit hohen Gräsern und im sumpfigen Bereich mit der Rohrkolbenart *Typha angustata* bedeckt. An manchen Stellen, vor allem gegen den Rand des Reservates, stehen in lockeren Baumbeständen Salbäume (S.23), Katechu-Akazien oder Sissoo-Bäume.
Der hohe Gras- und Rohrkolbenbewuchs bietet größeren Säugetieren einen hervorragenden Sichtschutz. Im Kosi-Tappu-Reservat lebt die letzte Wildbüffel-Population Nepals mit etwa 120 Tieren.
Diese Vorderindien-Wasserbüffel verursachen Probleme, weil sie gern in die benachbarten Felder eindringen. Außerdem vermischen sie sich immer wieder mit den Haus-Wasserbüffeln der Umgebung und schließlich werden sie häufig gewildert, so daß die Zahl der echten Wildbüffel ständig abnimmt. Die nepalische Regierung hat daher für diese Tiere ein Umsiedlungsprogramm in den Chitwan-Nationalpark und das Shuklaphanta-Reservat begonnen.
Neben dem Wilden Büffel kommen im Gebiet die Nilgaiantilope, der Gaur, der Axishirsch, der Schweinshirsch, gelegentlich ein Tiger und vielleicht auch noch einige Individuen des Barasinghahirsches vor. Im Flußlauf des Sapt Kosi schwimmen ab und zu Gangesgaviale S.33) und sogar der Ganges-Delphin soll dort gesichtet worden sein.

Die letzten Vorderindien-Wasserbüffel Nepals leben heute im Kosi-Tappu-Wildreservat.

Für Vogelbeobachtungen eignet sich das Kosi-Tappu-Reservat in hervorragender Weise. Es stellt vor allem ein bevorzugtes Überwinterungsgebiet für Zugvögel aus dem Norden dar. Unter diesen finden sich Jungfernkraniche, Rostgänse, Streifengänse und verschiedene Entenarten ebenso wie die Stiftbekassine oder Temminckstrandläufer. Auffallend sind oft große Schwärme der Graubrachschwalbe. Zu den Seltenheiten gehören der Sumpffrankolin und die Barttrappe.
Man erreicht das Kosi-Tappu-Wildreservat mit dem Flugzeug bis Biratnagar oder Rajbiraj und dann mit dem Motorfahrzeug auf dem Ost-West-Highway direkt zum Schutzgebiet. Der Eingang und die Reservatsverwaltung befinden sich bei der Ortschaft Kusaha, 3 km Fußweg vom Highway nach Norden. Hier gibt es auch Übernachtungsmöglichkeiten in einem »Kosi-Safari-Camp« oder einer kürzlich eingerichteten Lodge.

N 3 Khaptad-Nationalpark

Im mittleren Bergland des äußersten, nepalischen Westens liegt der Khaptad-Nationalpark, mit 225 km² nach dem Rara-Nationalpark das zweitkleinste Schutzgebiet im gebirgigen Bereich des Landes. Der größte Teil dieses Nationalparks besteht aus einer unbesiedelten um 3000 m hoch gelegenen Hochfläche, die nach allen Seiten rund 1000 m tief abfällt. Die höchste Erhebung beträgt ungefähr 3300 m. Im Norden blickt man auf die Eisriesen Api (7132 m) und Saipal (7031 m). Von diesen Gebirgen kommen die Flüsse herab, die das Khaptad-Gebiet herausschneiden: der Seti, der das Hochplateau im Norden, Westen und Süden umfließt, und der Buriganga-Fluß im Osten.
Die wellige Hochfläche des Khaptad-Nationalparks ist teilweise mit Grasland und teilweise mit dichtem Wald bedeckt. Eichen herrschen vor (*Quercus semecarpifolia*, seltener *Qu. floribunda*); dazu kommen in den tieferen Lagen Kastanien und Walnußbäume, in den höheren Ahorn und vereinzelt Rhododendron. Auf den Höhenrücken über 3100 m herrschen Himalaya-Weißtannen (S.71) vor.
Der sichere Schutz des Nationalparks ermöglicht es einer Reihe von Säugetieren, im Wald und Grasland den ihnen zusagenden Lebensraum zu besiedeln. So kommt hier der Leopard ebenso vor wie die Himalaya-Rasse der Dschungelkatze, der Himalaya-Larvenroller, der Gelbkehlmarder, der Himalaya-Schwarzbär, der Muntjakhirsch (S.102) oder der Goral (S.112).
An im Wald lebenden Vogelarten kann man beispielsweise dem Almoraspecht, dem Blauschwanz, dem Halsbandkernbeißer, dem Streifenkopf-Laubsänger, dem Himalaya-Baumläufer oder dem Buntflügelhäherling begegnen, an Bächen der Purpur-Pfeifdrossel.
Die Khaptad-Region ist äußerst abgelegen und schwer zugänglich. Man kann mit einem kleinen Flugzeug zu den Landepisten Dipayal bei Silgarhi oder Chainpur fliegen, muß dann aber zu Fuß zum Nationalpark weiterlaufen. Einheimische Begleitung und Trekkingausrüstung sind hierfür erforderlich. Feste Hotel- oder Lodgeunterkünfte gibt es nicht. Man muß überdies beachten, daß das Khaptad-Gebiet von den Hindus als heiliger Bezirk angesehen wird.

N 4 Humla-Karnali

Im äußersten Nordwesten Nepals fließt der Humla Karnali, einer der beiden Quellflüsse des Karnalistroms. Er entspringt an dem bereits in Tibet stehenden Eisriesen Gurla Mandata. Diese Talschaft zwischen dem Basarort Simikot (etwa 2300 m) und den 4500–5000 m hohen Pässen an der Grenze zu Tibet/China besitzt einen ganz eigenen, schon an Tibet gemahnenden Landschaftscharakter. Zwei mächtige Himalaya-Massive rahmen die Region ein:

das Saipal-Gebirge (rund 7050 m) im Süden und der Gurla Mandata (7728 m) im Norden. Durch das Humla-Tal verläuft ein uralter, wichtiger Pilgerweg nach Tibet.
Die dazwischen liegenden Gebirgsrücken ragen weniger hoch auf und vermitteln im oberen Bereich einen eher offenen Landschaftseindruck, wie er auch für das tibetische Hochland typisch ist. Die hier siedelnde Bevölkerung setzt sich im unteren Talbereich aus Thakuri/Chetris und weiter oben aus tibetstämmigen, sogenannten Bhothias zusammen.
Die im Vergleich zu Zentral- und Ostnepal geringeren Monsunniederschläge bedingen im Humla-Gebiet eine weniger feuchtigkeitsliebende Vegetation. Im Haupttal zwischen Simikot und Munchu sind die Wälder dem Menschen weitgehend gewichen. An unzugänglicheren Stellen allerdings und in den Seitentälern herrschen an südexponierten Hängen Tränenkiefern (S.49) vor, untermischt mit der westhimalayanischen Fichte *Picea smithiana*. Dazu gesellen sich – vorwiegend wieder in den Seitentälern – Eichen, Ahorn und Eiben, in höheren Lagen oberhalb 3000 m Himalaya-Weißtannen (S.71) und Rhododendren, vor allem *Rhododendron campanulatum*. Die Baumgrenze wird in erster Linie von Birken gebildet, zwischen denen einzelne Baumwacholder und Baumrhododendren stehen. Im Unterholz wächst Bergbambus. In den Hochlagen des Humla- und des Limi-Tals stehen die typischen Büsche dieser Höhenstufe und der Wacholderstrauch *Juniperus wallichiana*, der hier den weiter östlich vorkommenden *J. recurva* ersetzt. Am Boden blüht in der Monsunzeit die bekannte Bergblumenflora.
Charakteristische Säugetiere sind in der oberen Humla-Region Blauschafe (S.53) und Schneeleoparden (s.S.58), erstere oft, letztere fast niemals zu beobachten. Aber auch der Moschushirsch (S.121), der Himalaya-Tahr (S.93), der Wolf und der Braunbär bewohnen die steinigen Hochgebirgshänge.
In der Vogelwelt interessieren vor allem die Vögel des oberen Talbereichs. Da kreisen Bartgeier (S.57) und Schneegeier am Himmel. Schneetaube, Haldenhuhn und Himalaya-Königshuhn sind an steinigen Hängen zu beobachten.
Man gelangt in das Tal des Humla Karnali am besten per Flugzeug bis zur Landepiste von Simikot, wobei man die Maschine in Nepalganj im westlichen Terai wecheln muß. Weiter geht es dann nur noch zu Fuß. Neben dem Humla-Haupttal ist das versteckt im Norden liegende Limi-Tal ein lohnendes Trekkingziel, das außer seinen Naturschönheiten das interessante buddhistische Kloster Til Gompa beherbergt. Einfache Lodge-Unterkunft findet man nur in Simikot. Im übrigen Gebiet benötigt man Trekkingausrüstung und einheimische Begleitung.

N 5 Dhorpatan-Wildreservat

Ursprünglich war dieses Wildreservat ein königliches Jagdgebiet. Durch die Erklärung zum Wildschutzgebiet hat sich dann der bereits gegebene Schutzstatus der Region noch verstärkt. Das 1325 km^2 große Reservat besitzt eine faszinierende Lage. Der Ort Dhorpatan (2800 m) liegt in einem weiten Tal, das einer Hochebene gleicht und von dem Flüßchen Uttar Ganga in Ost-West-Richtung durchströmt wird. Umittelbar im Nordosten überragt das wuchtige, eisgepanzerte Dhaulagiri-Massiv das Gebiet. Der Gurja Himal (7193 m), der Dhaulagiri IV (7268 m), der Churen Himal (7371 m) und der Putha Hiunchuli (7246 m) sind die nächsten Gipfel. Im Norden und Nordwesten geht der Blick auf die Schneehäupter des Dolpo-Gebiets und des Kanjiroba-Gebirges. Weite Almwiesen erstrecken sich, vom Dhorpatan-Tal nach Norden und Nordosten ansteigend, gegen das Hochgebirge. Sie werden allerdings noch einmal von den nach Westen fließenden Bergbächen Ghustung

Das reizvolle Limi-Tal liegt in der nordwestlichsten Ecke Nepals (N4).

Kola, Dogari Kola und Sheng Kola durchschnitten, die an ihrem Unterlauf in steile Schluchten abfallen. Hier verläuft die noch nicht exakt festgelegte Westgrenze des Reservats; die Nordgrenze zieht sich

Der rote Scheinmohn *Meconopsis napaulensis* ist seltener als die gelben und blauen Arten.

über den 4500 m hohen Paß Jangla Banyang. Das gesamte Schutzgebiet wird lediglich in seinen südlichen und westlichen Randbereichen mit einigen Dörfern besiedelt.

Das Tal von Dhorpatan besitzt nur noch schüttere Waldbestände aus Eichen (*Quercus semecarpifolia*), Tränenkiefern (S.49) und Rhododendren. An feuchteren Stellen des Gebiets dehnt sich jedoch ein relativ intakter Wald aus Laub- und Nadelbäumen.

Die Hänge an der West- und Südwestabdachung des Dhaulagiri-Massivs sind ein bevorzugtes Revier für Blauschafe (S.53). Damit ist auch die Nahrungsgrundlage für den Schneeleoparden gegeben. Außerdem hat der Himalaya-Tahr (S.93) an den steilen Felsflanken seine Einstände, und kopfstarke Populationen des Himalaya-Pfeifhasen (S.68) bevölkern die mit niedriger Buschvegetation bestandenen Blockhalden. In den Waldschluchten tiefer unten leben der Goral (S.112), der Serau und der Himalaya-Schwarzbär.

Im Ganesh Himal steht hoch über dem Doban-Tal der Labsang Karbo (7150 m).

Die Volgelfauna ist in den bewaldeten Zonen mit Arten wie der Meenataube, dem Koklasfasan, dem Himalayaspecht, dem Schwarzkehlchen, dem Zimtkehlschnäpper, der Schwarzschopfmeise oder dem Streifenhäherling vertreten. An der Baumgrenze und darüber kann man dem Gelbschwanz-Glanzfasan (S.64), dem Tibet-Königshuhn (S.64), der Schneetaube, dem Bergrubinkehlchen, der Strichelbraunelle oder dem Schmuckgimpel begegnen.
Im bis dahin unbewohnten Hochtal von Dhorpatan wurden 1961/62 Flüchtlinge aus Tibet angesiedelt. In den Dörfern am Rande der Reservatsregion leben Magars. Man erreicht das Gebiet mit dem Flugzeug bis zur kleinen Landepiste bei Dhorpatan oder von Pokhara auf der Autostraße bis Kusma und dann zu Fuß über Takum, Muna und den Paß Jalja La (3430 m) bis zur Tibetersiedlung. In der Schutzregion selber muß man wandern. Beim Anmarsch und in Dhorpatan gibt es Lodges; im Wandergebiet braucht man Trekkingausrüstung.

N 6 Ganesh Himal

Der Ganesh Himal, zwischen dem Langtang- und dem Manaslu-Massiv gelegen, ist eine einsame, wenig bekannte und begangene Bergregion. Immerhin ragt aber die Gipfelflur mit dem Ganesh I (7429 m), dem Labsang Karbo (Ganesh II, 7150 m), dem Ganesh III (7110 m) und dem Pabil (7052 m) über die 7000-m-Grenze auf. In einem Hochgebirgskessel direkt unter den Eisgipfeln liegen in mehr als 4000 m Höhe 5 heilige, von Almwiesen umgebene Bergseen, die Panch Pokhri (5 Seen) genannt werden. Der wichtigste unter ihnen ist der dem Gott Bhairava geweihte **Bhairavkund**. Die Seen sind alljährlich im Sommer das Pilgerziel für viele fromme Hindus aus dem Süden und die Bergbauern der näher gelegenen Dörfer. Ein anderer, etwa 4500 m hoch gelegener Bergsee ist etwas weiter östlich der **Jaisuli Kund**, der vom Gipfel des Paldor (6011 m) überragt wird und ebenfalls als heilig gilt. Einige kleine Flüsse fließen aus dem Bergmassiv direkt

nach Süden; es sind von Osten nach Westen der Mailung Kola, der Manjor Kola und der Ankhu Kola. An der Westflanke des Gebirges entspringt der Doban-Fluß, der in den Buri Gandaki mündet.
Die vorherrschenden Gesteine im Ganesh Himal sind Granite und Gneise, oft mit Einschlüssen von Granat und Turmalin. Im östlichen Gebirgsbereich befindet sich eine Zink-Blei-Lagerstätte, deren Abbau aber wegen der fehlenden Transportwege nicht lohnt.
An den steilen Flanken des Ganesh-Massivs, die vor allem nach Süden und Südwesten abfallen, erstrecken sich noch weithin intakte Bergwälder. Wie überall im zentralen und östlichen Himalaya Nepals herrschen hier in der Laubwaldstufe Eichen, Ahorn und Rhododendren vor, während nach einer Übergangszone um 2800 bis 3000 m mit der Hemlocktanne (S.71) als Leitbaum in der Höhe der Weißtannen-Rhododendron-Wald (S.70/71) folgt. In der alpinen Region folgen auf die übliche Strauchzone weit hinaufziehende Almgründe, die im Frühjahr und Sommer eine reichhaltige Bergblumenflora mit Astern, Anemonen, Fingerkräutern, Edelweiß, Mannsschild, vielen Primelarten, Schartengewächsen sowie blauen und gelben Scheinmohnarten präsentieren.
Die Bergwälder am Ganesh Himal beheimaten Himalaya-Languren (S.109) und Himalaya-Schwarzbären ebenso wie den Leoparden, den Kleinen Panda (S.70), das Himalayawiesel, den Goral (S.112) und den Muntjakhirsch (S.102). An und über der Baumgrenze finden Himalaya-Tahr (S.93) und Moschushirsch (S.121) ihre Einstände. Die Vogelwelt ist hier in gleicher Weise zusammengesetzt wie in der Manaslu-Region.
Die am Fuß des Ganesh Himal wohnenden Menschen gehören in der überwiegenden Mehrzahl zur altnepalischen Volksgruppe der Tamang. Sie sind Bergbauern und vor allem tüchtige Lastenträger. Man erreicht ihre Heimat nur zu Fuß. Die kürzere Strecke führt von der Straße Trisuli Basar–Dhunche aus über die Pässe Paldor Banyang (3600 m) und Pangsung Banyang (3800 m) oder über den Singla Banyang (3900 m) und die Dörfer Sathigaon und Phading zu den Panch-Pokhri-Seen. Eine etwas längere Route beginnt in Gorkha, quert den Buri Gandaki und folgt dem Ankhu Kola nach Norden. Feste Unterkünfte gibt es nur in Trisuli Basar, Dhunche und Ghorka; im eigentlichen Wandergebiet ist Trekkingausrüstung und einheimische Begleitung erforderlich.

N 7 Rolwaling

Westlich anschließend an das Khumbu-Gebiet mit seinem Nationalpark liegt ein kleines in Ost-West-Richtung verlaufendes Tal: das Rolwaling. Im unteren Teil ist es eng und V-förmig eingeschnitten, im oberen weitet es sich zu einem wilden Hochgebirgstal mit einer eindrucksvollen Fels- und Gletscherlandschaft. Von Norden her wird es beherrscht durch zwei mächtige Siebentausender, den Gaurisankar und den Menlungtse (7181 m). Die Südwand des **Gaurisankar** wirkt überwältigend; von 7146 m am Gipfel stürzen die Flanken über 7 km Luftlinie mit einer Wandhöhe von mehr als 4000 m auf das Niveau von 3000 m am Rolwaling-Fluß hinunter.
Im Osten führt der vergletscherte, schwierig zu begehende Paß **Tashi Labtsa** (5755 m) hinüber nach Thami im Khumbu-Gebiet. Auch über diesem Paß stehen hohe Schneegipfel wie etwa der Dragkar-Go (6793 m), der Tengi Ragi Tau (6943 m) oder der Bigphera-Go Shar (6729 m). Im Hochtal über der 3000-m-Linie liegen zwei größere, von Sherpas besiedelte Dörfer: Beding (3690 m) und Na (4180 m). Von Beding aus führt der 5616 m hohe, ebenfalls vergletscherte **Menlung-Paß** hinüber nach Tibet in das Menlung-Tal. Im hintersten Talgrund liegt mit dem **Tso-Rolpa**

ein großer Gletschersee in der unteren Zunge des schuttbedeckten, etwa 10 km langen Trakarding-Gletschers. Nach Südwesten führt ein Weg über den 5310 m hohen Paß Yalung La aus dem versteckten Himalayatal hinaus in das Khare-Kola-Tal und weiter zum Flußlauf des südwärts fließenden Bhote Kosi. Alles am Rolwaling-Tal ist hoch, erdrückend und gewaltig. Zusammenhängenden Bergwald gibt es nur im westlichen, tiefer gelegenen Teil oberhalb des Dorfes Simigaon. Er besteht zunächst bis etwa 1600 m aus Roxburgkiefern (S.47), danach aus Tränenkiefern (S.49), dann vorwiegend aus Eichen mit Rhododendren und geht schließlich von rund 2700 m an in den üblichen Weißtannen-Rhododendron-Wald über. Oberhalb der Strauchzone erstrecken sich Almwiesen in kleinen Seitentälern. Hier blühen – wie in den anderen, benachbarten Berggebieten – während des Sommermonsuns Bergblumen mit mehreren Arten Rittersporn, Knöterich, vielen Primeln, Fingerkräutern, Edelweiß, Lerchensporn, einigen Steinbrecharten, Schartengewächsen und blauem oder gelbem Scheinmohn.
Die Tierwelt gleicht ebenfalls den gebirgigen Nachbarregionen. In den Schluchten des bewaldeten Bereichs klettern Goral (S.112), Serau, Kleiner Panda (S.70) und Gelbkehlmarder umher. Von der Baumgrenze ab hat man die Chance, Moschushirsche (S.121) oder den Himalaya-Tahr (S.93) und viele Himalaya-Pfeifhasen (S.68) zu beobachten. Vögel bemerkt man vor allem in der Waldzone; mehrere Kuckucksarten sind darunter, der Sikkimspecht, der Gelbschnabelkitta, die Schuppentimalie die Weißbrauen-Alcippe oder der Rosabrauengimpel. Über der Baumgrenze müssen sich Tibet-Königshühner (S.64), Gelbschwanz-Glanzfasane (S.64), Blutfasane (S.93) und Schneetauben vor den großen Greifen wie dem Steinadler in Acht nehmen.
Die Rolwaling-Region ist nur zu Fuß von Süden her zu erreichen. Der Weg von Charikot oder Bigu führt das Bhote-Kosi-Tal nach Norden aufwärts und biegt unterhalb der Ortschaft Simigaon ostwärts in das Rolwaling-Tal ein. Lodge-Unterkünfte werden wohl erst eingerichtet, wenn der Trekkingtourismus in das Gebiet zunimmt. Aber die gastfreundlichen Sherpas lassen fremde Wanderer gern in ihren Häusern übernachten.

N 8 Manas-Wildschutzgebiet (Bhutan)

Der Manas-Fluß entwässert mit seinen vielen Zuflüssen den größten Teil des Berglandes in Zentral- und Ostbhutan. Dort, wo er an der bhutanesischen Südgrenze die Siwalik-Berge verläßt, liegt ein zweigeteilter Naturpark: das Manas-Tigerreservat auf indischer und das Manas-Wildschutzgebiet auf bhutanesischer Seite. Der Anteil Indiens umfaßt eine subtropische Flachzone, in der Wald und Grasland einander abwechseln und die zur Gangesebene gehört. Das Schutzgebiet in Bhutan erstreckt sich über bewaldete Höhenrücken der Siwaliks. Letzteres umfaßt 443 km^2 und wurde bereits 1966 durch die Royal Society for the Protection of Nature in Bhutan und mit Unterstützung des WWF eingerichtet. Auch in der bhutanesischen Schutzzone prägt der **Manas-Strom** das Landschaftsbild, jedenfalls soweit sie von Besuchern betreten werden kann. Das Klima ist im Monsun-Sommer extrem feucht und schwül, im Winter von Anfang November bis Ende März relativ kühl und trocken. Dies ist auch der beste, wenn nicht einzige Zeitabschnitt, der sich für einen Besuch des Naturparks eignet.
Die Waldvegetation im bhutanesischen Wildschutzgebiet entspricht mit Sal und Simal, hohen Mathi-Bäumen, Bauhinien, Rosenapfelbäumen und auf den Bergkämmen Roxburgkiefern (S.47) der in den Siwalik-Vorbergen des Himalayas üblichen Zusammensetzung. Am Flußlauf im Tal

Eine große Seltenheit und streng geschützt ist der im Manas-Wildreservat vorkommende Goldlangur.

stehen Sissoo-Bäume und Katechu-Akazien. Viele Orchideenarten, beispielsweise der Gattungen *Dendrobium, Pholidota, Oberonia* oder *Smitinandia*, haben ihre Bulben an Stämme und Äste geheftet.

Während man im ebenen indischen Manas-Bereich größere Säugetiere wie den Vorderindien-Wasserbüffel (S.131), das Panzernashorn (S.28,31), den wilden Indischen Elefanten, den Gaur, den Barasinghahirsch oder den Lippenbär beobachten kann, leben auf der bhutanesischen Seite Säugetierarten, die eher den subtropischen Bergwald vorziehen. Hierzu gehören der Nebelparder, die Bengalkatze, der Leopard und der Muntjakhirsch (S.102). Tiger, Sambarhirsche (S.31), Stachelschweine und Riesenflughunde (S.45) sind in beiden Bereichen zu Hause.

◁ Die Blüte des ausschließlich im Monsun blühenden Nepal-Türkenbunds gleicht einem Turban.

An den Hängen der Täler in Bumthang wächst temperierter, lichter Nadelwald. ▷

Eine große Seltenheit, die lediglich in der Manas-Region und überwiegend im bhutanesischen Schutzgebiet anzutreffen ist, stellt der Goldlangur dar. Er wurde erst 1953 entdeckt und wissenschaftlich beschrieben.
In der Vogelwelt fallen vor allem die eigenartigen Hornvögel auf, wie etwa der Doppelhornvogel (S.29) oder der Orienthornvogel. Am Flußufer streicht die Schwarzbauch-Seeschwalbe entlang. Im Wald leben Kuckucksarten wie der Wechselkuckuck oder der Kurzflügelkuckuck, der Brahmanenkauz, der Streifen-Bartvogel, der Brustbandhäherling, der Dickschnabel-Mistelfresser oder die Kappenkitta.
Unter den Amphibien sind die Schwarznarbenkröte, die Tieflandkröte und der Kurzkopf-Grabfrosch erwähnenswert. Bei den Reptilien kann man am ehesten dem Gelbwaran (S.33), der Buntagame (S.41), dem Tigerpython oder der Fischernatter begegnen. Giftschlangen wie die Brillenkobra, der Gebänderte Krait oder die Kettenviper kommen im Gebiet zwar vor, sind aber derart scheu, daß man sie kaum zu Gesicht bekommt.
Das bhutanesische Manas-Wildschutzgebiet ist nur schwer zu erreichen, da es in Bhutan noch keine zuführende Straße gibt. Am besten reist man von der indischen Seite her an. Unterkunft bietet, ein Stück nördlich von Mothanguri, die idyllisch am Manas-Fluß gelegene Bhutan Forest Lodge. Hier werden auch Reitelefanten und Boote für Ausflüge auf dem Fluß gestellt. Im indischen Manas-Bereich stehen mehrere Unterkünfte zur Verfügung (s. BLV Reiseführer Natur, Indien).

N 9 Bumthang (Zentral-Bhutan)

Weil im Bezirk Bumthang in Zentral-Bhutan die Bergrücken nicht so steil abfallen wie weiter westlich, bietet diese Region eine offenere, weite Landschaft. Sie gilt allein schon aus diesem Grund als ein ideales Wandergebiet. 3 große Täler laufen hier zusammen: das **Chumey-Tal** mit dem Fluß Chumey Chu von Westen, das **Tang-Tal** mit dem Tang Chu von Nordosten und das **Choekhor-Tal** mit dem Bumthang Chu von Nordwesten. Die Kammhöhen um das Haupttal liegen 4000–4300 m hoch. Die Bergketten im Norden an der bhutanesisch-tibetischen Grenze sind zwar vergletschert, aber mit Gipfeln um 6000 m vergleichsweise niedriger als die Himalaya-Bereiche im Westen und Osten. Choekhor mit dem Städtchen Jakar (etwa 2450 m) ist das Zentrum der Region Bumthang. Es wird mit Dörfern und kleinen Weilern relativ dicht besiedelt und beherbergt einige bedeutende buddhistische Tempelanlagen. Eine Schlucht am Unterlauf des Tang-Flusses wird als **Mebartso** – flammendes Gewässer – bezeichnet und ist ein weithin beliebtes Pilgerziel. Bei Domkhar am Chumey-Fluß wurde mit indischer Hilfe ein kleines Wasserkraftwerk errichtet, das die Dörfer von Bumthang mit Strom versorgt. Ein schweizer Landwirtschaftsprojekt mit Käserei, eine Autowerkstatt und ein mit schweizer Unterstützung gebautes Regionalkrankenhaus sind weitere Zeichen einer modernen Entwicklung. Während die Bauern im Choekhor-Tal vorwiegend Äcker bearbeiten, wird im kargeren Tang-Tal in erster Linie Viehzucht, vor allem mit Schafen, betrieben.
Die größeren Talböden in Bumthang wirken trocken und weitgehend kahl. Nur gelegentlich trifft man auf Kiefern, Fichten und Lärchenbäume und auf eine Buschvegetation aus Sanddorn, Hortensien und dem Pfeifenstrauch *Philadelphus tomentosus*. Begünstigt wird diese Trockenheit und Gehölzarmut durch einen starken, temporären Wind, der täglich vom frühen Vormittag bis Sonnenuntergang talaufwärts weht. An den Hängen, die aus den Tälern aufsteigen, wächst temperierter Nadelwald mit Fichten, Tränenkiefern (S.49), Lärchen und Baumwacholdern, der zwischen 2800 und 3100 m in einen Weißtannen-Rhododendron-Wald übergeht. Hier hat die östliche Weißtannenart *Abies densa* die westliche *Abies spectabilis* abgelöst.Die Baumgrenze wird aus Rhododendren und Birken gebildet. Darüber folgen ausgedehnte Hochweiden.
Unter den Säugetieren Bumthangs ist der waldbewohnende Takin (S.124) als Besonderheit erwähnenswert. Außerdem gibt es erstaunlich viele Braunbären, Moschushirsche (S.121), den Himalaya-Tahr (S.93) und in den Hochlagen des Gebirges Blauschafe (S.53), Argalis und Schneeleoparden.
Gelegentlich kreist über dem Talgrund ein Malaienadler. In den Bergwäldern kann man die Rotkopftimalie, den Tannenhäher, den Schwarzscheitelhäherling, den Bänder-Siva, die Weißhalsamsel, die Rotbrustmeise, den Weißschwanzkleiber, den Rotkopfgimpel und den leuchtend bunten Feuerschwanz-Nektarvogel beobachten.
In den Hochlagen von der Baumgrenze ab begegnet man dem Gelbschwanz-Glanzfasan (S.64), dem Blutfasan (S.93), dem Waldschneegimpel, der Grandala (S.122) oder dem Felsengimpel.
Man erreicht Bumthang auf der Straße von Timphu über Wangdü Phodrang, den Pele- und den Yutong-Paß bis Jakar. Diese Straße führt mit einer großen Schleife durch das Choekhor-Tal und dann weiter südostwärts zum ostbhutanesischen Hauptort Tashigang. Auf kleineren Stichstraßen kann man ein Stück in das Choekhor- und das Tang-Tal hineinfahren. Den größten Teil des Gebiets aber muß man erwandern. Hotelunterkunft findet man in Jakar oder im schön gelegenen, behaglichen Gästehaus des Wangduchoeling-Palastes etwas außerhalb des Ortes.

Reiseplanung

Vor der Reise

Einreiseformalitäten
Für die Einreise nach Nepal, Sikkim und Bhutan ist ein Visum erforderlich. Der Reisepaß sollte noch mindestens 6 Monate Gültigkeit vom Einreisedatum ab besitzen. Die folgenden Visa-Kategorien sind möglich.

Visum für Nepal
Touristenvisum für
- einfache Einreise, gültig 15 Tage;
- einfache Einreise, gültig 30 Tage;
- zweifache Einreise, gültig 30 Tage;
- mehrfache Einreise, gültig 60 Tage.

Transitvisum, gültig 48 Stunden.
Bei der Einreise nach Nepal kann man am Flughafen ein Visum für 15 Tage mit Möglichkeit zur Verlängerung erhalten.
Insgesamt darf man 5 Monate pro Jahr im Land bleiben (mehrfache Visa-Beantragung möglich).
Für Geschäftsreisende, Wissenschaftler, Journalisten, Reiseleiter und Investoren können länger gültige Aufenthaltsgenehmigungen beantragt werden. Ausgestellt werden die Visa von der Königlich-Nepalischen Botschaft in Bonn oder von einem der Königlich-Nepalischen Konsulate in München, Fellbach, Frankfurt und Zürich (Anschriften s.S.147).

Visum für Sikkim
Ein indisches Touristenvisum (einfache Einreise, gültig 30 Tage; mehrfache Einreise, gültig 6 Monate) ist erforderlich. Das Visum muß vor Reiseantritt besorgt werden. Für die Einreise nach Sikkim braucht man ein zusätzliches Permit, ausgestellt in New Delhi oder Darjeeling.

Visum für Bhutan
Das Aufenthaltsvisum für Bhutan wird bei der Einreise erteilt. Davor ist entweder ein Visum für Nepal (bei Flug Kathmandu–Paro) oder ein Visum für Indien (bei Anreise mit Motorfahrzeug oder Flugzeug durch Indien) notwendig. Ausgestellt werden die Visa für Indien von den Indischen Botschaften in Bonn, Bern und Wien.

Gesundheit
Impfungen sind nicht mehr vorgeschrieben. Es wird allerdings empfohlen, gegen Hepatitis, Tetanus, Polio und Gehirnhautentzündung zu impfen. Manche Ärzte raten auch zu Impfungen gegen Typhus und Cholera oder zur Malaria-Prophylaxe.
Erfahrene Naturheilärzte empfehlen eine homöopathische Impf- und Gesundheitsvorsorge und stellen auf Wunsch eine homöopathische Reiseapotheke zusammen.
Wichtig ist der Abschluß einer Auslands-Krankenversicherung.

Devisen
Nepal: Die Währungseinheit in Nepal ist die Nepalische Rupie. Es gibt Banknoten im Wert von 1, 2, 5, 10, 20, 50, 100, 500 und 1000 Rupien. Ein- und Ausfuhr von nepalischer Währung ist nicht erlaubt. Ausländische Währungen dürfen in unbeschränkter Höhe eingeführt werden.
Am liebsten werden US-Dollar, DM, Englische Pfund, Schweizer Franken und Japanische Yen gewechselt.
Geldwechsel in Geld-Umtauschkarte eintragen lassen. Schwarztausch ist verboten.
Indien (Sikkim): Die Währungseinheit in Indien ist die Indische Rupie. Ein- und Ausfuhr von indischer Währung ist verboten. Ausländische Währungen dürfen in unbeschränkter Höhe eingeführt werden (sehr hohe Beträge bei Einreise deklarieren).
Nur autorisierte Banken und Wechselstellen dürfen ausländische Währungen umtauschen (Umtauschbescheinigung verlangen).
Bhutan: Die Währungseinheit in Bhutan ist

der Ngultrum, der eng mit der Indischen Rupie gekoppelt ist. Die Devisen- und Geldwechselvorschriften entsprechen den Bedingungen in Indien.

Zoll

Nepal

Erlaubte Einfuhr: 200 Zigaretten, 20 Zigarren, etwas Tabak, 12 Dosen Bier, 3 Flaschen Spirituosen, persönliche Gegenstände, Fotoausrüstung, Kassettengerät, Transistorradio, Fernglas, Videokamera (wird gelegentlich in den Paß eingetragen).

Erlaubte Ausfuhr: persönliche Gegenstände, Souvenirs, die nicht älter als 100 Jahre sind.

Verbotene Ausfuhr: mehr als 100 Jahre alte Antiquitäten (im Zweifel Bestätigung des Department of Archaeology beschaffen), Wildtiere und ihre Häute, unverarbeitetes Gold und Silber.

Indien

Erlaubte Einfuhr: 200 Zigaretten, 0,95 l Alkohol zollfrei, persönliche Gegenstände, Fotoausrüstung, Fernglas, Videokamera. Hochwertige elektrische und elektronische Geräte sind zollpflichtig oder müssen für die Ausreise bereits bei der Einreise deklariert werden.

Bei der Ausreise ist die Mitnahme von Antiquitäten, die mehr als 100 Jahre alt sind, verboten, ebenso die Ausfuhr von Wildtieren und deren Häuten sowie Wildpflanzen.

Bhutan

Die Einfuhrbestimmungen entsprechen denen Indiens.

Es ist streng verboten, Antiquitäten oder religiöse Gegenstände – seien sie alt oder neu – bei der Ausreise mitzunehmen (Ausnahme: neugemalte Thankas mit Zertifikat des Department of Antiquities). Verboten ist es auch, Wildtiere, ihre Häute, Wildpflanzen und deren Samen auszuführen.

Reisezeit

Die besten Reisezeiten liegen im Bergland in den Monaten Oktober/November und März/April. Für das Terai sind die Monate November bis März besonders geeignet; im Hochgebirge ist überdies der Mai ein interessanter Reisemonat.

Die Monsunzeit von Juni bis Mitte September wird wegen heftiger Regenfälle, hoher Luftfeuchtigkeit und vieler Blutegel in der Regel gemieden, obwohl gerade dann im Gebirge die meisten Blumen blühen.

Den schönsten Blick auf die Eisberge genießt man in der kühlen Jahreszeit von Mitte Oktober bis Februar/März.

Zeitverschiebung

Zeitunterschied in Nepal gegenüber der Mitteleuropäischen Zeit (MEZ) 4 Stunden und 40 Minuten voraus; während europäischer Sommerzeit 3 Stunden und 40 Minuten.

In Indien bestehen im Winter 4 1/2 Stunden und im Sommer 3 1/2 Stunden Zeitverschiebung voraus gegenüber MEZ.

Anreise

Nepal erreicht man auf dem Luftweg mit Zwischenlandung in Karachi, Dacca, Bangkok oder New Delhi und mit Direktflügen von europäischen Flughäfen nach Kathmandu. In Deutschland bieten Lufthansa, Royal Nepal Airlines und LTU (Charter, viele Gruppenreisen) Direktflüge an. Von Indien gibt es mehrere Straßenverbindungen nach Nepal.

Nach Sikkim kommt man mit einem indischen Inlandsflug von New Delhi oder Kalkutta nach Bagdogra und dann mit dem Motorfahrzeug weiter auf der Straße nach Gangtok.

Nach Paro in Bhutan fliegt man von Kathmandu, New Delhi oder Kalkutta aus. Auf dem Landweg führt die Straße von Indien über die bhutanesische Grenzstadt Puntsholing nach Paro und Timphu. Eine selten benutzte Straßenverbindung in Ostbhutan führt von der Grenzstadt Samdrup Jongkhar nordwärts nach Tashigang.

Bei allen internationalen Flügen werden Rückbestätigungen für den Rückflug verlangt (72 Stunden vor Abflug).

Reisen im Land

Bus (Bahn)

Im nepalischen Terai gibt es 2 kurze Schmalspur-Bahnstrecken, eine südlich Kathmandu von der indischen Grenzstation Raxaul über Birganj nach Amlekhganj und die andere als Pilgerbahn vom indischen Jaynagar zu den Hindutempeln in Janakpur (Ostnepal).

Das Verkehrssystem öffentlicher Busse funktioniert auf den wenigen Straßen in Nepal recht gut. Man kann städtische Zentren wie Mahendranagar, Nepalganj, Bhairawa, Tansen, Pokhara, das Kathmandu-Tal, Biratnagar oder Dharan mit diesen Buslinien erreichen. Reisegruppen fahren mit reservierten Touristenbussen.

Auch Sikkim ist mit öffentlichen Bussen über die Straße nach Gangtok erreichbar.

In Bhutan werden Reisende in reservierten Touristenbussen oder Personenkraftwagen transportiert.

Taxi, Mietwagen

In den Hauptstädten der Himalayaländer sind Taxis verfügbar; in Kathmandu kommen dreirädrige »Scooter« und Fahrradrikschas hinzu.

Mietwagen werden wie Taxis behandelt und können nur mit Fahrer gemietet werden. Mehrtägige Fahrten im Mietwagen sind möglich, wobei sich der Fahrer selbst versorgt. Man sollte darauf achten, daß er ein wenig Englisch spricht.

In Bhutan werden für Einzelpersonen und kleine Reisegruppen Pkws von den staatlichen oder privaten Reiseorganisatoren zur Verfügung gestellt.

Flugzeug

Nepal besitzt ein gut ausgebautes, flächendeckendes Inlands-Flugnetz. Mit Avro-Maschinen werden Kathmandu, Pokhara und die größeren Flughäfen im Terai angeflogen. Zu den vielen kleinen, unbefestigten Erd- und Rasenpisten fliegen zweimotorige Twin-Otter-Maschinen.

Die meisten Flugziele im Bergland besitzen sogenannte STOL-Pisten (Short Take Off and Landing). Der Flugplan für regelmäßig angeflogene Orte kann wettermäßig bedingt – vor allem in der Monsunzeit – sehr stark abgeändert werden. Zu vielen Bergorten führen sogenannte Shuttle-Flüge von Kathmandu, Pokhara oder den Terai-Städten aus. So wird regelmäßig von Nepalganj nach Dipayal, Simikot, Jumla und Dunai, von Pokhara nach Jomosom, von Kathmandu nach Ramechap, Paphlu und Lukla, von Biratnagar nach Tumlingtar und Taplejung geflogen. Bei den Inlandsflügen sind 15 kg Freigepäck zugelassen.

Organisierte Touren

Spezielle Naturreisen in die Himalayaländer werden nur selten angeboten. Jede Trekkingreise ist aber auch ein Stück Naturreise. Der Besuch des Chitwan-Nationalparks wurde sogar zum festen Bestandteil vieler organisierter Nepalreisen.

Alle Trekking-Touren erfordern ein gewisses Maß an Organisation. Nur wenige Routen (Rund um die Annapurna, Langtang, Helambu, Khumbu-Gebiet) sind so gut gekennzeichnet und mit ausreichenden Unterkünften bestückt, daß man sie ohne einheimische Begleitung durchführen kann. Bei den meisten Touren braucht man Trekkingausrüstung (Zelte, Schlafmatten, Küchengeschirr, Nahrungsmittel), Träger oder Tragtiere, Koch und Küchenpersonal, Hilfspersonen für den täglichen Tourenablauf (z.B. Sherpas) und einen Sirdar (Chef der Begleitmannschaft).

In Europa gibt es eine beachtliche Anzahl von Reiseveranstaltern, die Trekkingtouren anbieten. Man kann seine Wanderung aber auch direkt im Land – in Kathmandu, Darjeeling, Gangtok oder Timphu – mit einer einheimischen Trekking-Agentur organisieren.

Der Besuch der Nationalparks im Terai kann ebenfalls über einheimische Reiseagenturen abgewickelt werden.

Unterkunft

In Nepal gibt es sowohl im Kathmandu-Tal als auch in Pokhara ein großes Angebot von Hotels aller Kategorien und viele Privatunterkünfte. Auch Gangtok, Paro und Timphu sind mit ordentlichen Hotels gut versorgt. In den Städten des Terai findet man nur wenige und meist einfache Hotelunterkünfte.
Auf einigen vielbegangenen Trekkingrouten kann man in – teilweise recht komfortablen – Lodges unterkommen.

Ernährung

In den Hotels und Restaurants der großen Städte kann man sowohl europäisch als auch international essen. Landesüblich sind indische, chinesische und tibetische Gerichte. Die traditionellen Mahlzeiten der Nepalesen, Sikkimesen und Bhutanesen haben Reis oder Mais als Grundnahrung, dazu Dhal (Linsen) und Gemüse, Chapati (Mehlfladen) und wenig Fleisch von Hühnern, Ziegen, Schafen und Büffeln. Getrunken wird Wasser oder bei Festlichkeiten Tschang (Most aus vergorenem Reis, Mais oder Hirse) und Rakschi (Getreideschnaps). Rindfleisch ist für Hindus aus religiösen Gründen verboten. Alle Gerichte werden sehr scharf mit Chili und Curry gewürzt.
Es empfiehlt sich für den Reisenden, wenig Fleisch und viel vegetarische Kost zu sich zu nehmen. Außerdem sollte man neben hygienisch einwandfrei in Flaschen abgefüllten Getränken nur gekochte Flüssigkeiten wie vor allem Tee trinken.

Kleidung

Da die meisten Reiseziele sich über erhebliche Höhendifferenzen erstrecken, ist die Mitnahme sowohl leichter als auch warmer Kleidung angebracht. Lediglich in den Nationalparks des Terai kommt man mit Sommerkleidung aus, sollte jedoch auch hier im Winter Pullover und warme Unterwäsche nicht vergessen. Im Hochgebirge kann es selbst im Sommer so kalt werden, daß man sich in jedem Fall mit warmer Kleidung wie bei einer Bergtour in den Alpen ausrüsten muß.

Sprache

In allen Himalayaländern ist Englisch die übliche Umgangssprache mit Touristen. Es wird allerdings von der einfachen Landbevölkerung nur schlecht verstanden und gesprochen.
In **Nepal** ist die erste Staatssprache das Nepali, die Sprache der Brahmanen und Chetris, die mit dem nordindischen Hindi verwandt ist und auf der Sanskritschrift basiert. Daneben gibt es für die vielen unterschiedlichen Volksgruppen des Landes stammeseigene Sprachen und Dialekte. Die tibetstämmigen Menschen in den nördlichen Landesteilen sprechen tibetische Dialekte.
Auch in **Sikkim** wird, neben dem indischen Hindi, vor allem Nepali gesprochen. Die einflußreichen Familien tibetischer Abstammung sprechen einen tibetischen Dialekt, die Lepchas eine eigene Sprache.
Die Staatssprache **Bhutans** ist das Dzongka, eine aus dem Tibetischen abgeleitete Sprache, die mit tibetischen Buchstaben geschrieben wird. Daneben spricht und versteht man in den meisten Landesteilen Nepali.

Medizinisches

In den Stadtzentren Nepals, Sikkims und Bhutans gibt es Krankenhäuser und eine ausreichende Versorgung mit Ärzten. Bei der Wanderung im Land allerdings muß man sich auf die mitgeführte Reiseapotheke verlassen. Sie sollte neben Mitteln gegen Schmerzen, Erkältung, Fieber und Verbandsmaterial vor allem etwas gegen die häufigen Durchfälle enthalten. Im Anfangsstadium einer Durchfallserkrankung kann man Kohletabletten, Elektrolyte und Symbioflor oder Perenterol in Kombination mit Imodium verwenden. Bei schweren Fällen braucht man Antibiotika. Zur Desinfektion von Wasser zum Trinken und

Zähneputzen im Hotel empfiehlt sich Micropur. Gegen Blutegel wirkt Salz sofort; als Vorbeugung kann man ein stark riechendes Desinfektionsmittel auf Schuhe und Hosenbeine streichen.
Beim Trekking in Höhenlagen über 3000 m kann Höhenkrankheit auftreten, die sich mit Kopfschmerzen, Übelkeit, unsicherem Gehen und Schwindelgefühlen ankündigt. Als einzige, wirksame Maßnahme muß man in solch einem Fall sofort in tiefere Lagen absteigen. Langsames Gehen, Streßvermeidung und das Trinken von viel Flüssigkeit wirken vorbeugend gegen die Höhenkrankheit. Die Höhenanpassung geschieht am besten nach dem Prinzip »hoch steigen – unten schlafen«.

Hygiene
Wegen der Gefahr von Durchfällen sollte man Obst sowie rohen Salat meiden und kein ungekochtes Wasser trinken. Auf die Unbedenklichkeit von Trinkwasser kann man sich weder in den Städten noch bei der Wanderung verlassen. In den großen Hotels werden zwar moderne Filter verwendet, aber das angebotene Wasser ist grundsätzlich nur in abgekochtem Zustand hygienisch einwandfrei. Man kann es überdies mit speziellen Taschenfiltern, Wasserreinigungstabletten oder Kaliumpermanganat entkeimen. Auf gar keinen Fall sollte man Eiswürfel oder Eiscreme zu sich nehmen.
Beim Gang zur Toilette wird von den Einheimischen Wasser anstelle von Toilettenpapier benutzt.

Fotografieren
Nepal, Sikkim und Bhutan sind ausgesprochene »Fotografierländer« mit einer Fülle attraktiver Motive. Deshalb sollte man Filmmaterial in ausreichender Menge auf die Reise mitnehmen. In den Ländern selbst sind Filme teuer und nur in den wichtigsten Städten erhältlich.
Während der Pflanzenfotograf bei der großen Auswahl an Blumen und Gehölzen voll auf seine Kosten kommt, hat es der Tierfotograf viel schwerer. Die meisten Säugetiere und Vögel sind scheu und lassen sich oft nur mit großen Brennweiten und ausgesprochener Geduld auf den Film bannen. Dankbare Tierobjekte sind manche Reptilien wie Felsenagamen (S.70), Krötenkopfagamen (S.65) und Frösche sowie verschiedene Insektengruppen wie Käfer oder Heuschrecken.

Souvenirs
Nepal ist ein Einkaufsparadies für Touristen. Das gilt vor allem für das Kathmandu-Tal. Erzeugnisse des Kunsthandwerks wie Bronzefiguren, Holzschnitzereien, Thanka-Malereien, Schmuck, Webereien, Teppiche und Holzdrucke auf handgeschöpftem Nepal-Papier sind besonders begehrt. Billige und formschöne Mitbringsel sind Kukris (gebogene Haumesser), Tonwaren und aus Bambus geflochtene Körbe oder Tabletts.
In Sikkim ist das Souvenirangebot ähnlich wie in Nepal, allerdings weniger reichhaltig.
Besonderheiten unter den bhutanesischen Souvenirs sind bunte, handgewebte Stoffe mit traditionellen Mustern, Dosen und kleine, geflochtene Körbe aus Bambus sowie Silberarbeiten und Holzschnitzereien.

Unterwegs in den Trekking- und Schutzgebieten

Genehmigungen
Für Trekkingtouren ist eine spezielle Genehmigung, das sogenannte Trekking-Permit, notwendig. Es wird vom Central Immigration Office im Stadtteil Thamel in Kathmandu ausgestellt und muß die Trekkingroute mit den wichtigsten Orten sowie die voraussichtliche Dauer der beabsichtigten Wanderung enthalten.
Für einige, erst kürzlich dem Tourismus geöffnete Regionen, die lange Zeit Sperrgebiete waren, muß eine gesonderte Ge-

nehmigung eingeholt und eine besonders hohe Gebühr bezahlt werden. Man will auf diese Weise die Besucherzahlen niedrig halten und das Geld für Entwicklungsvorhaben in den ökologisch und sozial sensiblen Gebieten verwenden.
Die derart betroffenen Trekkingrouten sind: Kangchendzönga; unteres Dolpo; Humla (Simikot-Yari, Weg zum Kailash in Tibet); Rund um den Manaslu; oberes Mustang, oberes Dolpo.
Für den Besuch der Schutzgebiete im Terai braucht man ebenfalls gesonderte Genehmigungen, und in allen Schutzgebieten muß eine zusätzliche Gebühr entrichtet werden.

Fortbewegung

Die Ausgangspunkte für Wanderungen sind zwar in der Regel auf Straßen oder mit dem Flugzeug zu erreichen, aber im Trekkinggebiet selber muß man zu Fuß gehen. Dabei sind durchwegs beträchtliche Höhenunterschiede zu überwinden. Das Gepäck wird von Trägern oder Tragtieren (Mulis, Pferde, Yaks) transportiert. Es ist ratsam, den Gepäcktransport und die einheimische Begleitung über eine private oder staatliche (Bhutan) Trekkingagentur organisieren zu lassen.
In den Schutzgebieten des Terai kann man Exkursionen auf Elefanten, in Booten auf den Flüssen oder zu Fuß mit einheimischem Führer unternehmen.

Unterkunft

Nur in wenigen, stark besuchten Trekkinggebieten (Rund um die Annapurna, Langtang, Helambu, Khumbu) sind Lodge-Unterkünfte oder gar kleine Hotels in ausreichender Anzahl vorhanden. Der Standard dieser Unterkünfte entspricht in etwa den Berghütten der Alpen.
Auf allen anderen Trekkingrouten muß man Campingausrüstung mitnehmen und in Zelten schlafen. Gelegentlich ist es auch möglich, unter dem Vordach eines Bauernhauses zu nächtigen.
In den Schutzgebieten des Terai stehen Lodges oder Zeltcamps zur Verfügung. Freies Zelten ist im Nationalpark oder Wildreservat der Terai-Ebene nicht erlaubt.

Ausrüstung

Wenn man in einem Gebiet mit genügend Lodge-Unterkünften unterwegs ist, kann man auf einheimische Begleitung verzichten und seine gesamte Ausrüstung in einem großen Rucksack unterbringen. In den meisten Wandergebieten braucht man aber einheimische Begleitung, und dann genügt für den jeweiligen Wandertag ein Tagesrucksack, während man das Hauptgepäck in einem gut zu transportierenden Seesack unterbringt.
Zu der Ausrüstung eines Trekkers gehören warme Kleidung, festes Schuhwerk und vor allem ein wärmender Schlafsack (Daunen oder Kunststofffüllung). Um im steilen Gelände die Knie zu entlasten, benutzen viele Wanderer verstellbare Teleskop-Skistöcke. Wichtig ist eine Taschenlampe, am besten als Kopflampe, versehen mit genügend Reserve-Batterien.
Bei geführten Gruppenreisen werden Zelte und Schlafmatten von der Trekkingagentur gestellt.
Auch für den Besuch eines Schutzgebiets im Terai ist der Tagesrucksack empfehlenswert. Der Aufwand an Kleidung ist indessen wegen des milderen Klimas geringer.

Versorgung

Wenn man eine Trekkingtour mit einheimischer Begleitung unternimmt, ist die Versorgung mit Zelten und Nahrungsmitteln gesichert. Die begleitenden Sherpas stellen am Lagerplatz die Zelte auf, Koch und Küchenhelfer bereiten die Mahlzeiten (Frühstück, Lunch, Abendessen) zu. Für genügend Getränke (Tee, heißes Wasser) wird gesorgt. Es empfiehlt sich, Aufgußbeutel mit Früchte- oder Kräutertees mitzunehmen, die vor allem abends Abwechslung in die Flüssigkeitsversorgung bringen.

Im Ghunsa-Tal am Fuß des Kangchendzönga hat eine Trekkinggruppe ihr Zeltlager augeschlagen.

Allein reisende Wanderer können sich in Lodges versorgen, müssen aber zusätzlich Lebensmittel für den Tagesbedarf und ausreichend Getränke (z.B. Tees) mitnehmen. Während des Aufenthaltes in den Nationalparks und Wildreservaten des Terai wird der Reisende in den entsprechenden Lodges und Zeltcamps versorgt.

Wichtige Adressen

In Deutschland

- Königlich-Nepalische Botschaft, Im Haag 15, 53179 Bonn, Tel. 0228-343097, Fax 0228-856747.
- Königlich Nepalisches Generalkonsulat, Flinschstr. 63, 60388 Frankfurt/M., Tel. 069-40871, Fax 069-4087208.
- Königlich-Nepalisches Honorarkonsulat, Uhlandstr. 171/172, 10719 Berlin, Tel. 030-8814049, Fax 030-8825917.
- Königlich-Nepalisches Honorarkonsulat, Landsbergerstr. 191, 80687 München, Tel. 089-5704406, Fax 089-5701386.
- Königlich-Nepalisches Honorarkonsulat, Schmidener Weg 7, Postfach 1527, 70736 Fellbach/Württbg., Tel. 0711-957912-24, Fax 0711-957912-33.
- Deutsch-Nepalische Gesellschaft e.V., Postfach 190327, 50500 Köln, Tel. 02204-22060, Fax 02204-61565 (Förderung der deutsch-nepalischen Beziehungen in allen Bereichen, Publikationen).
- Freunde Nepals e.V., Siegfriedstr. 6, 80803 München, Tel. 089-3801570, Fax 089-336529 (Partnerschaftsprojekte für Kultur, Bildung, Umwelt und Gesundheitswesen, Information über Nepal).
- Deutsch-Nepalische Hilfsgemeinschaft e.V., Handwerkstr. 5-7, Postfach 800206, 70502 Stuttgart, Tel. 0711-7864617, Fax 0711-7864630 (Humanitäre Hilfe).
- Bhutan-Himalaya-Club e.V., c/o Büro Hermanns, Schaafenstr. 7, 50676 Köln, Tel. 0221-249516, Fax 0221-241043.
- Human Rights Forum (HURFON) Nepal e.V., c/o Hari Karki, Sebastianstr. 35, 52066 Aachen, Tel. 0241-64443, Fax 0241-601392.

In der Schweiz

- Königlich-Nepalisches Konsulat, Asylstr. 81, CH-8030 Zürich, Tel. 01-475993.
- The Permanent Mission of the Kingdom of Bhutan to the UN, 17-19 Chemin du Champ d'Anier, CH-1209 Genève, Tel. 022-7987971, Fax 022-7882593.
- Freundeskreis Nepal/Association Suisse-Népal, Brüöl 10, CH-6430 Schwyz, Tel. 043-216306.

In Nepal

- Botschaft der Bundesrepublik Deutschland, P.O. Box 226, Gyaneshwar, Kathmandu, Nepal, Tel. 00977-1-412786, 416527, 416832, Fax 00977-1-416899.
- Goethe-Institut, P.O. Box 1103, Ganabahal, Kathmandu NepaL; Tel. 0977-1-220528, Fax 00977-1-222967.

Informationen

- Nepal Information, Redaktion: Dr. W. Donner, Düsseldorfer Str. 58, 51145 Köln, Tel. 022033-26660, Fax 02203 24001 (Zeitschrift der Deutsch-Nepalischen Gesellschaft e.V.).
- Nepal Rundbrief, amnesty international, c/o Annemarie Willjes, Hauptstr. 32, 33647 Bielefeld, Tel. 0521-410409 (hier auch amnesty international Nepal-Koordinationsgruppe).

Verzeichnis häufiger nepalischer, tibetischer und indischer Namen

Bahun = anderer Name für Brahmane
Banyang = Paß (Nepalisch)
Bodhisattva = buddhistisches Erleuchtungswesen
Bhotia = tibetstämmige Volksgruppe im Himalaya
Brahmanen = oberste Hindu-Kaste (in Nepal Volksgruppe)

Chetri = Volksgruppe (2. Hindu-Kaste)
Chu = Fluß (Tibetisch)

Danuwar = Volksgruppe in Nepal (Terai)
Danda, z.B. Milke Danda = niedrigerer Gebirgszug (Nepalisch)
Dasain = Hindu-Opferfest
Deorali = Paßübergang (Nepalisch)
Dhangar = Volksgruppe in Nepal (Terai)
Dolpopa = Bewohner der Dolpo-Region
Dun = Tieflandzone hinter den ersten Vorbergen
Dzong = Klosterburg in Bhutan
Dzopkio = Kreuzung zwischen Yak und Rind

Ganesh = elefantenköpfiger Sohn Shivas (Hindugott)
Garuda = menschenköpfiger Göttervogel, Reittier Vishnus
Gompa = buddhistisches Kloster (Tibetisch)
Gurkha = nepalischer Söldnersoldat
Gurung = Volksgruppe in Nepal

Hanuman = hinduistischer Affengott
Himal = Hochgebirgsgruppe
Himal-Karayo = Pfeifhase (Nepalisch)
Humlapa = Bewohner der Region Humla

Jirel = Volksgruppe in Nepal

Kho = Kleidungsstück der Männer in Bhutan
Kola = Flußtal mit kleinerem Fluß
Kosi = größerer Fluß
Kund = See im Hochgebirge

La = Paß (Tibetisch)
Lepcha = Ureinwohner Sikkims
Licchavi-Dynastie = frühe Hindufürsten in Nepal (1.-5. Jh.)
Limbu = Volksgruppe in Ostnepal
Lopa = Bewohner von Ober-Mustang (Lo)
Lungtak = mythisches Windpferd

Magar = Volksgruppe in Nepal
Makara = Fabelwesen
Manangpa = Bewohner des oberen Marsyandi-Tals (Manang)
Manjushri = buddhistische Gottheit und Bodhisattva
Mugupa = Bewohner der Region Mugu in Nordwestnepal

Newar = Volksgruppe im Kathmandu-Tal (Kulturträger)

Pagode = Tempelform in Nepal
Pokhri = See (Nepalisch)

Rai = Volksgruppe in Ostnepal

Saligram = heiliger Stein aus Kalk, meist mit Ammoniten
Satar = Volksgruppe in Nepal (Terai)
Schamane = Geistheiler
Sherpa = Volksgruppe in Ostnepal (Trekking-Begleiter)
Shiva = Hindu-Gott (der Zerstörer)
Stupa = Reliquienschrein
Sunwar = Volksgruppe in Nepal

Taiakbo = Pfeifhase (Sherpa-Sprache)
Tal = großer See
Tamang = Volksgruppe in Nepal
Thakali = Volksgruppe in Nepal (Kali-Gandaki-Tal)
Thakuri = Volksgruppe in Westnepal
Thanka = Meditations-Rollbild
Tharu = Volksgruppe in Nepal (Terai)
Tschauri = Kreuzung zwischen Yak und Rind (Nepalisch)
Tshautara = Rastmauer mit Schattenbaum
Tschörten = Kleinstupa (Tibetisch)

Vishnu = Hindu-Gott (der Erhalter)

Anhang

Landkarten

Landkarten von den Himalayaländern gibt es als Übersichts- und als Detailkarten. Die folgenden Ausgaben können empfohlen werden.

Übersichtskarten
Himalaya gesamt (Nepal, Sikkim Bhutan), 1 : 1 500 000, Nelles Verlag, München.
Nepal gesamt, 1 : 1 500 000, Nepal Osthälfte, 1 : 500 000, Nelles Verlag, München
Nepal Reliefkarte, 1 : 1 408 000, Kümmerly & Frey, Bern.
Nepal, 1 : 800 000, Mandala Maps, Kathmandu.
Shell Reisekarte Nepal und Sikkim, 1 : 750 000, Marco Polo, Mair's Geographischer Verlag, Ostfildern.
Sikkim Himalaya, 1 : 150 000, Schweizer Stiftung für Alpine Forschung, Zürich.
The Kingdom of Sikkim, 1 : 150 000, Association of American Geographers, Washington.
The Kingdom of Bhutan, 1 : 253 440, Williams & Heintz Map Corp., Washington.

Detailkarten
Die besten Detailkarten von Nepal wurden durch den Österreicher Erwin Schneider aufgenommen und von der Arbeitsgemeinschaft für vergleichende Hochgebirgsforschung herausgegeben (Schneider-Karten).
Lieferbar sind gegenwärtig:
im Maßstab 1 : 100 000,
Annapurna, Helambu/Langtang;
im Maßstab 1 : 50 000,
Khumbu Himal, Shorung/Hinku, Dhud Koshi, Tamba Koshi, Rolwaling, Lapchi Kang, Kathmandu Valley;
im Maßstab 1 : 10 000,
Kathmandu City, Patan City.
Außerdem gibt es im Maßstab zwischen 1 : 90 000 und 1 : 250 000 schwankende Trekkingkarten, sogenannte Mandala Maps (Blaupausen, in Kathmandu erhältlich), die etwas ungenau sind, aber praktisch alle Trekkinggebiete im Gebirge abdecken.
Schließlich werden in den Hauptstädten der Himalayaländer weitere Karten und Stadtpläne mit unterschiedlicher Genauigkeit angeboten.

Literatur

ALLEN, M. (1993): Marvellous Moths of Nepal. Know Nepal Series No. 6. Craftsman Press, Bangkok.

ALI, S. (1978): Field Guide to the Birds of the Eastern Himalayas. Delhi–Oxford University Press, London–New York.

ALI, S. (1984): The Handbook of the Birds of India and Pakistan (Comprehensive Edition or 10 Volumes). Bombay Natural History Society.

BEDI, R. & R. SHARMA (1983): Images of Sikkim. Government of Sikkim, Rigsum Productions, Gangtok.

CORBET, G.B. & J.E. HILL (1991): A World List of Mammalian Species. Oxford University Press, Oxford–New York–Toronto.

DIESSELHORST, G. (1968): Beiträge zur Ökologie der Vögel Zentral- und Ost-Nepals. Khumbu Himal 2. Universitätsverlag Wagner, Innsbruck–München.

DOBREMEZ, J.F. & C. JEST (1971): Carte Écologique du Népal, I. Région Annapurna-Dhaulagiri, 1 : 25 000. Cahier Népalais, Laboratoire de Biologie Végétale, Université de Grenoble.

DOBREMEZ, J.F. (1972): Carte Écologique du Népal, II. Région Jiri–Thodung, 1 : 50 000. Cahiers Népalais, Laboratoire de Biologie Végétale, Université de Grenoble.

DONNER, W. (1994): Lebensraum Nepal. Institut für Asienkunde, Hamburg.

DUBOIS, A. (1974): Liste commenté d'Amphibiens récoltés au Népal. Bulletin du Muséum National d'Histoire Naturelle, Zoologie 143, No. 213, Paris: 341-411.

FINN, F. (1929): Sterndale's Mammalia of India. Thacker, Spink & Co., Calcutta–Simla.

FLEMING, R.L. sr. & jr. (1976): Birds of Nepal. 2. Aufl. Avalok Publishers, Kathmandu.

GRIFFITH, W. (1847): Journals of Travels in Assam, Burma, Bootan, Afghanistan and the neighbouring countries. Calcutta.

GRUBER, U. (1969): Tiergeographische, ökologische und bionomische Untersuchungen an kleinen Säugetieren in Ost-Nepal. Khumbu Himal 3, 2. Lieferung. Universitätsverlag Wagner, Innsbruck–München: 149-312.

GRUBER, U. (1985): In den Tälern des Himalaya. Harnack Verlag, München.

GRUBER, U. (1991): Nepal, ein Königreich im Schatten des Himalaya. Prestel Verlag, München.

HAGEN, T. (1968/69): Report on the Geological Survey of Nepal. Denkschriften der Schweiz. Naturforschenden Gesellschaft, Vol. 86/1 and 86/2 & Attached Plates, Zürich.

HAGEN, T. (1993): Brücken bauen zur Dritten Welt. Academia-Verlag, St. Augustin.

HARA, H. (1968): Photo-Album of Plants of Eastern Himalaya. Inoue Book Company, Tokyo.

HARA, H. (1971): The Flora of Eastern Himalaya. University of Tokyo Press.

HELLMICH, W. (1971): Research Scheme Nepal Himalaya. Universitätsverlag Wagner, Innsbruck–München.

HODGSON, B.H. (1855): Catalogue of Nipalese birds, collected between 1824 and 1844. Journal of the Asiatic Society of Bengal 24: 572-582.

HODGSON, B.H. (1855): On the Geographical Distribution of the Mammalia and Birds of the Himalaya. Proceedings of the zoological Society London 23: 124-128.

HOOKER, J.D. (1891, reprinted 1969): Himalayan Journals, notes of a naturalist in Bengal, the Sikkim and Nepal Himalayas, the Khasia Mountains etc., Vol. 1 & 2. J. Murray, London. Reprint: Today and Tormorrow's Printers & Publishers, New Delhi.

INSKIPP, C. & T. (1991): A Guide to the Birds of Nepal. 2. Aufl. Christopher Helm, London.

INSKIPP, C. A (1989): Popular guide to the Birds and Mammals of the Annapurna Conservation Area. Published by Annapurna Conservation Area Project (ACAP), Kathmandu.

ISRAEL, S. & T. SINCLAIR (editors 1987): Indian Wildlife with Sri Lanka and Nepal. Inside Guides, Apa Productions, Singapore.

JACKSON, R. & D. HILLARD (1986): Tracking the elusive Snow Leopard. National Geographic Magazine 169, No. 6, Washington: 793-809.

KARAN, P.K. (1967): Bhutan, a physical and cultural Geography. University of Kentucky Press, Lexington.

MAJUPURIA, T.C. (1981/82): Wild is beautiful, introduction to Fauna and Wildlife of Nepal. Craftsman Press, Bangkok.

MAJUPURIA, T.C. (1977): Sacred & Symbolic Animals of Nepal. Sahayogi Prakashan, Kathmandu.

MANANDHAR, N.P. (1980): Medicinal Plants of Nepal Himalaya. Ratna Pustak Bhandar, Kathmandu.

MARTENS, J. (1979): Die Fauna des Nepal-Himalaya, Entstehung und Erforschung. Natur und Museum 109 (7), Frankfurt a.M.: 221-243.

MISHRA, H.R. & M. JEFFERIES (1991): Royal Chitwan National Park, Wildlife Heritage of Nepal. King Mahendra Trust for Nature Conservation, Kathmandu; The Mountaineers, Seattle.

NANHOE, L.M.R. & P. OUBOTER (1987): The Distribution of Reptiles and Amphibians in the Annapurna-Dhaulagiri Region. Zoologische Verhandelingen No. 240, Leiden.

NEUMANN-DENZAU, G. & H. DENZAU (1992): Reiseführer Natur Indien. BLV, München.

MATTHIESSEN, P. (1980): Auf der Spur des Schneeleoparden. Scherz-Verlag, Bern–München–Wien.

POLUNIN, O. & A. STAINTON (1984): Flowers of the Himalaya. Delhi–Oxford University Press, Bombay–Calcutta–Madras.

POMMARET, F. (1992): Bhutan. Edition Erde im BW Verlag, Nürnberg.

PRATER, S.H. (1971): The book of Indian Animals. Bombay Natural History Society (dritte Auflage).

SCHÄFER, E. (1943): Geheimnis Tibet (erster Bericht der deutschen Tibet-Expedition Ernst Schäfer 1938/39). Verlag F. Bruckmann, München.

SCHLEICH, H.H. & T.M. MASKEY (1992): Der Chitwan-Nationalpark im Süden Nepals. Natur und Museum 122 (8), Frankfurt a.M.: 248-257.

SCHWEINFURTH, U. (1957): Die horizontale und vertikale Verbreitung der Vegetation im Himalaya. Bonner Geographische Abhandlungen Heft 20, Ferd. Dümmlers Verlag, Bonn.

SMITH, C. (1993): Illustrated Checklist of Nepal's Butterflies. Craftsman Press, Bangkok.

STAINTON, J.D.A. (1972): Forests of Nepal. John Murray, London.

STAINTON, A. (1990): Flowers of the Himalaya, a supplement. Delhi–Oxford University Press, Bombay–Calcutta–Madras.

STERBA, G. (1987): Süßwasserfische der Welt. Verlag Eugen Ulmer, Stuttgart.

STORRS, A. & J. (1987): Enjoy Trees (a guide to some of the trees and shrubs found in Nepal). Craftsman Press, Bangkok.

SWAN, L.W. & A.E. LEVITON (1962): The Herpetology of Nepal: a history, checklist and zoogeographical analysis of the Herpetofauna. Proceedings of the California Academy of Sciences, Vol. 32, No. 6: 103-147.

WILHELMY, H. (1990): Bhutan. Becksche Reihe Aktuelle Länderkunden. Verlag C.H. Beck, München.

Wörterbuch
Deutsch/Englisch/Wissenschaftlich

Einige deutsche Namen werden mit 2 (bei den Pflanzen in Ausnahmefällen mit 3) wissenschaftlichen Bezeichnungen versehen, da im Text diese Arten oder Unterarten gemeint sind.

Säugetiere

Argali/Argali/Ovis ammon
Axishirsch/Spotted Deer/Axis axis

Bandikutratte/Greater Bandicot-Rat/Bandicota indica
Barasinghahirsch/Swamp Deer/Cervus duvaucelii
Bengalfuchs/Bengal Fox/Vulpes bengalensis
Bengalkatze/Leopard Cat/Felis bengalensis
Bergspitzmäuse/Mountain Shrews/Soriculus sp.
Bergwaldratte/Smoke-bellied Rat/Niviventer eha
Bergwühlmaus/Royle's Mountain Vole/Alticola roylei
Blauschaf/Bharal/Pseudois nayaur
Braunbär/Brown Bear/Ursus arctos

Dschungelkatze/Jungle Cat/Felis chaus

Fischkatze/Fishing Cat/Felis viverrina
Flughörnchen/Red Giant Flying Squirrel/Petaurista petaurista
Fünfstreifenhörnchen/Northern Palm Squirrel/Funambulus pennanti

Ganges-Delphin/Ganges Dolphin/Platanista gangetica
Gaur/Gaur/Bos gaurus
Gelbkehlmarder/Yellow-throated Marten/Martes flavigula
Goldkatze/Asiatic Golden Cat/Felis temminckii
Goldlangur/Golden Langur/Presbytis geei
Goldschakal/Golden Jackal/Canis aureus
Goral/Goral/Nemorhaedus goral
Gorkha-Waldmaus/Gorkha Wood-Mouse/Apodemus gurkha

Himalayafuchs/Himalayan Red Fox/Vulpes vulpes montana
Himalaya-Langur/Hanuman Langur/Presbytis entellus
Himalaya-Larvenroller/Masked Palm Civet/Paguna larvata
Himalaya-Murmeltier/Himalayan Marmot/Marmota himalayana
Himalaya-Pfeifhase/Himalayan Pika/Ochotona roylei
Himalaya-Schwarzbär/Himalayan Black Bear/Selenarctos thibetanus
Himalaya-Tahr/Himalayan Tahr/Hemitragus jemlahicus
Himalayawiesel/Himalayan Weasel/Mustela sibirica
Hirschziegenantilope/Blackbuck/Antilope cervicapra
Honigdachs/Honey Badger or Ratel/Mellivora capensis

Indien-Zibetkatze/Large Indian Civet/Viverra zibetha
Indische Gazelle/Chinkara/Gazella gazella
Indische Zwerg-Zibetkatze/Small Indian Civet/Viverricula indica
Indischer Elefant/Indian Elephant/Elephas maximus
Indischer Fischotter/Smooth-coated Otter/Lutra perspicillata
Indischer Mungo/Indian Grey Mongose/Herpestes edwardsii

Kleiner Panda/Red Panda/Ailurus fulgens

Leopard/Leopard/Panthera pardus
Lippenbär/Sloth Bear/Melursus ursinus

Moschushirsch/Musk Deer/Moschus chrysogaster
Moschusspitzmaus/Musk Shrew/Suncus murinus
Muntjakhirsch/Indian Muntjac/Muntiacus muntjak

Nebelparder/Clouded Leopard/Neofelis nebulosa
Nilgai-Antilope/Nilgai/Boselaphus tragocamelus

Orangebäuchiges Himalayahörnchen/Orange-bellied Himalayan Squirrel/Dremomys lokriah

Palmenroller/Common Palm Civet/Paradoxurus hermaphroditus
Panzernashorn/Indian Rhinoceros/Rhinoceros unicornis

Rhesusaffe/Rhesus Macaque/Macaca mulatta
Riesenflughund/Indian Flying Fox/Pteropus giganteus

Sambar-Hirsch/Sambar/Cervus unicolor
Schapi/Sikkim-Tahr/Hemitragus jemlahicus schaeferi
Schneeleopard/Snow Leopard/Panthera uncia
Schuppentier/Chinese Pangolin/Manis pentadactyla
Schweinshirsch/Hog Deer/Cervus porcinus
Serau/Mainland Serow/Capricornis sumatraensis
Sikkim-Kurzohrmaus/Sikkim-Vole/Pitymys sikimensis
Spitzhörnchen/Northern Tree Shrew/Tupaia belangeri
Stachelschwein/Porcupine/Hystrix brachyura
Steinmarder/Beech Marten/Martes foina
Stoliczkas Bergwühlmaus/Stoliczka's Mountain Vole/Alticola stoliczkanus
Streifenhörnchen/Striped Squirrels/Funambulus spec.
Streifenhyäne/Striped Hyaena/Hyaena hyaena

Takin/Takin/Budorcas taxicolor
Tibetfuchs/Tibetan Fox/Vulpes ferrilata
Tiger/Tiger/Panthera tigris

Vierhornantilope/Four-horned Antelope/Tetracercus quadricornis
Vorderindien-Wasserbüffel/Indian Waterbuffalo/Bubalus bubalus

Wildschwein/Wild Boar/Sus scrofa
Wolf/Wolf/Canis lupus

Vögel

Adams Schneefink/Tibetan Snowfinch/Montifringilla adamsi
Almoraspecht/Scaly-bellied Green Woodpecker/Picus squamatus
Alpendohle/Alpine Chough/Pyrrhocorax graculus
Alpenkrähe/Red-billed Chough/Pyrrhocorax pyrrhocorax
Alpenrotschwanz/Blue-fronted Redstart/Phoenicurus frontalis

Bachkiebitz/River Plover/Hoplopterus duvaucelii
Bänder-Siva/Chestnut-tailed Minla/Chrysominla strigula
Bankivahuhn/Red Junglefowl/Gallus gallus
Bartgeier/Bearded Vulture or Lammergeier/Gypaetus barbatus
Barttrappe/Bengal Florican/Eupodotis bengalensis
Bengalengeier/Oriental White-backed Vulture/Gyps bengalensis
Beo/Talking Mynah/Gracula religiosa
Berggimpel/Spot-crowned Rosefinch/Rubicilla rubicilla
Berghänfling/Twite/Agriospiza flavirostris
Bergkohlmeise/Green-backed Tit/Parus monticolus
Bergprinie/Striated Prinia/Suga criniger
Bergrubinkehlchen/Himalayan Rubithroat/Calliope pectoralis
Bindenlaufhühnchen/Barred Buttonquail/Turnix suscicator
Birkenmeise/Grey-crested Tit/Lophophanes dichrous
Blaubartvogel/Great Barbet/Megalaima virens
Blaukehlschnäpper/Blue-throated Blue Flycatcher/Cyornis rubeculoides
Blaumerle/Blue Rock-Thrush/Monticola solitaria
Blauschwanz/Orange-flanked Bush-Robin/Janthia cyanurus
Blutfasan/Blood Pheasant/Ithaginis cruentus
Brahmanenkauz/Spotted Little Owl/Athene brama
Brahminenweihe/Brahminy Kite/Haliastur indus
Braunhalsspecht/Himalayan Golden-backed Woodpecker/Dinopium shorii
Braunliest/White-breasted Kingfisher/Halcyon smyrnensis
Bronzedrongo/Bronzed Drongo/Dicrurus aeneus
Brustbandhäherling/Greater Necklaced Laughing Thrush/Garrulax pectoralis
Bülbülamsel/Grey-winged Blackbird/Turdus boulboul
Buntflügelhäherling/Variegated Laughing-Thrush/Garrulax variegatus

Chukarhuhn/Chukar partridge/Alectoris chukar

Dayaldrossel/Asian Magpie-Robin/Copsychus saularis
Dickschnabelkrähe/Jungle Crow/Corvus macrorhynchus
Dickschnabel-Mistelfresser/Thick-billed Flowerpecker/Piprisoma agile
Doppelhornvogel/Great Pied Hornbill/Buceros bicornis
Dschungedroßling/Jungle Babbler/Turdoides striatus
Dschungelkauz/Jungle Owlet/Glaucidium radiatum
Dschungel-Nachtschwalbe/Jungle Nightjar/Caprimulgus indicus
Dschungelprinie/Jungle Prinia/Prinia sylvatica
Dünnschnabelgimpel/Dark-breasted Rosefinch/Carpodacus nipalensis

Fahlbauch-Paradiesschnäpper/Asian Paradise Flycatcher/Terpsiphone paradisi
Felsengimpel/Red-breasted Rosefinch/Carpodacus puniceus
Feuerbrust-Blütenpicker/Buff-bellied Flowerpecker/Dicaeum ignipectus
Feuerschwanz-Nektarvogel/Fire-tailed Sunbird/Aethopyga ignicauda
Flaggendrongo/Greater Racket-tailed Drongo/Dicrurus paradiseus
Flecken-Scherenschwanz/Spotted Forktail/Enicurus maculatus
Flußregenpfeifer/Little Ringed Plover/Charadrius dubius
Fluß-Wasseramsel/Brown Dipper/Cinclus pallasii
Fuchseule/Mountain Scops Owl/Otus spilocephalus

Gänsesäger/Goosander/Mergus merganser
Gebirgsstelze/Grey Wagtail/Motacilla cinerea
Gelbfußtaube/Yellow-footed Green Pigeon/Treron phoenicoptera
Gelbnacken-Juhina/Yellow-naped Yuhina/Yuhina flavicollis
Gelbschnabelkitta/Yellow-billed Blue Magpie/Urocissa flavirostris
Gelbschwanz-Glanzfasan/Himalayan Monal/Lophophorus impejanus
Glanzkrähe/House Crow/Corvus splendens
Goldbauch-Fächerschwanz/Yellow-bellied Fantail/Rhipidura hypoxantha
Goldhähnchen-Laubsänger/Yellow-rumped Leaf Warbler/Phylloscopus proregulus
Goldschulterspecht/Black-backed Woodpecker/Chrysocolaptes festivus
Goldschwanz/Golden Bush-Robin/Tarsiger chrysaeus
Goldschwingenhäherling/Scaly Laughing Thrush/Trochalopteron elliotii
Grandala/Grandala/Grandala coelicolor
Graubrachschwalbe/Small Pratincole/Glareola lactaea
Graubrust-Baumelster/Himalayan Treepie/Dendrocitta formosae
Graubrustdrongo/White-bellied Drongo/Dicrurus caeruleus
Graudrongo/Ashy Drongo/Dicrurus leucocephalus
Graufischer/Small Pied Kingfisher/Ceryle rudis
Graukopf-Seeadler/Grey-headed Fishing Eagle/Ichthyophaga ichthyaetus
Grauscheitel-Laubsänger/Grey-hooded Warbler/Seicercus xanthoschistos
Grauspecht/Grey-headed Woodpecker/Picus canus
Großer Alexandersittich/Alexandrine Parakeet/Psittacula eupatria
Grünlaubsänger/Dull Green Leaf Warbler/Phylloscopus trochiloides

Haarbuschdrongo/Hair-crested Drongo/Dicrurus hottentottus
Haldenhuhn/Snow Partridge/Lerwa lerwa
Halsbandkernbeißer/Collared Grosbeak/Mycerobas affinis
Haubenadler/Changeable Hawk-Eagle/Nisaetus cirrhatus
Haubenhäherling/Striated Laughing Thrush/Garrulax striatus
Himalaya-Baumläufer/Himalayan Treecreeper/Certhia himalayana
Himalayabraunelle/Altai Accentor/Prunella himalayanus
Himalayadrossel/Plain-backed Mountain Thrush/Turdus mollissimus
Himalaya-Königshuhn/Himalayan Snowcock/Tetraogallus himalayensis
Himalaya-Laubsänger/Tickell's Leaf Warbler/Phylloscopus affinis
Himalaya-Salangane/Himalayan Swiftlet/Collocalia brevirostris
Himalayasittich/Slaty-headed Parakeet/Psittacula himalayana
Himalayaspecht/Himalayan Pied Woodpecker/Dendrocopos himalayaensis
Hinduseeschwalbe/River Tern/Sterna aurantia
Hindusegler/White-rumped Needletail/Chaetura sylvatica
Hopfkuckuck/Oriental Cuckoo/Cuculus saturatus
Hügelhuhn/Common Hill Partridge/Arborophila torqueola

Ibisschnabel/Ibisbill/Ibidorhyncha struthersii

Jungfernkranich/Demoiselle Crane/Anthropoides virgo

Kalijhuhn/Kalij Pheasant/Lophura leucomelana
Kappenpitta/Hooded Pitta/Pitta sordidae
Karmingimpel/Common Rosefinch/Carpodacus erythrina
Kehlstreifen-Juhina/Stripe-throated Yuhina/Yuhina gularis
Keilschwanztoko/Indian Grey Hornbill/Tockus birostris
Klaffschnabel/Asian Openbill Stork/Anastomus oscitans
Knäkente/Garganey/Anas querquedula
Königsdrongo/Black Drongo/Dicrurus macrocercus
Koklasfasan/Koklass Pheasant/Pucrasia macrolopha
Kolbenente/Red-crested Pochard/Netta rufina
Kolkrabe/Common Raven/Corvus corax
Kormoran/Great Cormorant/Phalacrocorax carbo
Koromandelkuckuck/Red-winged Crested Cuckoo/Clamator coromandus
Krabbentriel/Great Stone-Plover/Burhinus recurvirostris
Kuhreiher/Cattle Egret/Bubulcus ibis
Kurzflügelkuckuck/Short-winged Cuckoo/Cuculus micropterus

Langschwanz-Mennigvogel/Long-tailed Minivet/Pericrocotus ethologus

Maina oder Hirtenstar/Common Mynah/Acridotheres tristis
Malaienadler/Black Eagle/Ictinaetus malayensis
Mattenschneegimpel/Brandt's Mountain-Finch/Leucosticte brandti
Meenataube/Oriental Turtle Dove/Streptopelia orientalis
Meerblauer Fliegenschnäpper/Verditer Flycatcher/Eumyias thalassina
Mohrenschwarzkehlchen/Pied Bushchat/Saxicola caprata

Nachtreiher/Black-crowned Night Heron/Nycticorax nycticorax
Nepalsibia/Hoary barwing/Actinodura nipalensis

Ohrenlerche/Horned Lark/Eremophila alpestris
Orangespecht/Lesser Golden-backed Woodpecker/Dinopium beughalense
Orienthornvogel/Oriental Pied Hornbill/Anthracocercos coronatus

Paddyreiher/Indian Pond Heron/Ardeola grayii
Perlhalstaube/Spotted Dove/Streptopelia chinensis
Pfau/Blue Peafowl/Pavo cristatus
Purpurhuhn/Purple Gallinule/Porphyrio porphyrio
Purpurnektarvogel/Purple Sunbird/Nectarinia asiatica
Purpur-Pfeifdrossel/Blue Whistling Thrush/Myophonus coeruleus
Purpurreiher/Purple Heron/Ardea purpurea

Reiherente/Tufted Duck/Aythya fuligula
Rötelmerle/Chestnut-bellied Rock-Thrush/Monticola rufiventris
Rosabrauengimpel/Pink-browed Rosefinch/Carpodacus rhodochrous
Rosenpieper/Rosy Pipit/Anthus roseatus
Rosenbrustsittich/Rose-breasted Parakeet/Psittacula alexandri
Rostgans/Ruddy Shelduck/Tadorna ferruginea
Rostkappen-Schwanzmeise/Red-headed Tit/Aegithalos concinnus
Rostspecht/Rufous Woodpecker/Micropterus brachyurus
Rostwangen-Schwanzmeise/Rufous-fronted Tit/Aegithalos iouschistos
Rotbauch-Baumläufer/Nepal Treecreeper/Certhia nipalensis
Rotbauch-Niltava/Rufous-bellied Niltava/Niltava sundara
Rotbrustbraunelle/Robin Accentor/Prunella rubeculoides
Rotbrustmeise/Rufous-vented Black Tit/Parus rubidiventris
Rotkopf-Buschsänger/Rufous-capped Bush Warbler/Cettia brunnifrons
Rotkopfgimpel/Red-headed Bullfinch/Pyrrhula erythrocephala
Rotkopfhäherling/Red-headed Laughing-Thrush/Garrulax erythrocephalus
Rotkopftimalie/Rufous-capped Babbler/Stachyris ruficeps
Rotlappenkiebitz/Red-wattled Plover/Vanellus indicus
Rotohrbülbül/Red-whiskered Bulbul/Pycnonotus jacosus
Rotscheitel-Bartvogel/Coppersmith Barbet/Megalaima haemacephala
Rotschnabelkitta/Red-billed Blue Magpie/Urocissa erythrorhyncha
Rotwangensäbler/Rusty-cheeked Scimitar-Babbler/Pomatorhinus erythrogenys
Rußbülbül/Red-vented Bulbul/Pycnonotus cafer

Saruskranich/Sarus Crane/Grus antigone
Satyrtragopan/Satyr Tragopan/Tragopan satyra
Schachwürger/Rufous-backed Shrike/Lanius schach
Schamadrossel/Shama/Copsychus malabaricus
Scharlachmennigvogel/Scarlet Minivet/Pericrocotus flammeus
Scharlachnektarvogel/Crimson Sunbird/Aethopyga siparaja
Schlangenweihe/Crested Serpent Eagle/Spilornis cheela
Schmuckgimpel/Beautiful Rosefinch/Carpodacus pulcherrimus
Schmutzgeier/Egyptian Vulture/Neophron percnopterus
Schneegeier/Himalayan Griffon Vulture/Gyps himalayensis
Schneetaube/Snow Pigeon/Columba leuconota
Schuppentimalie/Greater Scaly-breasted Wren-Babbler/Pnoepyga albiventer

Schwarzbauch-Seeschwalbe/Black-bellied Tern/Sterna acuticauda
Schwarzhalstaucher/Black-necked Grebe/Podiceps nigricollis
Schwarzkappentimalie/Black-capped Sibia/Heterophasia capistrata
Schwarzkehlchen/Stonechat/Saxicola torquata
Schwarzkopfmeise/Crested Black Tit/Parus melanolophus
Schwarzkopfpirol/Black-hooded Oriole/Oriolus xanthornus
Schwarzmilan/Black Kite/Milvus migrans
Schwarzscheitelhäherling/Black-faced Laughing-Thrush/Garrulax affinis
Schwarzstorch/Black Stork/Ciconia nigra
Seidenreiher/Littel Egret/Egretta garzetta
Sikkimspecht/Darjeeling Pied Woodpecker/Dendrocopos darjellensis
Smaragdspint/Green Bea-Eater/Merops orientalis
Sonnenvogel/Red-billed Leiothrix/Leiothrix lutea
Spießente/Northern Pintail/Anas acuta
Steinadler/Golden Eagle/Aquila chrysaetus
Steppenadler/Steppe Eagle/Aquila nipalensis
Stiftbekassine/Pintail Snipe/Gallinago stenura
Streifenbartvogel/Lineated Barbet/Megalaima lineatus
Streifenbrusttimalie/Spotted Jungel-Babbler/Pellorneum ruficeps
Streifengans/Bar-headed Goose/Anser indicus
Streifenhäherling/Streaked Laughing-Thrush/Garrulax lineatus
Streifenkopf-Laubsänger/Crowned Leaf Warbler/Phylloscopus reguloides
Strichelbraunelle/Rufous-breasted Accentor/Prunella strophiata
Sultanspecht/Greater Golden-backed Woodpecker/Chrysocolaptes lucidus
Sumpffrankolin/Swamp Francolin/Francolinus gularis

Tannenhäher/Eurasian Nutcracker/Nucifraga caryocatactes
Temminckstrandläufer/Temminck's Stint/Calidris temminckii
Tibet-Königshuhn/Tibetan Snowcock/Tetraogallus tibetanus
Trauerdrongo/Black Drongo/Dicrurus macrocercus
Turmfalke/Common Kestrel/Falco tinnunculus

Ufermaina/Bank Mynah/Acridotheres ginginianus

Wachtelfrankolin/Grey Francolin/Ortygornis pondicerianus
Waldbaumläufer/Common Treecreeper/Certhia familiaris
Waldgimpel/White-browed Rosefinch/Carpodacus thura
Waldkauz/Tawny Owl/Strix aluco
Waldpieper/Olive-backed Pipit/Anthus hodgsoni
Waldschneegimpel/Plain Mountain-Finch/Leucosticte nemoricola
Wasseramsel/White-breasted Dipper/Cinclus cinclus
Wasserrötel/Plumbeous Redstart/Rhyacornis fuliginosus
Wechselkuckuck/Common Hawk-Cuckoo/Hierococcyx varius
Weißbrauenalzippe/White-browed Fulvetta/Fulvetta vinipectus
Weißbrust-Kielralle/White-breasted Waterhen/Amaurornis phoenicurus
Weißhalsamsel/White-collared Blackbird/Turdus albocinctus
Weißkehlhäherling/White-throated Laughing-Thrush/Garrulax albogularis
Weißkopfschmätzer/White-capped Redstart/Chaimarrornis leucocephalus
Weißohrbülbül/White-cheeked Bulbul/Pycnonotus leucogenys
Weißschwanzkleiber/White-tailed Nuthatch/Sitta himalayensis
Wellenbrust-Fischuhu/Brown Fish-Owl/Ketupa zeylonensis
Wiedehopf/Hoopoe/Upupa epops
Wüstenschmätzer/Desert Wheatear/Oenanthe deserti

Zaunkönig/Northern Wren/Troglodytes troglodytes
Zimtkehlschnäpper/Orange-georgetted Flycatcher/Muscicapa strophiata
Zwergmennigvogel/Small Minivet/Pericrocotus cinnamomeus

Reptilien, Amphibien und Fische

Asiatische Bergnatter/Asian Mountain-Keelback/Amphiesma platyceps
Asiatische Rattennatter/Asian Ratsnake/Ptyas mucosus
Asiatische Streifennatter/Asian Buff-striped Keelback/Amphiesma stolata
Bengalen-Aal/Bengal Eel/Anguilla bengalensis
Bengalenwaran/Bengal Monitor/Varanus bengalensis
Bengalische Dachschildkröte/Northindian Roofed Turtle/Kachuga tecta
Berg-Lanzenotter/Mountain Pitviper/Ovophis monticola
Birma-Krokodilmolch/Burmese Newt/Tylototriton verrucosus
Braunfleckenfrosch/Brown-spotted Frog/Rana cyanophlycta
Brillenkobra/Indian Cobra/Naja naja
Buntagame/Common Garden Lizard/Calotes versicolor

Danio-Bärbling/Danio Carp/Danio sp.
Dreistreifen-Haftwels/Threelined Sisorid Catfish/Glyptothorax trilineatus

Falsche Haubennatter/Big-eyed Mountain Keelback/Pseudoxenodon macrops
Felsenagame/Rock Agama/Laudakia tuberculata
Fischernatter/Checkered Keelback/Xenochrophis piscator
Fransenlipper/Barbel-lipped Minnows/Labeo sp.

Gangesgavial/Gharial/Gavialis gangeticus
Ganges-Weichschildkröte/Ganga Soft-shelled Turtle/Trionyx gangeticus
Gebänderter Krait/Banded Krait/Bungarus fasciatus
Gefleckter Hügel-Ruderfrosch/Spotted Flying Frog/Polypedates macularius
Gelbwaran/Yellow Monitor/Varanus flavescens
Gewöhnlicher Kugelfisch/Malayan Puffer/Tetraodon cutcutia

Halsband-Vielzahnnatter/Common Blackhead/Sibynophis collaris
Himalaya-Bergbachfrosch/Himalayan River-Frog/Rana polunini
Himalaya-Bergnatter/Himalayan Mountain Keelback/Amphiesma platyceps
Himalaya-Grubenotter/Himalayan Pitviper/Agkistrodon himalayanum
Himalaya-Kaskadenfrosch/Himalayan Cascade Frog/Amolops formosus
Himalayakröte/Himalayan Toad/Bufo himalayanus
Himalaya-Krötenfrösche/Himalayan Spadefoot Toads/Scutiger nepalensis und sikimensis
Himalaya-Skinkella/Himalayan Skinkella/Scincella himalayana
Himalaya-Trugnatter/Himalayan Boigine Snake/Rhabdophis himalayanus
Hodgsonnatter/Hodgson's Racer/Elaphe hodgsoni
Hornhecht/Silver Needlefish/Xenentodon cancila

Indische Gelbkopflandschildkröte/Yellow-headed Tortoise/ Indotestudo elongata
Indische Klappen-Weichschildkröte/Indian Flap-shelled Turtle/ Lissemys punctata
Indischer Faltengecko/Frilled House Gecko/Cosymbotus platyurus
Indischer Sumpfaal/Indian Swamp-Eel/Amphipnous cuchia

Jagdwels/Hunting Sheatfish/Wallago attu

Kettenviper/Russel's Viper/Daboia russelli
Kiemensackwels/Walking Catfish/Clarias batrachus
Kiemenschlauchwels/Airsack Catfish/Heteropneustes fossilis
Königskobra/King Cobra/Ophiophagus hannah
Kurzkopf-Grabfrosch/Shortheaded Frog/Tomopterna breviceps
Kurzkopf-Weichschildkröte/Narrow-headed Softshelled Turtle/Chitra indica

Nepal-Bergfrosch/Nepal Mountain-Frog/Rana rostandi

Querstreifen-Bärblinge/Crosswise-striped Minnows/Barilius sp.

Reisfeldfrosch/Paddy-Frog/Rana limnocharis
Riesen-Hügelfrosch/Giant Hillfrog/Rana liebigii

Schlangenkopf-Fische/Snakeheads/Channa sp.
Schlitzkarpfen/Snow Trouts/Schizothorax sp.
Schmuck-Engmundfrosch/Ornate Narrow-mouthed Frog/Microhyla ornata
Schwarznarbenkröte/Black-crested Toad/Bufo melanostictus
Sikkim-Sinkella/Sikkim-Skinkella/Scincella sikkimensis
Stachelaal/Spiny Eel/Macrognathus aculeatus
Strahlennatter/Copperhead Racer/Elaphe radiata

Sumpfkrokodil/Marsh Crocodile or Mugger/Crocodylus palustris

Theobald-Krötenkopfagame/Theobald's Toadheaded Agama/ Phrynocephalus theobaldi
Tieflandkröte/Lowland Toad/Bufo stomaticus
Tigerfrosch/Tigerfrog/Rana tigerina
Tigerpython/Indian Python/Python molurus

Waldagamen/Forest Agamas/Japalura tricarinata und variegata
Weißlippen-Lanzenotter/White-lipped Pitviper/Trimeresurus albolabris

Zentralasiatischer Krötenfrosch/Centralasian Spadefoot Toad/ Scutiger alticola

Wirbellose

Apollofalter/Apollo Butterflies/Parnassius sp.

Bärenspinner/Calimorpha principalis

Fliegendes Blatt/Orange Oakleaf/Kallina inachus

Gottesanbeterin/Praying Mantis/Mantis sp.

Landblutegel/Leech/Haemadipsa sp.

Monarchfalter/Common Tiger/Danaus genutia
Mondhornkäfer/Copris sp.

Radnetzspinne/Net Spider/Nephila sp.

Scheckenfalter/Nymphalidae
Schwalbenschwanzfalter/Peacocks, Mormons und Windmills/Papilio sp. und Atrophaneura sp.

Vogelflügler/Bird Wing/Troides helena

Wildbiene/Wild Honey Bee/Apis sp.
Wüstenschrecken/Desert Locust/Catantopidae

Pflanzen

Anemone/Anemone/Anemone obtusifolia

Bärlappheide/Cassiope fastigiata
Banyanbaum/Banyan Tree/Ficus bengalensis
Bauhinie/Bauhinia/Bauhinia pupurea u. variegata
Baumfarn/Fern Tree/Alsophila gigantea u. Cyathea spinulosa
Baumrhododendron/Rhododendron Tree/Rhododendron arboreum
Baumwacholder/Juniper Tree/Juniperus recurva u. indica
Begonie/Begonia/Begonia picta u. rubella
Bergbambus/Mountain Bamboo/Arundinaria falcata u. maling
Bergenie/Bergenia/Bergenia ciliata u. purpurascens
Berglauch/Mountain Garlic/Allium carolinianum
Birke/Himalayan Silver Birch/Betula utilis
Bougainvillie/Bougainvillea/Bougainvillea glabra

Christusdorn/Crown of Thorns/Euphorbia milii

Eberesche/Mountain-Ash/Sorbus microphylla und rhamnoides
Eibe/Himalayan Yew/Taxus baccata
Einbeere/Herb Paris/Paris polyphylla
Erbsenstrauch/Caragana/Caragana brevifolia u. jubata

Feigenopuntie/Prickly Pear/Opuntia monacantha
Fichte/Spruce/Picea smithiana u. spinulosa

Gagelstrauch/Box Myrtle/Myrica esculenta
Glockenblume/Bellflower/Campanula latifolia

Hemlocktanne/Himalayan Hemlock/Tsuga dumosa
Himalaya-Aster/Himalayan Aster/Aster himalaicus
Himalaya-Frauenschuh/Himalayan Lady's-Slipper/Cypripedium himalaicum
Himalaya-Rhabarber/Himalayan Rhubarb/Rheum australe u. moorcroftianum
Himalaya-Scharte/Saussurea gossypiphora
Himalaya-Walnuß/Himalayan Walnut/Juglans regia var. kamaonia
Himalaya-Weißtanne/Himalayan Silver Fir/Abies densa (östl. Form) und spectabilis (westl. Form)
Himalayazeder/Himalayan Cedar/Cedrus deodara
Himalaya-Zypresse/Himalayan Cypress/Cupressus torulosa
Hortensie/Hydrangea heteromalla

Indischer Hanf/Indian Hemp/Canabis sativa
Ingwerwurz/ Roscoea capitata u. purpurea

Kamelfußliane/Camel's Foot Climber/Bauhinia vahlii
Kardamom/Cardamom/Amomum subulatum
Kastanie/Chestnut/Castanopsis indica u. tribuloides
Katechu-Akazie/Cutch Tree/Acacia catechu
Kreuzkraut/Ragwort/Senecio graciliflorus
Kugelprimel/Globular Primula/Primula denticulata
Kusumbaum/Honey Tree/Schleichera oleosa

Lärche/Himalayan Larch/Larix griffithiana
Lerchensporn/Corydalis juncea u. C. meifolia
Lobelie/Lobelia/Lobelia pyramidalis
Lotos/Lotus/Nelumbo nucifera

Magnolie/Magnolia/Magnolia campbellii
Mahonie/Mahonia/Mahonia napaulensis
Mathi-Baum/Leathery Murdah/Terminalia tomentosa
Meerträubel/Ephedra gerardiana

Nepal-Erle/Nepal Alder/Alnus nepalensis
Nepaltürkenbund/Nepal-Lily/Lilium nepalense

Palash-Baum/Flame of the Forest/ Butea monosperma
Palisanderbaum/Jacarande/Jacaranda mimosifolia
Pandanus-Baum/Screw Pine/Pandanus nepalensis
Pfeifenstrauch/Philadelphus tomentosus
Pipalbaum/Pipal/Ficus religiosa

Riesenlilie/Giant Lily/Cardiocrinum giganteum
Rose/Rose/Rosa sericea (gelb) u. macrophylla (rot)
Rosenapfelbaum/Elephant Apple Tree/Dillenia indica
Roxburgkiefer/Chir Pine/Pinus roxburghii

Salbaum/Sal/Shorea robusta
Sandan-Baum/Sandan Tree/Ougenia dalbergoides
Sanddorn/Buckthorn/Hippophae salicifolia u. rhamnoides
Sandkraut/Sandwort/Arenaria densissima
Schachblume/Fritillaria cirrhosa
Scharten/Saussurea graminifolia u. nepalensis
Scheinmohn, blauer/Blue Poppy/Meconopsis grandis u. horridula
Scheinmohn, gelber/Yellow Poppy/Meconopsis dwhojii, paniculata u. regia
Scheinmohn, roter/Red Poppy/Meconopsis napaulensis
Schwertlilie/Iris/Iris clarkei u. goniocarpa
Seidelbast/Daphne boloua u. papyracea
Seidenpflanze/False Ipecacuanha/Asclepias curassavica
Sikkimprimel/Sikkim Primula/Primula sikkimensis
Simal-Baum/Silk-Cotton Tree/Bombax ceiba
Sissoo-Baum/Shisham Tree/Dalbergia sissoo
Springkraut/Impatiens scabrida u. urticifolia
Stechapfelstrauch/Angel's Trumpet/Datura suaveolens
Stechpalme/Himalayan Holly/Ilex dipyrena
Storchschnabel/Crane's Bill/Geranium himalayense u. wallichianum

Taillen-Glockenblume/Codonopsis thalictrifolia
Tränenkiefer/Himalayan Blue Pine/Pinus wallichiana (excelsa)
Tragant/Astragalus sp.
Trompetenenzian/Trumpet-Gentian/Gentiana ornata

Wacholder-Büsche/Juniper Shrubs/Juniperus squamata u. recurva
Weide/Willows/Salix calyculata, daltoniana u. sikkimensis
Weihnachtsstern/Poincettia/Euphorbia pulcherrima
Wollastons Primel/Wollaston's Primula/Primula wollastonii

Zwergmispel/Cotoneaster integrifolius u. microphyllus
Zwergprimel/Dwarf Primula/Primula gracilipes
Zwergrhododendron,gelber/Yellow Dwarf Rhododendron/Rhodo dendron antopogon
Zwergschwertlilie/Dwarf Iris/Iris kemaonensis

Register

Fett gesdruckte Seitenzahlen verweisen auf Fotos, schräge auf Essays (im Text blau unterlegt).

Abies densa 108, 140
Aconitum ferox *125*
Aconitum heterophyllum 49
Aconitum hookeri 77
Aconitum laeve 49
Adams Schneefink 57
Aerides multiflorum 89
Aeschynanthus sikkimensis **127**
Ahorn 48, 76, 89, 96, 102, 116, 124, 132, 133, 136
Albicia lucida 24
Albicia procera 24
Almoraspecht 78, 132
Alpendohle 63, 79, 84, 98, 119
Alpenkrähe 51, 57, 63, 79, 84, 98, 105, 119
Alpenrotschwanz 110
Alsophila gigantea 116
Androsace delavayi **63**, 126
Androsace muscoidea **85**
Androsace sarmentosa 83
Anemone 14, 15, 55, 109, 136
Anemone obtusifolia **112**
Apollofalter 18, 57, 72, 98
Argali 16, 109, 112, 117, 126, 140
Arisaema consanguineum **76**
Arisaema costatum 69, 76, 83
Arisaema erubescens 69
Arisaema griffithii 116
Arisaema intermedium 76, 116
Arisaema nepenthoides 69, 83
Arisaema propinquum 116
Aronstab 69, 76, 83, 116
Aster 55, 63, 69, 77, 109, 136
Asiatische Bergnatter 18
Asiatische Rattennatter 26, 35, 44
Asiatische Streifennatter 44
Aster flaccidus 49
Aster sikkimensis 117
Aster stracheyi 49
Atrophaneura sp. 18, **118**, 120, 127
Axishirsch 24, 33, 40, 130, 131

Bachkiebitz 25, 34
Bänder-Siva 140
Bandikutratte 34
Bankivahuhn 25
Banyanbaum 14, 41 43, **45**
Barasinghahirsch 24, 130, 131, 138
Bärenspinner 18
Bärlappheide 97
Bartgeier 51, **57**, 63, 72, 79, 84, 90, 98, 105, 110, 119, 133
Barttrappe 132
Bauhinie 137
Baum-Ameise 18
Baumfarn **114**, 116
Baumrhododendron 14, 15, 69, 76, 89, 96, 102, **104**, 109, 116, **123**, 124, 132, 133, 136, 137
Baumwacholder 54, 55, 62, 69, 82, 89, 96, **107**, 109, 117, 124, 133, 140
Begonie 43, **83**
Beifuß 62, 69
Bengalen-Aal *132*
Bengalengeier 25, 34, 44
Bengalenwaran 35
Bengalfuchs 33
Bengalische Dachschildkröte 26, 35
Bengalkatze 25, 33, 138
Beo 17
Berberis aristata 125
Berberitze 14, 15, 49, 54, 55, 62, 69, 77, 82, 90, 96, 102, 109, 117, 124
Berg-Lanzenotter 44, 79, 85, 105, 110, 120, 127
Bergbambus 14, 15, 67, 76, 82, 89, 102, **105**, 108, 109, 116, 124, 133
Bergenie 97, *125*, 126
Berglauch 16, 55
Berggimpel 104, 119
Berghänfling 57, 63
Bergkohlmeise 51, 104
Bergprinie 78
Bergrubinkehlchen 135
Bergspitzmäuse 98, 110
Bergwaldratte 110
Bergwühlmaus 83
Bindenlaufhühnchen 25
Birke 48, **49**, 54, 55, 69, 77, 82, 90, 96, 102, 109, 116, 117, 124, *125*, 133, 140
Birkenmeise 84
Birma-Krokodilmolch 17
Bistorta affinis 83, **119**
Bistorta emodi 102
Bistorta macrophylla 49
Bistorta millettii 102
Bistorta vivipara 117
Blaubartvogel 40
Blaukehlschnäpper 44
Bläulinge 57, 98, 127
Blaumerle 79
Blauschaf 16, **53**, 55, *58*, 63, 78, 109, 111, 112, 117, 126, 133, 134, 140
Blauschwanz 78, 110, 132
Blutfasan 51, **93**, 105, 119, 127, 137,140
Bothriochloa intermedia 29
Bougainvillea 43
Brahmanenkauz 139
Brahminenweihe 25, **130**
Braunbär 16, 55, 126, 133, 140
Braunfleckenfrosch 26, 34, 44, 120
Braunhalsspecht 25
Braunliest 25, **27**
Brillenkobra 35, 139
Bronzedrongo 110
Brustbandhäherling 139
Bufo microtympanum 110
Bulbophyllum affine 108, 116
Bülbülamsel 90, 104
Buntagame 17, 35, **41**, 44, 105, 139
Buntflügelhäherling 51, 78, 132

Calanthe brevicornu 108
Calanthe sp. 69, 116
Christusdorn 43
Chukarhuhn 51, 55
Clematis connata **16**
Coelogyne corymbosa 124
Coelogyne cristata 69, **71**, 82, 102
Coelogyne ochracea 108, 116, **121**, 124
Colquhounia coccinea 41, 76
Cordyceps sinensis 125
Cremanthodium oblongatum 83
Cremanthodium reinforme **52**
Cremanthodium retusum 49
Cymbidium cochleare 82
Cymbidium erythraceum **109**
Cymbidium hookerianum 89, 108
Cymbidium longifolium 116
Dactylorhiza sp. 69
Danio-Bärbling *32*
Dayaldrossel **39**, 44
Delphinium brunnonianum 77, **79**, 90
Delphinium drepanocentrum 102
Delphinium himalayai 49
Delphinium kamaonens 49
Delphinium vestitum 49, **104**
Delphinium viscosum **105**
Dendrobium densiflorum 41, 69, 82, **85**, 89, 116
Dendrobium jamesonii 116
Dendrobium nobile 102, **116**
Dickschnabel-Mistelfresser 139
Dickschnabelkrähe 44, 119
Doppelhornvogel **29**, 34, 139
Dreistreifen-Haftwels *32*
Dschungel-Nachtschwalbe 104
Dschungeldroßling 25
Dschungelkatze 33, 132
Dschungelkauz 34
Dschungelprinie 25
Dünnschnabelgimpel 110

Eberesche 76, 102
Edelweiß 14, 15, 49, 55, **59**, 63, 77, 97, 102, 109, 117, 124, 136, 137
Edgeworthia gardneri 41
Eibe 76, 133
Eichen 14, 15, 48, 67, 76, 89, 96, 102, **108**, 116, 124, 133, 134, 136, 137
Eichen-Rhododendron-Wald 41, 108
Einbeere *125*
Eisenhut 49, 77
Elefantengras 24, 29
Elsholtzia fruticosa 76
Enzian 14, 15, 50, 77, 124, 126 (s. auch *Gentiana*)
Epipactis helleborine 83
Epipactis sp. 116
Erbsenstrauch 55, **57**, 62, 69

Fahlbauch-Paradiesschnäpper 34
Falsche Haubennatter 85, 127
Feigenopuntie 43
Felsenagame 17, 51, **70**, 72, 79. 85, 90, 110, 127
Felsengimpel 140
Feuerbrust-Blütenpicker 78, 119
Feuerschwanz-Nektarvogel 72, 119, 127, 140
Fichte 14, 15, 48, 69, 133, 140
Fingerkraut 15, 49, 55, 63, 69, 77, 83, 97, 192, 117, 124, 126, 136, 137 (s. auch *Potentilla*)
Fischernatter 35, 44, 105, 120, 139
Fischkatze 25
Fischuhu 25, 34
Flaggendrongo 25
Flecken-Scherenschwanz 72, 119
Fliegendes Blatt 18, 120
Flughörnchen 34
Fluß-Wasseramsel 51, 78, 104, 119
Flußregenpfeifer 25, 34
Fransenlipper *32*
Fuchseule 78
Fünfstreifenhörnchen **39**, 43

Gagelstrauch *125*
Ganges-Delphin 25, 131
Ganges-Weichschildkröte 26, 35
Gangesgavial 17, 26, **33**, 34, 131
Gänsesäger 26, 50
Gastrochilus calceolaris 41

Gaur 33, 131, 138
Gebänderter Krait 26, 35, 130, 139
Gebirgsstelze 104
Gefleckter Hügel-Ruderfrosch 85, **117**, 120
Gelbfußtaube 25
Gelbkehlmarder 40, 78, 83, 103, 132, 137
Gelbnacken-Juhina 103, 119
Gelbschnabelkitta 51, 110, 127, 137
Gelbschwanz-Glanzfasan 51, 57, **64**, 72, 79, 84, 90, 105, 199, 127, 135, 137, 140
Gelbwaran 26, **33**, 35, 130, 139
Gentiana algida 124
Gentiana argentea 63, 82
Gentiana depressa **52**, 117
Gentiana phyllocalyx 124
Gentiana stipitata 50
Gentiana tubiflora 124
Gentiana urnula 109, 126
Gewöhnlicher Kugelfisch *32*
Glanzfasan s. Gelbschwanz-Glanzfasan
Glanzkrähe 44
Glockenblume 49
Goldbauch-Fächerschwanz 119
Goldhähnchen-Laubsänger 104
Goldkatze 103, 117
Goldlangur **138**
Goldschakal 16, 33, 43
Goldschulterspecht 25
Goldschwanz 78
Goldschwingenhäherling 127
Goral 16, 50, 55, 69, 77, 83, 90, 98, **112**, 117, 126, 132, 134, 136, 137
Gorkha-Waldmaus 72
Gottesanbeterin 18
Grandala 17, 119, **122**, 127, 140
Graubrachschwalbe 132
Graubrust-Baumelster 44
Graubrustdrongo 130
Graudrongo 110
Graufischer **17**, 25
Graukopf-Seeadler 34
Grauscheitel-Laubsänger 78, 103, 119, 127
Grauspecht 72
Großer Alexandersittich 25
Grünlaubsänger 90, 110

Haarbuschdrongo 25
Habenaria pectinata 83
Habenaria sp. 116
Haldenhuhn 79, 105, 110, 127, 133
Halsband-Vielzahnnatter 35
Halsbandkernbeißer 132
Haubenadler 25
Haubenhäherling 90, 104
Heckenkirsche 55, 62
Hemlocktanne 14, 15, 67, **71**, 76, 82, 89, 96, 108, 116, 124, 136
Himalaya-Aster 83, 117
Himalaya-Baumläufer 51, 132
Himalaya-Bergbachfrosch 72, 79
Himalaya-Bergnatter 79, 127
Himalaya-Frauenschuh 83, **84**
Himalaya-Grubenotter 18, **51**
Himalaya-Kaskadenfrosch 17
Himalaya-Königshuhn 57, *58*, 133
Himalaya-Krötenfrösche 17, 27
Himalaya-Langur 16, 24, 33, 50, 69, 78, 83, **109**, 117, 126, 136
Himalaya-Larvenroller 193, 132
Himalaya-Laubsänger 78
Himalaya-Murmeltier 16, **55**, 63
Himalaya-Pfeifhase 50, 55, *58*, **68**, 72, 78, 83, 98, 103, 109, 117, 126, 134, 137
Himalaya-Rhabarber 55, 63, *125*
Himalaya-Salangane 79
Himalaya-Scharte 63, **65**, 69, 97
Himalaya-Schwarzbär 50, 69, 77, 83, 90, 103, 109, 117, 126, 132, 134, 136
Himalaya-Skinkella 51, 57
Himalaya-Tahr 16, *58*, 72, 78, 90, **93**, 98, 103, 118, 126, 133, 134, 136, 137, 140
Himalaya-Trugnatter 44, 79, **105**, 120, 127
Himalaya-Walnuß 49, 132
Himalaya-Weißtanne 14, 15, 49, 69, **71**, 76, 89, 96, 102, 108, 109, 132, 133
Himalaya-Zypresse 62, 69, 124
Himalayabraunelle 84
Himalayadrossel 78, 104, 119
Himalayafuchs 16, 50, 90, 98,
Himalayakröte 90, **92**, 104
Himalayasittich 44
Himalayaspecht 72, 135
Himalayawiesel 50, 78, 83, 98. 103, 136
Himalayazeder 49
Hinduseeschwalbe 34
Hindusegler 25
Hirschkäfer 120, 127
Hirschziegenantilope 24, **27**, 130
Hirtenstar s. Maina
Hodgsonnatter 18, 79, **80**, 85, 120
Honigdachs 33
Hopfkuckuck 72, 78
Hornhecht *32*
Hortensie 140
Hügelhuhn 119
Hypericum choisianum 76

Ibisschnabel 85
Imperata cylindricauda 29
Indien-Zibetkatze **18**, 25
Indische Gazelle 41
Indische Gelbkopflandschildkröte **26**, 35, 130
Indische Klappen-Weichschildkröte 26
Indische Zwerg-Zibetkatze 33
Indischer Elefant 25, 130, 138
Indischer Faltengecko 44
Indischer Fischotter 25
Indischer Hanf *125*
Indischer Mungo 25, 33, **35**
Indischer Sumpfaal *32*
Ingwerwurz **15**, 43, 83, **84**

Jagdwels *32*
Jungfernkranich 17, 34, 50, 132
Juniperus wallichiana 133

Kalijhuhn 40, 78, 127
Kamelfußliane 29
Kappenpitta 139
Kardamom 108, 116, **118**
Karmingimpel **48**, 51, 57, 63, 84, 90,
Kastanie 14, 40, 76, **78**, 89, 102, 116, 132
Katechu-Akazie 24, 131, 137
Kehlstreifen-Juhina 90, 110
Keilschwanztoko 25, 130
Kettenviper 26, 35, 130, 139
Kiemensackwels *32*
Kiemenschlauchwels *32*
Klaffschnabel **30**, 34
Kleiner Panda **70**, 72, 78, 83, 90, 103, 117, 126, 136, 137
Knäkente 50
Knöterich 49, 63, 83, 102, 177, **119**, 137
Koklasfasan 135
Kolbenente 50
Kolkrabe 63, 79, 84, 98, 105, 119
Königsdrongo **25**
Königshuhn s. Himalaya- u. Tibet-Königshuhn
Königskobra 35
Kormoran 34, 130
Koromandelkuckuck 34
Krabbentriel 26
Kreuzkraut 83
Kugelprimel **51**, 55, 77, 97
Kuhreiher 44
Kurzflügelkuckuck 139
Kurzkopf-Grabfrosch 26, 34, 139
Kurzkopf-Weichschildkröte 26
Kusumbaum 29

Landblutegel 18, **83**, 87, 120
Langschwanz-Mennigvogel 51, 84, 110, 119
Lärche 14, 15, 76, 77, 109, 124, 140
Laubheuschrecken 120
Laufkäfer 18
Läusekraut 14, 15, 55, 63, 83, **97**, 102 117, 124 (s. auch *Pedicularis*)
Leontopodium jacotianum 117
Leontopodium monocephalum 55
Leopard 25, 33, 40, 43, 55, 69, 77, 90, 103, 117, 126, 130, 132, 136, 138
Lerchensporn 83, 137
Leucosceptrum canum 76
Libellen 18
Lindera pulcherrima 40
Lippenbär 25, 33, 138
Lobelie *125*
Lotos 43
Lyonia ovalifolia 40

Magnolie 89, 108, 116, 124, **129**
Mahonie 40, **90**, 108
Maina **18**, 44
Malaienadler 119, 140
Mannsschild 16, 55, **63**, 69, 83, **85**, 97, 102, 109, 126, 136
Mathi-Baum 24, 29, 137
Mattenschneegimpel 57
Meenataube 79, 104, 135
Meerblauer Fliegenschnäpper 103, 127
Meerträubel 55, 62, **64**, 125
Megacodon stylophorus 97, **100**
Melastoma normale 41
Michelia kisopa 40
Mohrenschwarzkehlchen 26
Monarchfalter 120
Mondhornkäfer 18, **110**, 120, 127
Moschushirsch 16, 50, 55, 78, 83, 90, 98, 103, 117, **121**, 126, 133, 136, 137, 140
Moschusspitzmaus 34, 43
Muntjakhirsch 16, 40, 50, 55, 78, 90, 98, **102**, 109, 117, 126, 132, 136, 138
Murmeltier s. Himalaya-Murmeltier

Nachtreiher 44
Nebelparder 117, 138,
Neottianthe sp. 166
Nepal-Bergfrosch 72, 79,
Nepal-Erle 108
Nepalsibia 110
Nepaltürkenbund 69, 83, **138**
Nilgai-Antilope 24, 130, 131

Oberonia sp. 138
Ohrenlerche 57, **60**, 63
Orangebäuchiges Himalayahörnchen 126
Orangespecht 25
Orchis incarnata 125
Orienthornvogel 25, 139

Osbeckia nepalensis 41

Paddyreiher 25, **33**
Palash-Baum 29
Palisanderbaum 43
Palmenroller 33
Pandanus-Baum 116
Panzernashorn 25, **28**, **31**, 33, 138
Papilio 18, 26, 120, 127
Pedicularis elwesii 124
Pedicularis longiflora 55, 83
Pedicularis megalantha 83
Pedicularis rhinanthoides 55
Pedicularis roylei 117
Pedicularis scullyana **97**, 117
Pedicularis siphonanta 97
Perlhalstaube **43**, 44
Pfau 25, 34, *42*
Pfeifenstrauch 140
Pfeifhase s. Himalaya-Pfeifhase
Pholidota sp. 138
Phragmites karka 29
Pieris formosa 41, **43**
Pipalbaum 14, 41, 43
Pleione hookeriana 41, 116
Pleione humilis 41, 89, 116, 124
Pleione praecox 102, **104**
Ponerorchis chusua 69, 116
Potentilla anserina 124
Potentilla atrosanguinea 117, **118**
Potentilla biflora 49, 126
Potentilla coriandrifolia 49, 77, 83, **91**
Potentilla cuneata 102, 124
Potentilla fruticosa 117
Potentilla microphylla 83
Potentilla peduncularis 117
Primeln 14, 15, 55, 102, 136, 137
Primula atrodentata 109
Primula calderana 117
Primula caveana 117
Primula glomerata 77, 102
Primula macrophylla 55, **60**
Primula primulina 83
Primula pulchra 109
Primula stuartii 77
Purpur-Pfeifdrossel 72, 84, 98, 110, 132
Purpurhuhn 25
Purpurnektarvogel 25, 44
Purpurreiher 34, 44

Quercus florlbunda 132
Quercus lamellosa 76, 116, 124
Quercus oxycodon 124
Quercus semecarpifolia 76, 116, 124, 132, 134
Querstreifen-Bärblinge *32*

Radnetzspinne 18
Reiherente 50
Reisfeldfrosch 26, 34, 44
Remusatia vivipara 116
Rhesusaffe 16, 24, **41**, 43, 78, 117, 126
Rheum australe *125*
Rhododendron antopogon 82, **84**, 97, 102, 117, 124
Rhododendron barbatum **15**, 116
Rhododendron campanulatum 133
Rhododendron capylocarpum 116
Rhododendron ciliatum 124
Rhododendron fulgens 116
Rhododendron grande 116
Rhododendron nivale 90, 117, 124
Rhododendron setosum **74**, 90, 97, 102, 117, 124
Rhododendron wrightii 116
Rhododendron-Krummholzzone 67, 82, **89**, 96, 102, 117
Rhynchostylis retusa 41
Riesen-Hügelfrosch 110
Riesenflughund 34, 43, **45**, 138
Riesenlilie 69, **73**
Rittersporn 49, 77, 90, 102, 137 (s. auch *Delphinium*)
Rosabrauengimpel 110, 137
Rose 49, 54, **55**, 62, 69, 77, 82, 90, 96, 102, 109, 124
Rosenapfelbaum 29, 137
Rosenbrustsittich 25
Rosenpieper 17, 79, 90, 98
Rostgans 17, 26, 34, 50, 132
Rostkappen-Schwanzmeise 84, 119
Rostspecht 34
Rostwangen-Schwanzmeise 78
Rotbauch-Baumläufer 72, 119
Rotbauch-Niltava 78, 110
Rotbrustbraunelle 51, 110, 119
Rotbrustmeise 84, 90, 119, 127, 140
Rötelmerle 110
Rotkopf-Buschsänger 78, 104, 119, 127
Rotkopfgimpel 78, 140
Rotkopfhäherling 104, 119, 127
Rotkopftimalie 119, 127, 140
Rotlappenkiebitz **18**
Rotohrbülbül 34
Rotscheitel-Bartvogel 130
Rotschnabelkitta 72, 119
Rotwangensäbler 44
Roxburgkiefer 14, 24, 29, 41, **47**, 48, 76, 82, 89, 137
Rußbülbül 25, **44**

Saccharum sp. 29
Salbaum 14, **23**, 24, 29, 67, 130, 131, 137
Sambarhirsch 24, **31**, 33, 138
Sandan-Baum 29
Sanddorn 55, 69, 76, **79**, 140
Sandkraut 126
Saruskranich 25, **30**, 34, 130
Satyrtragopan 78, 105, 118, 127
Saxifraga brunoniana **57**
Saxifraga hemisphaerica 126
Saxifraga lowndesii **108**
Saxifraga pulvinaria **94**
Saxifraga punctulata 126
Saxifraga saginoides 83
Schachblume 69, **70**, 83
Schachwürger **41**, 44
Schamadrossel 17, 34
Schapi 118
Scharlach-Mennigvogel **70**, 72
Scharlachnektarvogel 25
Scharten 136, 137
Scheckenfalter 120
Scheinmohn, blauer 14, 15, 63, 69, 97, 117, **118**, 1126, 136, 137
Scheinmohn, gelber 14, 15, 77, **79**, **82**, 83, 90, 126, 136, 137
Scheinmohn, roter 77, **134**
Schima wallichii 40, 76
Schlangenkopf-Fische *32*
Schlangenweihe 25, 84, 119
Schlitzkarpfen *32*
Schmuck-Engmundfrosch 85
Schmuckgimpel 51, 79, 98, 127, 135
Schmutzgeier 25, 34
Schneeball 69, 76
Schneefink 57
Schneegeier 63, 72, 79, 98, 119, 133
Schneeleopard 16, 55, *58*, 63, 78, 90, 98, 109, 117, 126, 133, 134, 140
Schneetaube 17, 79, 84, 119, 133, 135, 137
Schuppentier 26, **29**, 33
Schuppentimalie 16, 104, 137
Schwalbenschwanzfalter 18, 26, **118**, 120, 127
Schwarzbär s. Himalaya-Schwarzbär
Schwarzbauch-Seeschwalbe 25, 139
Schwarzhalstaucher 50
Schwarzkappentimalie **76**, 78, 84, 90, 103
Schwarzkehlchen 135
Schwarzkopfmeise 135
Schwarzkopfpirol 130
Schwarzmilan 25, 34, 44, 119
Schwarznarbenkröte 26, 34, 44, 85, 105, 120, 127, 139
Schwarzscheitelhäherling 78, 98, 110, 119, 140,
Schwarzstorch 25
Schweinshirsch 33, 41, 130, 131
Schwertlilie 14, 15
Segge 55
Seidelbast 40, 76, 198, **110**
Seidenpflanze 43
Seidenreiher 25, 34
Serau 103, 109, 117, 126, 134, 137
Sikkim-Kurzohrmaus 98, 110
Sikkim-Skinkella 72, 105, 110, 120, 127
Sikkimprimel 82, 90, 109, **112**, 117
Sikkimspecht 104, 119, 137
Simal-Baum 14, 24, 29, 137
Sissoo-Baum 24, 131, 137
Smaragdspint 25, **36**
Smitinandia sp. 138
Sonnenvogel 103
Spatholobus parviflorus 29
Spießente 26, 50
Spitzhörnchen 34
Springkraut 49
Stachelaal *32*
Stachelschwein 16, 24, 138
Stechapfelstrauch 43
Stechpalme 40, 89, 96
Steinadler 51, 17, 79, 84, 98, 105, 119, 137
Steinbrech 14, 15, 16, 49, 55, 69, 83, **94**, 97, 102, **108**, 109, 126, 137 (s. auch *Saxifraga*)
Steinmarder 50, 55
Stellera chamaejasme 69, **71**
Steppenadler 105, **106**
Stiftbekassine 132
Stoliczkas Bergwühlmaus 63, 98
Storchschnabel 49
Strahlennatter 35
Streifenbartvogel 139
Streifenbrusttimalie 34
Streifengans 17, 34, **35**, 50, 132
Streifenhäherling 51, 78, 119, 127, 135
Streifenhörnchen 34
Streifenhyäne 33
Streifenkopf-Laubsänger 51, 110, 132
Strichelbraunelle 135
Sultanspecht 34
Sumpffrankolin 130, 132
Sumpfkrokodil 17, 26, 34
Swertien *125*

Tahr s. Himalaya-Tahr
Taillen-Glockenblume 83, **85**
Takin 16, **124**, 126, 140

Tannenhäher 78, 84, 98, 127, 140
Temminckstrandläufer 132
Termiten 26
Themeda villosa 29
Theobald-Krötenkopfagame 18, 63, **65**, 72
Tibet-Königshuhn 63, **64**, 72, 78, 84, 90, 105, 110, 127, 135, 137
Tibetfuchs 16, 63
Tieflandkröte 26, 44, 139
Tiger 25, 33, 130, 131, 138
Tigerfrosch **26**, 34, 44
Tigerpython 26, 35, 130, 139
Tragant 62, 69
Tragopan s. Satyrtragopan
Tränenkiefer 14, 48, **49**, 54, 69, 76, 82, 89, 96, 124, 133, 134, 137, 140
Tränenkiefern-Weißtannen-Rhododendron-Wald 48
Trauerdrongo 44
Trompetenenzian 90, **93**, 97, 102, 117, 124
Turmfalke 51, 63, 110
Typha angustata 131
Typha elephantina 29
Typhonium diversifolium 83

Ufermaina 130

Vanda cristata 41
Viburnum continifolium 69, 76
Viburnum grandiflorum 69, 76
Viburnum nervosum 76
Vierhornantilope 33
Vogelflügler 18, 26, 127
Vorderindien-Wasserbüffel **131**, 138

Wacholder 14, 15, 49, 54, 69, 77, 82, 90, 96, 102, **107**, 109, 117, 124, 133
Wachtelfrankolin 25
Waldagamen 17, 72, 79, 85, 90, 105, 120, 127
Waldbaumläufer 78
Waldgimpel 78
Waldkauz 104
Waldpieper 78, 119
Waldschneegimpel 98, 104, 119, 127, 140
Wasseramsel 57, 127 (s. auch Fluß-Wasseramsel)
Wasserbüffel **131**, 138
Wasserrötel 104, 127
Wechselkuckuck 34, 139
Weiden 96, 102
Weihnachtsstern 43
Weißbrauenalzippe 110, 137
Weißbrust-Kielralle 25
Weißhalsamsel 90, 119, 140
Weißkehlhäherling 110
Weißkopfschmätzer 17, 51, 57, 78, 90, 104, 119, 127
Weißlippen-Lanzenotter 44
Weißohrbülbül **90**, 110
Weißschwanzkleiber 78, 119, 140
Weißtannen-Rhododendron-Wald 67, **70/71**, 78, 82, 96, 102, 136, 137, 140
Wellenbrust-Fischuhu 25, 34
Wiedehopf 44
Wiesenraute *125*
Wildbienen 87
Wildschwein 24, 33, 83, 130
Wolf 16, 55, 63, 78, 98, 117, 126, 133
Wollastons Primel 83, **85**
Würgerfeige 24, 29
Wüstenschmätzer 63
Wüstenschrecke 57, **64**

Zaunkönig 51, 90, 98
Zentralasiatischer Krötenfrosch 6
Zikaden 120
Zimtkehlschnäpper 119, 135
Zwergmennigvogel 34
Zwergmispel 49, 55, 69, 82, 90, **92**, 102, 117
Zwergprimel 69, 82, **92**, 96, 109
Zwergrhododendron 15, 69, 77, 82, 90, 97, 102, 109, 117, 124
Zwergschwertlilie 69, **97**

Orts- und Sachregister

Seitenzahlen mit dem Zusatz »ff.« bezeichnen den Beginn eines Hauptreiseziels.

Amadablam 94, **100**
Ammoniten 62, **63**, 67
Annapurna 13, 14, 61, 66 ff., **66/67**, 92
Annapurna-Basecamp 73
Annapurna Conservation Area Projects (ACAP) 22, 66 ff., 74
Api 132
Arun-Fluß 12, **101**, 106

Bagmati 37, 38
Barbung Kola 53
Barun 101, 102, 106
Baruntse 101
Belemniten 62, 67
Bhabar-Bereich 24
Bhote Kosi 137
Bhutan 10, 12, 14, 122 ff., 140
Bigu 89, 91, 137
Bimtakothi 80
Biratnagar 132
Bumthang 21, **139**, 140
Buri Gandaki 12, 75, 79, 80, 136

Charka 59
Chobar-Schlucht **44**
Choekor-Tal 140
Chomolhari 12, 13, 122
Chomolhari-Lunana-Gebiet 122 ff.
Cho Oyu 94
Chumey-Tal 140
Churia-Berge 12, 28, 33

Damodar Himal 62, 63
Devi Tal 28
Dhaulagiri **1**, 14, 61, 66, 92, 133
Dhorpatan 133, 134
Dhorpatan-Wildreservat 133-135
Dhud Kosi 94, 96
Dhud Kund 88, 92
Dolpo 53 ff., 133
Dorje Lakpa 81
Duns 11, 28
Dzongri 120
Dzopkio *113*

Erdbeben 11, 38, 122

Ganesh 135
Ganesh Himal 12, **135**, 136
Gangtok 21
Gankar Pünsu 12, 122 128
Gaurisankar 91, 136
Ghunsa 109, 110
Ghunsa Kola 107, 108, 110
Godavari 41, 45
Gokyo Peak 99
Gokyo-See 99
Gondwanaland 10
Gokarna-Ban 39, 40, 45
Gorkha 79, 80, 136
Gosainkund 13, 81, 82, **84**, 87
Gurla Mandata 132, 133

Helambu 81, 82, 87
Himal Chuli 75
Hinku Kola 101, 106
Honku Kola 101, 103, 106
Humla Karnali 132, 133

Imja Kola 94, 96, 98
IUCN 131

Jaisuli Kund 135
Jakar 140
Jannu 111
Jiri 89, 91-93
Jorsale 98
Jumla 59, 60
Junbesi 89, 91, 92

Kabru 155
Kagbeni 61-65
Kagmara-Paß 54, 59, 60
Kala Pattar 99
Kali Gandaki 12, 14, 62, 66, 67, 69, 73
Kangchendzönga 12-14, 92, 197 ff., 114, **115**
Kangchendzönga Basecamp 109, 110
Kangchendzönga-Nationalpark 114 ff.
Kanjiroba Himal 47, 53, 133
Khaptad-Nationalpark 132
Karnali 12, 23, 24, 26, 27
Kathmandu-Tal 10, **19**, 37 ff.
Khumbu **2/3**, 94 ff., **96**
Kosi-Tappu-Wildreservat 131
Kula Kangri 12, 122, 128
Kyanjing 87

Lamjung Himal 73
Langtang-Fluß 81
Langtang Lirung 81
Langtang-Nationalpark 81 ff.
Langtang-Tal 13, **81**, 82, 87
Larkya-Paß 76, 79, 80
Laya 127
Lhotse 92, 94, 98
Limi-Tal 133, **134**
Lo Manthang 63-65
Lunana 128

Mahabharat-Berge 12, 24, 28
Mahakali-Fluß 130
Mahendranagar 130
Makalu 92, 101
Makalu Basecamp 106
Makalu-Nationalpark 101 ff.
Manang 73
Manas-Fluß 137
Manaslu 75 ff., **75**, 92
Manas-Wildschutzgebiet 137-139
Marsyandi 12, 66, 69, 73, **74**, 75
Mebartso 140
Mo Chu 122, 127
Monsun 13, 27, 28, 36, 46, 52, 60, 65, 69, 74, 80, 82, 87, 93, 100, 108, 112, 117, 121, 129, 131, 137
Mt. Everest 92, 94, 98
Mugu-Karnali 47

Muktinath 64, 73
Mustang 61 ff., **61**
Mustang Kola 62

Nagarjuna-Forst 39, 40, 45
Nagarkot **45**
Namche Bazar 94, 96, 98
Nangpa La 100
Narayani 28, 34
Neha 106
Nepalganj 23, 27, 133
Nepal Peak 115
Numbur **88**, 92

Pahar-Region 12
Panch Pokhri 135
Pang Pema 111
Paphlu 91, 92, 93
Paro 21, **121**, 126, 127, 129
Paro Chu 122, 127
Pemayangtse 120
Pewa-See 12
Phantas 24
Phoksumdo-See 12, 53, 54, **56**, 59
Phulchoki 38, 39, 41, 45
Pike 88, 92
Po Chu 122, 127
Pokhara 36, 66, 73, 135
Punakha Dzong 122, 126-128

Ramche-Alm 109, 110, 112
Rapti 28, 34, 35
Rara-Nationalpark 47 ff.
Rara-See 12, 47, **48**
Ringmo 59, 60
Rolwaling 136, 137
Rongit 12, 114, **119**
Royal-Bardia-Nationalpark 23 ff.
Royal-Chitwan-Nationalpark 28 ff.

Sagarmatha-Nationalpark 94, 97
Saipal 132
Saligram 62, **63**
Sama 80
Samitrey Pokhri 121
Sapt Kosi 131
Sheopuri 38, 45
Shey Gompa 54, 59
Shey-Phoksumdo-Nationalpark 53 ff., 58
Shishapangma 81, 92
Shuklaphanta-Wildreservat 130
Sikkim 9, 10, 12, 14, 19, 21, 114
Simikot 132, 133
Siniolchu 114
Sisne Himal 47
Siwaliks 11, 12, 23, 24, 27, 28, 137
Solu 88 ff.

Taktsang Gompa 127
Tamba Kosi 12, 91
Tamur 107, 112
Tangshing 120
Tang-Tal 140
Taplejung 107, 110
Tarap 59, 60
Tashi Labtsa 136
Tatopani 73
Terai 10, 11, 19, 28, 130
Thaanza 128
Thami 95, 99, 136
Thengpoche 95, 98
Thetysmeer 10
Thonje 80
Timphu 126, 127, 129, 140
Timphu Chu 122, 127
Tista 12, 114, **119**
Torong-Paß **11**, 66, 73
Trisuli 81
Tschauri *113*
Tso Rolpa 136
Tubten Chöling 92
Tumlingtar 102, 106

Washingtoner Artenschutz-übereinkommen 22
WWF 137

Yak **113**, *113*
Yala-Alm 87
Yartsa-Gumba 125
Yeti 95
Yoksam 120

Bildnachweis

E. Albertshofer: 70/71
B. Baumann: 71 ur, 134 o
E. Bezzel: 25, 39 u, 41 M
R. Cramm: 35 o, 40 o, 44 o, 70 ur
B. Freyer: 139
D. Fuchs: 33 u, 51 o, 83 o, 85 ur, 114
A. Gruber: 30 o, 59, 61, 63 o, 65 u, 66/67, 100 o
U. Gruber: 15 o, 19, 41 u, 42 l, 42 r, 43 o, 48 o, 51 u, 52 u, 56, 57 M, 57 u, 60 o, 63 u, 64 ol, 64 or, 64 ul, 68, 69 o, 69 u, 70 ul, 71 or, 73, 75, 78 o, 79 o, 79 u, 80, 82, 83 u, 84 or, 84 ul, 85 ol, 85 or 85 ul, 88, 89, 90 o, 91, 92 M, 92 u, 93 M, 93 u, 97 o, 98, 100 u, 101, 104 ol, 104 or, 105 ol, 105 u, 107, 112 o, 113, 115, 116, 117 o, 117 u, 118 ol, 118 or, 118 ul, 118 ur, 119 o, 119 u, 122, 123, 126, 127, 138 u, 147
J. Klausner: 53, 55 u, 64 ur, 93 o, 121 o
H. Jennerich: 11, 74 o
A. Limbrunner: 17, 18 u, 27 l, 33 M, 35 u, 36 u, 45 o, 48 u, 57 o, 60 u, 110 u, 130
G. Neumann-Denzau: 18 o, 18 M, 23, 27 r, 28, 29 o, 30 ul, 30 ur, 31 ul, 31 ur, 36 o, 39 o, 43 u, 44 u, 49 u, 70 Ml, 90 u, 102, 106, 131, 138 o
L. F. Postl: 31 o, 37, 84 ol, 105 or
H. Reinhard: 40 u
B. Roselieb: 1, 2/3
D. Schacht: 15 u, 16, 45 u, 47, 49 o, 52 o, 55 o, 65 o, 71 ul, 71 Ml, 74 u, 78 u, 79 M, 81, 84 ur, 92 o, 94, 97 u, 104 u, 108 or, 109 or, 110 o, 112 M, 112 u, 121 u, 134 u
F. Schäble: 96, 129, 135
H.-H. Schleich: 26 l, 26 r, 29 u, 33 o, 41 o, 70 ol, 108 ol, 109 ol
K. Wanger: 124

Umschlagfotos: F. Schäble (großes Foto: Ganesh Himal; vorn: Rhododendron);
R. Cramm (hinten: Kleiner Panda);
U. Gruber (hinten: Scheinmohn *Meconopsis horridula)*

Foto S. 1: Dhaulagiri (8167 m)

Foto S. 2/3: Blick vom Gurungdorf Ghandrung auf Annapurna South (7219 m) und Hiunchuli (6441 m)

Die Natur als Reiseziel

Pressestimmen zur Reihe »Reiseführer Natur«:

»Besser, informativer und übersichtlicher kann man es eigentlich nicht machen...«
Die Zeit

»...ein Muß für jeden Naturliebhaber...«
Frankfurter Rundschau

»...attraktiv und übersichtlich gestaltet, zudem kenntnisreich, nie aber langweilend verfaßt...«
Frankfurter Allgemeine Zeitung

»...sehr ansprechend aufgemacht...«
Süddeutscher Rundfunk

»...eine ausgezeichnete Reihe...«
Bayerisches Fernsehen

»...schöne Reiseführer, die man nicht nur gern und mit Gewinn vor Ort in die Hand nimmt. Sie laden auch ein, in Gedanken zu reisen oder einfach darin zu schmökern...«
Das Tier

Bereits erschienen:

Afrika, Südliches • Australien • Brasilien, Venezuela • Frankreich, Südliches • Galapagos • Griechenland – Festland und Küste • Indien • Island • Kanarische Inseln • Malaysia • Mallorca, Menorca, Ibiza, Formentera • Nepal, Sikkim und Bhutan • Neuseeland • Ostafrika • Schottland mit England und Wales • Seychellen, Mauritius • Skandinavien, Nördliches, mit Finnland • Skandinavien, Südliches • Spanien • Türkei • USA

In Vorbereitung:

Alaska • Kanada • Südwesten der USA

Im BLV Verlag finden Sie Bücher zu folgenden Themen: Garten und Zimmerpflanzen • Natur • Heimtiere • Jagd • Angeln • Pferde und Reiten • Sport und Fitneß • Tauchen • Reise • Wandern, Bergsteigen, Alpinismus • Essen und Trinken • Gesundheit, Wohlbefinden, Medizin

BLV

Wenn Sie ausführliche Informationen wünschen, schreiben Sie bitte an:

BLV Verlagsgesellschaft mbH • Postfach 40 03 20 • 80703 München
Telefon 089/12705-0 • Telefax 089/12705-543